零售门店 O2O 运营

主　编　张向旺　干冀春
副主编　孟　欣　王秋实　刘学敏

北京理工大学出版社
BEIJING INSTITUTE OF TECHNOLOGY PRESS

图书在版编目（CIP）数据

零售门店 O2O 运营 / 张向旺，干冀春主编. -- 北京 ：

北京理工大学出版社，2025. 1

ISBN 978-7-5763-4812-5

Ⅰ．F713.32

中国国家版本馆 CIP 数据核字第 2025Y2M188 号

责任编辑：杜　枝　　文案编辑：杜　枝
责任校对：刘亚男　　责任印制：施胜娟

出版发行 / 北京理工大学出版社有限责任公司

社　　　址 / 北京市丰台区四合庄路 6 号

邮　　　编 / 100070

电　　　话 / （010）68914026（教材售后服务热线）
　　　　　　（010）63726648（课件资源服务热线）

网　　　址 / http://www.bitpress.com.cn

版 印 次 / 2025 年 1 月第 1 版第 1 次印刷

印　　刷 / 涿州市新华印刷有限公司

开　　本 / 787 mm×1092 mm　1/16

印　　张 / 16

字　　数 / 338 千字

定　　价 / 80.00 元

在当前互联网经济时代，零售行业正经历着前所未有的变革。线上与线下的融合已经成为不可逆转的趋势。为贯彻党的二十大精神要求，促进零售行业新质生产力的发展，本书深入研究O2O在零售门店运营中的应用和实践，帮助读者更好地理解和应用O2O模式，以适应新零售时代的需求。

"零售门店O2O运营"是一门实践性非常强的应用性课程，目的是通过门店运营与管理所涉及的各个项目对学生进行系统和强化训练，让学生在学完具体项目后能够掌握门店运营与管理所需要的知识，具备相关的技巧和能力，培养学生日后进入零售行业所需要的综合能力。本书贯彻落实《习近平新时代中国特色社会主义思想进课程教材指南》文件要求和党的二十大精神，针对高职人才培养的要求，根据教学实践，遵循职业素质与能力养成的规律，通过校企合作的基本路径，从零售门店O2O运营的工作内容出发，以服务顾客的门店O2O运营流程为主线，结合门店运营管理的实际情况，以门店开设到运营管理的流程为主线，采用项目的形式，按照每一项业务的工作过程设计内容，并将门店运营的知识融入各个项目中，突出对学生实际操作能力的培养。

在编写过程中，为了让本书更加贴近零售行业实际需要，我们汇集了众多具有丰富教学和实践经验的一线教师，以及来自零售行业前沿的企业专家。他们不仅深谙教育教学的规律和方法，更对零售行业有着深入的了解和独到的见解。在具体项目的写作上，干冀春老师负责项目1零售门店O2O运营概述，孟欣老师负责项目2零售门店开业准备、项目3零售门店商品管理和项目5任务2入驻式渠道线上运营，王秋实老师负责项目4零售门店人员配置和项目5任务3社交媒体渠道线上运营，张向旺老师负责项目6零售门店线下销售服务、项目7零售门店运营保障、项目8零售门店绩效管控和项目5任务1自营式渠道线上运营。石家庄藏诺药业股份有限公司刘学敏总经理负责门店运营案例的搜集和整理。通过一线教师和企业专家共同努力，我们相信本书更能适应零售行业的实际需要，为读者提供更加全面、深入的学习体验。

本书不仅可以成为零售行业的从业者和管理者的宝贵工具书，也可以成为市场营销、电子商务等相关专业学生的学习指南。通过阅读本书，读者能够全面掌握O2O运营的核心知识和技能，从而在激烈的市场竞争中保持领先地位，实现企业与消费者的共赢。

最后，我们要衷心感谢所有为本书提供支持和帮助的同行、专家和学者，他们的宝贵意见和建议使本书更加完善和专业。同时，我们也期待与广大读者一起，共同探讨和研究零售门店O2O运营的未来发展方向，共同推动新零售行业的持续创新和繁荣发展。

目　　录

项目 1

零售门店 O2O
运营概述

- ◎ 任务 1　认知零售门店运营
- ◎ 任务 2　零售门店 O2O 运营概述
- ◎ 任务 3　认知零售门店 O2O 运营

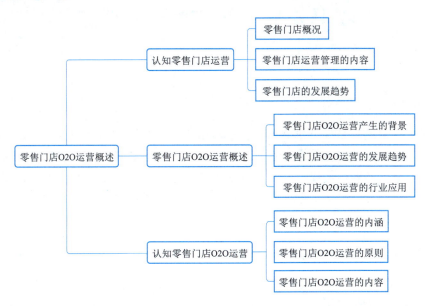

知识目标

1. 了解零售门店的运营内容。
2. 了解零售门店的运营现状。
3. 理解零售门店 O2O 运营的内涵。
4. 掌握零售门店 O2O 运营的要点。

能力目标

1. 能够分析零售门店的类型和特点。
2. 能够分析零售门店存在的问题与风险，并提出解决方案。
3. 掌握零售门店 O2O 运营的内容。
4. 能够阐述零售门店 O2O 运营带来的影响。

素质目标

1. 培养跨渠道整合营销思维。
2. 增强法律意识。
3. 培养互联网思维与商业洞察力。
4. 培养团队协作能力与创新精神。

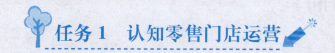

任务1 认知零售门店运营

门店情景

　　为了更好地适应零售门店的工作，小刚参观考察了多家零售门店，发现每个门店的规模和人员配置是不一样的，在布局和陈列上都有自己的特点。有的门店有舒适的购物环境和愉悦的购物氛围，有的门店使用了电子标签等智能设备，有的门店还通过线上平台提供预订、配送服务，有的门店生意兴隆，有的门店门可罗雀，为什么会出现这么大的区别呢？

知识学习

一、零售门店概况

（一）零售门店的概念

　　零售门店通常是指直接向最终消费者销售商品或服务的商业场所。它是商品流通的最终环节，是实现商品从生产商或批发商到消费者手中的重要渠道。零售门店的主要功能是为消费者提供商品和服务，满足其日常生活需求。它们不仅提供商品销售，还可能提供售后服务、退换货服务、咨询服务等，以提高消费者的满意度和忠诚度。

　　随着零售业的发展，零售门店的形态和经营方式也在不断变化。例如，新零售门店结合了线上和线下的优势，通过运用互联网、大数据、人工智能等新技术，提供更加个性化、智能化的购物体验。同时，一些零售门店还开始尝试向数字化转型，并通过社交媒体、移动支付等方式与消费者建立更紧密的联系。

（二）零售门店的特征

1. 直接面对消费者

　　零售门店作为消费者与商品之间的桥梁，肩负着了解和满足消费者需求的重要任务。通过直接与消费者接触，零售商能够深入了解消费者的购物喜好、需求和期望，从而为消费者提供个性化服务。这种体验式营销不仅有助于提升消费者的忠诚度，还能帮助零售商更好地把握市场动态，调整商品和服务策略，提升销售业绩。

2. 商品和服务多样化

　　零售门店为了满足消费者多样化的需求，需要提供广泛的商品和服务。从食品、服装、电子产品到家居用品，零售商力求为消费者提供丰富的选择和优质的服务。这种多样化使零售业具有强大的市场渗透能力。此外，随着消费者需求的不断升级，零售商还需不断关注商品和服务的创新。

3. 市场敏感度高

零售门店对市场变化的敏感度极高，能够迅速捕捉消费者需求的微小变化。在技术不断进步和消费者行为日益多样化的背景下，零售商需要不断调整和创新业务模式，以适应市场的变化，更好地抓住商机。此外，零售商还需关注竞争对手的动态，以便在激烈的市场竞争中保持竞争力。

4. 高度竞争性

由于零售门店的进入门槛相对较低，市场竞争异常激烈。为了在竞争中脱颖而出，零售商需采取各种策略，如价格战、促销活动、品牌建设等，以提高市场份额和营利能力。在这个过程中，零售商既要关注自身的优势和特色，也要密切关注竞争对手的动态，以便及时调整战略。

5. 供应持续性

零售门店需要确保商品和服务的稳定供应，以满足消费者的持续性需求。为此，零售门店需要与供应商建立长期稳定的合作关系，确保货源充足、质量可控。在此基础上，零售商还需关注库存管理和物流配送等方面，以保障供应的及时性和稳定性。

6. 经营固定性

零售门店通常拥有固定的经营地点，便于消费者找到并光顾。在选址时，零售商需充分考虑人流量、交通便利性等因素，以提高客流量。此外，零售门店需根据所在区域的市场需求，确定经营范围，如主打产品、服务项目等。在经营过程中，门店需要不断优化和调整，以适应市场变化，提升经营效益。

（三）零售门店的功能

1. 商品展示与销售

零售门店作为实体商品的展示平台，可以让消费者亲身感受商品的实物形态、性能、质量以及外观设计等，从而满足消费者在购物过程中的多样化需求。此外，门店还可以根据市场需求及时调整商品结构，引入新品类，为消费者提供更多选择。这对于改善购物环境、提高消费者重复购买率具有重要作用。实体门店的商品展示与销售功能，也能有效地促进商品的流通与销售，从而提高企业的经济效益。

2. 品牌传播与形象塑造

零售门店作为企业形象的重要载体，通过统一的店面设计、标识、服务标准等，向消费者展示品牌文化、价值观和经营理念，从而提升品牌的知名度和美誉度。与此同时，门店还可以将线上线下渠道相结合，实现多渠道品牌传播。这种传播方式有助于提高品牌在市场中的竞争力，进一步扩大品牌市场份额。

3. 顾客服务与体验

零售门店应重视提升顾客购物体验，通过提供舒适的购物环境、专业的导购人员、便捷的支付方式等，提高消费者的满意度和忠诚度。此外，门店还可以通过会员制度、积分兑换等方式，进一步吸引消费者回归。优质的客户服务与体验有助于培养消费者的忠诚度，从而稳定和扩大客户群。

4. 市场调研与数据分析

零售门店可以实时收集消费者行为数据，如购买力、购买偏好、消费频率等，为企业制定营销策略和调整商品结构提供数据支持。同时，门店还可以借助大数据分析工具，深入了解消费者需求，提升商品及服务的精准度。市场调研与数据分析有助于企业适应市场变化，提高市场竞争力。

 知识拓展

大数据

大数据（Big Data），也称巨量数据、海量数据、大资料，指的是所涉及的数据量规模巨大到无法通过人工在合理时间内达到截取、管理、处理并整理成为人类所能解读的信息。

大数据具有 5V 特征，即 Volume（数据量巨大）、Velocity（高速及时有效分析）、Variety（种类和来源的多样性）、Value（价值密度低，商业价值高）、Veracity（数据的真实有效性）。

5. 物流配送与仓储管理

零售门店应确保商品供应充足、库存合理，降低物流成本，提高物流效率。门店可以与第三方物流企业合作，实现快速、准确的配送服务。此外，零售门店还应合理规划仓储管理，保证库存商品的安全与新鲜度。高效的物流配送与仓储管理有助于降低企业运营成本，提高企业营利能力。

6. 促销活动与营销策略实施

零售门店通过组织各类促销活动，如打折、满减、赠品等，促进消费者关注和购买，实现企业销售目标。同时，门店还可以结合线上营销手段，如社交媒体推广、直播带货等进一步扩大促销活动的覆盖面。多元化的促销活动与营销策略，有助于提高企业销售额，提升市场地位。

7. 社交互动与口碑传播

零售门店要与消费者建立良好的互动关系，提升消费者对企业及其产品的认同感，形成良好的口碑效应。此外，门店还可以通过线上线下活动，如消费者体验分享、KOL合作等，扩大品牌影响力。良好的口碑传播有助于企业在市场中树立良好形象，进一步提高品牌知名度。

二、零售门店运营管理的内容

零售门店是产生效益的经济实体，门店运营管理就是门店按照标准化作业流程和管理规范对日常经营和运作进行管理。这主要包括对人、财、物、信息的动态管理，以维持卖场的正常运转，并保持一定的服务水平。

（一）人员管理

零售门店的人员管理既包括对内部员工的管理，又包括对消费者的管理，通过对人员的管理实现门店的正常运转。

1. 员工管理

员工管理的目标是要合理地确定岗位人数和安排员工岗位，以最大限度地发挥员工潜能，实现零售门店的经营目标。

2. 消费者管理

消费者是零售门店生存与发展的源泉。零售门店可以通过问卷调查、电话访问等方式了解消费者需求、消费者构成、消费者的收入水平以及消费倾向、意见建议等信息，从而为制定经营策略提供参考依据。

（二）商品管理

商品管理的好坏直接影响到零售门店的销售业绩。商品管理主要应做好以下工作：

1. 商品陈列管理

商品陈列管理是零售门店管理的重点，良好的商品陈列能有效地利用卖场空间，确保商品质量，降低商品损耗，提高商品周转率。

2. 商品质量管理

商品质量管理的重点是通过控制商品的陈列时间，加快商品的周转率。通常至少要将商品在货架上的陈列时间控制在保质期的 2/3 时间以内。

3. 商品损耗管理

商品损耗管理是节流创利的重要环节，是零售门店能否获利的关键因素。

4. 商品缺货管理

零售门店出现缺货，不仅无法满足消费者的需求，导致消费者流失，还会降低企业信誉，削弱竞争力。因此，零售门店必须加强缺货管理，保证充足的货源。

（三）资金管理

资金管理包括营业收入管理、收银管理、大额现金管理以及交班时的现金管理，其主要目标是保证经营成果的安全性，是零售门店管理至关重要的环节。

（四）信息管理

信息管理系统能提供与运营相关的信息，并能进行数据统计和分析，形成各种报表和经营指标，为制订工作计划及经营决策提供参考。目前，零售门店大多采用 POS 系统和 MIS 系统。零售门店信息管理主要围绕商品销售日报表、商品销售排行表、促销效果表、客户意见表、费用明细表、盘点记录表和损益表进行。

（五）现场管理

现场管理包括整理、整顿、清扫、清洁、素养、安全六个方面。推行现场管理不仅可以为消费者提供整洁高效的购物环境，还能提高生产效率、产品品质和员工士气，为其他管理活动的有效开展奠定坚实的基础。

三、零售门店的发展趋势

1. 线上线下深度融合

零售门店通过线上线下深度融合，积极拓展多样化的销售渠道。除了实体店面，门店还可利用官方网站、移动应用程序、社交媒体等线上渠道进行商品展示和销售。这种全渠道的销售模式将打破传统零售的时空限制，为消费者提供更加便捷和灵活的购物方式。同时，零售门店可借助线上平台的数据分析能力，更准确地洞察消费者需求和行为。通过对线上销售数据、用户评论和社交媒体互动等信息的分析，零售门店可以及时调整商品组合、优化库存管理、制定个性化的营销策略。

2. 智能化技术应用

零售门店可充分利用人工智能、大数据、物联网等先进的智能化技术提升运营效率和消费者体验。例如，智能导购系统可以通过语音识别和语言处理技术，与消费者进行智能对话，提供个性化的购物建议和推荐。智能货架可以利用传感器和 RFID（射频识别）技术，实时监测商品库存和货架陈列情况，自动提醒补货和调整陈列布局。此外，零售门店还可以通过数据分析和挖掘技术，识别消费者的购买偏好、消费习惯和潜在需求，从而制定个性化的促销策略和提供定制化的服务。

 知识拓展

人工智能

人工智能（Artificial Intelligence，AI）是计算机科学的一个分支，可以对人的意识、思维的信息过程进行模拟。该领域的研究包括机器人、语音识别、图像识别、自然语言处理和专家系统等。目前，人工智能在零售领域的应用主要有：

（1）智能客服机器人。智能客服机器人的主要功能是自动回复消费者的问题，消费者可以通过文字、图片、语音与机器人进行交流。智能客服机器人可以有效降低人工成本、优化用户体验、提升服务质量、最大程度挽回夜间流量，以及帮助客服解决重复咨询问题。

（2）推荐引擎。利用人工智能算法可以分析消费者的行为，预测哪些产品可能会吸引消费者，从而为他们推荐商品，有效降低消费者的选择成本。

（3）图片搜索。通过计算机视觉和深度学习技术，可以让消费者轻松搜索到他们正在寻找的产品。消费者只需将商品图片上传到电商平台，人工智能就能够理解商品的款式、规格、颜色、品牌及其他特征，最后为消费者提供同类型商品的销售入口。

（4）智能分拣。与人工分拣相比，在相同分拣量的情况下，货物分拣更及时、准确。分拣环节的减少使货物搬运次数相应减少，货物更有安全保障。

（5）趋势预测。一般来说，图片中会隐藏大量的用户信息。所以，根据用户浏览的图片，利用深度学习算法可以从中分析出最近某品类的流行趋势，如颜色、规格、材质、风格等，这也是电商平台与供货商进行谈判的重要依据。

3. 消费者体验升级

零售门店要更加注重提升消费者体验，打造以消费者为中心的购物环境。零售门店可以通过精心设计的店面布局、舒适的购物空间和人性化的服务设施，营造愉悦的购物氛围。同时，还可以引入更多互动元素和娱乐设施。例如，虚拟现实试衣间、增强现实导航等，为消费者提供沉浸式和趣味性的购物环境。此外，针对特定消费者群体，零售门店可以设置专属购物区或提供定制化的商品组合与推荐。通过满足消费者的个性化需求，零售门店可以提高消费者的忠诚度和满意度。

4. 社区化运营趋势

在社区化运营方面，零售门店应更加注重与社区的融合与互动。零售门店要积极与社区居民建立联系，了解他们的需求和兴趣，并根据社区特点制订相应的营销策略和服务计划。例如，零售门店可以定期举办社区活动、促销活动和公益活动等，吸引社区居民参与和互动。同时，零售门店还可以提供便民服务，如免费 Wi-Fi、充电站、急救箱等，满足社区居民的日常生活需求。通过与社区的紧密合作和互动，零售门店可以树立良好的企业形象，增强消费者的认同感和归属感。

5. 绿色环保理念

随着消费者环保意识的日益提高，零售门店要更加注重绿色环保理念的落实。零售门店可采用环保材料和节能设备，减少对环境的影响。同时，零售门店还应倡导绿色消费和循环经济。通过设置二手商品交易区或回收站，鼓励消费者进行二手商品交易和废弃物回收，引导消费者形成可持续的消费习惯，为社会的可持续发展作出贡献。

素养园地

党的二十大报告解读丨推动绿色发展　建设美丽中国

良好的生态环境是最普惠的民生福祉。在党的二十大报告中，习近平总书记明确指出，中国式现代化是人与自然和谐共生的现代化，尊重自然、顺应自然、保护自然是全面建设社会主义现代化国家的内在要求。

全面建成富强民主文明和谐美丽的社会主义现代化强国，是我国第二个百年奋斗目标，其中，美丽中国建设是重要的组成部分。良好的自然环境满足人民群众对美好生活的期待。党的二十大报告指出，要以中国式现代化全面推进中华民族伟大复兴，在中国式现代化的五个特征中，人与自然和谐共生就是其中之一。

习近平总书记指出，尊重自然、顺应自然、保护自然，是全面建设社会主义现代化国家的内在要求。必须牢固树立和践行绿水青山就是金山银山的理念，站在人与自然和谐共生的高度谋划发展。

（资料来源：共产党员网，https://www.12371.cn/2022/10127/VIDE1666876801741101.shtml）

任务实施

通过实地考察访问和网络资料搜集，完成表 1-1-1，并进行调研汇报。

学习笔记

表 1-1-1　资料搜集

门店类型	门店名称	运营特点	经营现状	发展趋势
大型超市				
专业店				
专卖店				
零售店				

任务评价

任务评价的具体内容见任务评价表。

任务评价表

考核人			被考核人	
考核地点				
考核标准	内容		分值/分	成绩/分
	准备充分性		10	
	运营特点体现		20	
	经营现状描述		30	
	发展趋势描述		30	
	团队协作情况		10	
小组综合得分				

任务 2　零售门店 O2O 运营概述

 门店情景

　　小刚今天去了一家采用 O2O 方式运营的时尚品零售店，他之前在店家的线上商城浏览过，并对几件新品产生了兴趣。当他进入门店时，他的智能手机自动连接到了店内的 Wi-Fi，并收到一条个性化的欢迎消息，以及他之前在线上关注商品的最新优惠信息。在店内，他发现这些线上关注的商品被精心陈列在特设的区域，方便他快速找到。同时，店内的数字屏幕展示着与线上商城同步的商品信息和用户评价，帮助他更好地作出购买决策。小刚觉得这家店通过 O2O 运营，给他带来了很好的购物体验。

知识学习

一、零售门店 O2O 运营产生的背景

　　零售门店 O2O 运营产生的背景是多方面的，包括市场背景与零售业变革、消费者购买习惯的改变与影响、电子商务模式的发展与创新以及互联网技术的推动与发展等。这些方面共同推动了 O2O 模式在零售业中的广泛应用和快速发展。

（一）市场背景与零售业变革

1. 传统零售业的困境

　　在互联网时代来临之前，传统零售业以实体店为主，通过地理位置、店面装修、商品陈列等手段吸引客户。然而，随着互联网技术的飞速发展和普及，越来越多的消费者开始转向线上购物，享受便捷、快速、丰富的购物体验。传统零售业面临着客流量减少、销售额下滑、库存积压等一系列问题。

2. 线上购物的兴起与挑战

　　线上购物以其便捷性、无地域限制、价格透明等优势迅速崛起，成为消费者购物的新选择。但是商品质量难以保证、售后服务不方便、缺乏实体体验等问题限制了线上购物的进一步发展。

3. 零售业的转型与升级

　　面对市场的变化和消费者的新需求，零售业开始寻求转型与升级的路径。其中，线上线下融合的 O2O 模式成为一种新趋势。通过线上线下的有机结合，O2O 模式可以为消费者提供更加便捷、丰富、个性化的购物环境，同时帮助门店拓宽销售渠道、提高销售效率。

（二）消费者购买习惯的改变与影响

1. 移动互联网的普及

随着智能手机和移动互联网的普及，消费者可以随时随地通过手机访问互联网、获取信息、进行购物。消费者的购买习惯发生了深刻变化，越来越多的消费者开始倾向在线上获取信息、比较价格，然后到线下实体店体验和购买商品。

2. 消费者需求的多样化与个性化

互联网时代，消费者的需求日益多样化和个性化。他们不再满足于传统的、标准化的商品和服务，而是追求更加符合自己需求和品位的个性化商品和服务。这就要求零售门店能够准确把握消费者的需求，提供定制化的商品和服务。

3. 消费者对购物体验的重视

随着生活水平的提高和消费观念的转变，消费者对购物体验的重视程度越来越高。他们不仅关注商品的价格和质量，还注重购物过程中的环境、服务、便捷性等方面。零售门店应该通过提供优质的购物环境和服务，提升消费者的购物体验。

（三）电子商务模式的发展与创新

1. 电子商务模式的演变

从最初的 B2B、B2C、C2C 等电子商务模式，到后来的团购、社交电商等创新模式，电子商务模式一直在不断演变和发展。这些模式的出现为零售门店提供了更多的销售渠道和营销手段，同时也为消费者提供了更加丰富的购物选择。

2. O2O 模式的创新与优势

O2O 模式作为一种新兴的电子商务模式，通过线上线下的有机结合，实现了信息传递、商品销售等一系列业务。它具有以下优势：一是能够充分利用互联网的优势，提高信息传递效率和销售效率；二是能够满足消费者线下购买需求，提供个性化的商品和服务；三是能够帮助门店拓宽销售渠道，提高品牌知名度。

3. O2O 模式的应用与实践

随着 O2O 模式的不断发展和完善，越来越多的零售门店开始尝试将其应用于实践中。餐饮企业通过线上平台接受订单，提供外卖服务；服装品牌通过线上平台展示商品，提供线下试穿和购买服务；家居品牌通过线上平台提供定制服务，线下实体店提供体验和安装服务等。这些实践充分证明了 O2O 模式在零售业中的广泛应用和巨大潜力。

（四）互联网技术的推动与发展

1. 移动支付技术的普及与应用

随着移动支付技术的普及和应用，消费者可以通过手机完成各种支付操作，让线上线下交易更加快速、安全，为 O2O 运营提供有力的支付保障。

2. 大数据分析技术的应用与发展

大数据分析技术通过对海量数据的挖掘和分析，可以帮助零售门店更加准确地把握市场需求和消费者行为，更加精准地进行市场定位和营销推广，提高销售效率和客户满意度。

3. 人工智能技术的应用与创新

人工智能技术，如智能推荐系统、智能客服系统、智能仓储管理系统等在零售业的广泛应用，可以提高零售门店的运营效率和服务质量。在新技术的推动下，零售门店需要紧跟市场趋势和消费者需求，不断优化和完善 O2O 运营模式，为消费者提供更好的购物体验。同时，政府和社会各界也需要共同努力，营造良好的市场环境，提供政策支持，推动 O2O 模式在零售业中的健康发展。

❋ 素养园地

党的二十大报告解读｜实施科教兴国战略

党的二十大报告指出，必须坚持科技是第一生产力、人才是第一资源、创新是第一动力，深入实施科教兴国战略、人才强国战略、创新驱动发展战略，开辟发展新领域新赛道，不断塑造发展新动能新优势。

党的二十大报告进一步凸显了教育、科技、人才在现代化建设全局中的战略定位，进一步彰显了党中央对于教育、科技、人才事业的高度重视。实现第二个百年奋斗目标，要求我们必须深入实施科教兴国战略、人才强国战略、创新驱动发展战略，在科技自立自强上取得更大进展，不断提升我国发展独立性、自主性、安全性，催生更多新技术新产业，不断塑造发展新动能新优势，以科技的主动赢得国家发展的主动。

（资料来源：《人民日报》，2022-10-16）

二、零售门店 O2O 运营的发展趋势

（一）智能化升级

当前，智能化已经成为零售门店 O2O 运营的重要趋势。通过物联网、人工智能等技术的应用，零售门店可以实现更加智能化的管理和服务。例如，智能货架可以实时感知商品的数量和状态，自动调整展示和推荐；智能导购机器人（见图 1-2-1）则可以根据消费者的购物历史和偏好，提供个性化的购物指导和建议。这些智能化技术的应用，不仅可以提升门店的运营效率，还能提高消费者的购物满意度。

（二）社交电商融合

信息技术的发展进一步推动了零售门店 O2O 运营与社交媒体的深度融合。通过在社交媒体平台上建立官方账号、发布产品信息和活动动态，门店可以吸引更多潜在消费者的关注。同时，利用社交媒体的互动性和传播性，门店可以与消费者建立更加紧密的联系，了解他们的需求和反馈，及时调整经营策略。此外，社交电商的兴起也为门店提供了新的销售渠道和机会，让消费者可以在社交场景中轻松完成购物。

图 1-2-1　智能导购机器人

（三）体验式购物

随着消费者对购物体验的要求不断提升，零售门店正努力打造更加丰富的体验式购物环境。这包括提供产品试用、试穿、试吃等服务，让消费者在购买前能够充分了解产品的特点和品质；设置互动展示区，让消费者可以亲身参与和体验产品的使用场景；通过 AR/VR 技术为消费者带来沉浸式的购物体验。

（四）绿色可持续发展

在环保和可持续发展日益受到重视的背景下，零售门店通过采用环保材料、减少包装浪费、优化物流配送等方式降低对环境的影响。例如，使用可降解的购物袋、纸箱等包装材料，减少一次性塑料的使用；通过智能调度和路径规划，优化物流配送路线，减少运输过程中的碳排放。同时，门店还可以推广绿色产品和环保理念，引导消费者进行绿色消费，共同为地球的可持续发展贡献力量。

素养园地

让绿色低碳生活蔚然成风

2023 年 12 月发布的《中共中央国务院关于全面推进美丽中国建设的意见》对"践行绿色低碳生活方式"作出专门部署，提出倡导简约适度、绿色低碳、文明健康的生活方式和消费模式，明确发展绿色旅游，持续推进"光盘行动"、鼓励绿色出行等具体要求。这些基本举措，是贯彻落实习近平生态文明思想的务实之举，有助于形成人人、事事、时时、处处崇尚生态文明的社会氛围，凝聚起全面推进美丽中国建设、加快推进人与自然和谐共生的中国式现代化的澎湃力量。

践行绿色低碳生活方式，满足人民对美好生活的向往。生态环境是党和人民共同关心的重大问题。党的十八大以来，生态文明建设取得显著进展，公众环保意识日益增强，更多人选择绿色生活。报告显示，近八成受访者能"及时关闭不使用的电器、电灯"或"节约水资源"，超六成受访者会设置空调温度不低于26℃，75.3%的受访者选择绿色出行。这一风尚的形成，得益于绿色发展理念的推广和生态文明教育的深入，让人民收获更多获得感、幸福感和安全感。

同时，绿色低碳生活方式也传承了中华优秀传统生态文化。从"天人合一"到"惜物养德"，这些智慧对现代生活仍有启示。践行绿色低碳，不仅弘扬了勤俭节约的传统美德，也为传统生态文化注入了新内涵。更重要的是，绿色低碳生活方式助推了人与自然和谐共生的中国式现代化。我们坚持绿色发展，让优美环境成为人民幸福生活的增长点。绿色低碳与每个人息息相关，需要每个人的参与。习近平总书记强调，每个人都是生态环境的保护者、建设者、受益者。让我们都成为绿色低碳理念的传播者和践行者，共同绘制美丽中国的新画卷，为中国式现代化注入生态底色。

（资料来源：中国共产党员新闻网，http://theory. people. com. cn/n1/2024/0126/c40531-40167094. html）

（五）会员体系与私域流量运营

随着流量获取成本的增加，零售门店更加重视会员体系和私域流量的运营。通过建立完善的会员制度，门店可以吸引消费者加入会员并享受相应的权益和服务。例如，积分兑换、会员专享折扣、生日礼物等，可以提升会员的归属感和忠诚度。同时，利用微信、企业微信等私域流量平台，门店可以与会员建立更加紧密的联系，进行精准营销和用户维护。通过发布个性化的内容、推送定制化的优惠活动，门店可以有效提升会员的活跃度和复购率，从而实现销售增长和品牌提升。

（六）全渠道发展深化

全渠道发展不是线上线下的简单融合，而是进一步深化到各个渠道的无缝衔接和协同作用。零售门店通过搭建全方位数字化平台，实现线上商城、移动应用、社交媒体、实体店等各个渠道的全面贯通。消费者可以在任何时间、任何地点，通过任何设备享受到一致的购物服务。同时，门店还可利用大数据和人工智能技术，对各个渠道的数据进行深入挖掘和分析，更精准地洞察消费者需求，优化商品组合和营销策略。

（七）个性化购物体验升级

个性化购物体验将不再局限于简单的商品推荐和定制服务，而是全方位、多维度的个性化体验。零售门店通过收集和分析消费者的购物历史、浏览行为、社交互动等数据，构建更加精准的用户画像。基于这些画像，门店可以为消费者提供更加精准的商品推荐、个性化的购物指导和定制化的售后服务。此外，门店还可利用 VR/AR 等技术，为消费者打造沉浸式的购物体验，使其更加直观地了解和体验商品。

（八）数字化转型加速

数字化转型将成为零售门店 O2O 运营的必然选择。零售门店通过引入先进的数字化技术和工具，如云计算、大数据、人工智能等，全面提升自身的数字化能力。这包括构建数字化供应链管理系统、智能化门店运营系统以及基于数据的精准营销系统等。通过数字化转型，门店可以实现更加高效、精准的商品管理、库存控制和营销策略，从而提升运营效率和营利能力。

 知识拓展

云计算

云计算（Cloud Computing）是指通过互联网中分布在不同地域的计算机（而不是通过本地的计算服务器集群），各种数据、应用和服务都可以与互联网相互连接起来，让使用者能够根据其自身的需求来自定义。云计算是一种按使用量付费的模式。这种模式能够产生便利的、按需的、可用的互联网访问，能够产生并连接可配置的信息资源共享池（资源包括互联网、服务器、应用软件、存储器及服务），这些资源可以随时随地被调取利用，而花费很少的管理时间，或与服务提供商进行极少的交互工作。云计算具有以下特征：

（1）超大规模。云计算可以将互联网中成千上万台计算机或者服务器作为云的节点。例如，谷歌、IBM、微软等公司提供的云计算服务都拥有几十万台甚至上百万台服务器。谷歌提出了允许第三方在谷歌的云计算中运行大型并行应用程序；微软公司也相继推出了 Windows Azure 云计算操作系统，可以通过互联网来构架出一种新型而又强大的云计算平台。

（2）虚拟化。云计算可以使用户自定义所需的服务，用户在任意位置使用任意终端都可以获取相应的服务。所使用的"云"并不是一个实体，而是由各个"云"中的节点通过互联网所提供的一种虚拟服务。

（3）高可靠性。"云"使用了数据多副本容错、计算节点同构可互换等措施来保障服务的高可靠性，使用云计算比使用本地计算机可靠。

（4）按需服务。"云"是一个庞大的资源池，可以按需购买，"云"可以像自来水、电、煤气那样计费。

（九）社区化运营精细化

社区化运营将更加注重精细化和深度化。零售门店通过深入了解目标社区的消费者需求、生活习惯和文化特点，制定更加符合社区特色的商品组合和营销策略。同时，门店还可积极与社区内的其他商业实体合作和联动，共同打造更加丰富、便捷的社区生活服务圈；利用社交媒体等渠道与社区居民建立更加紧密的联系和互动，提升品牌知名度和美誉度。

（十）平台创新不断涌现

在零售门店 O2O 运营的过程中，平台创新将不断涌现。这些创新包括新型的 O2O 零售平台、智能化门店管理系统以及基于区块链等技术的信任编织平台等。这些创新平台将为门店提供更加高效、便捷、安全的管理和营销工具，推动零售门店 O2O 运营的持续发展和升级。同时，这些平台还可以为消费者带来更加优质、便捷的服务，推动零售行业的进步和发展。

三、零售门店 O2O 运营的行业应用

（一）餐饮行业 O2O 营销

餐饮行业作为 O2O 模式的先行者，通过线上线下的融合为消费者带来了全新的就餐体验。线上平台（如美团、饿了么等）不仅可以提供便捷的订餐服务，还通过大数据分析消费者的口味和喜好，为其推荐合适的菜品和餐厅。同时，这些平台还提供评价、评论等功能，帮助消费者更好地了解餐厅和菜品质量。

线下，餐厅使用自助点餐机、智能支付等设备缩短客户等待时间；利用物联网技术监控食材的新鲜度和库存情况，确保食品安全；通过 CRM 系统管理客户信息和消费记录，提供个性化服务和营销。

 知识拓展

饿了么开店要求如表 1-2-1 所示。

表 1-2-1　饿了么开店要求

实体门店	经营资质	品类范围
入驻饿了么外卖平台需有线下实体店铺，若无实体门店无法通过审核	需提供符合国家法律规定的经营者身份、行政许可等信息，包括但不限于营业执照、各类许可证；堵截虚假资质，违者无法合作	饿了么外卖可支持项目有：全球美食、小吃/烧烤、快餐便当、中式菜系、香锅火锅、甜点饮品、水果、厨房生鲜、商店超市、鲜花绿植、医药健康

（资料来源：饿了么官网，https://kaidian.ele.me/）

（二）零售行业 O2O 营销

零售行业在 O2O 模式的推动下，实现了线上线下的深度融合。线上平台如京东到家、天猫超市等，为消费者提供了丰富的商品选择和便捷的购物模式。这些平台通过大数据分析消费者的购物习惯和喜好，为其推荐合适的商品和优惠活动。

线下，实体零售门店使用智能导购机器人、自助结账系统等设备提高购物效率；利用 AR/VR 技术提供虚拟试穿、试妆等服务，增强购物趣味性；通过物联网技术监控商品库存和陈列情况，确保商品充足且摆放整齐。

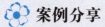

文创还能这样玩？看这家老字号如何走年轻化之路

"西泠旗舰店"是以出售江南文创、文房书法篆刻产品为主的中华老字号店铺，以往品牌以线下销售为主，客户多为中老年游客及企业客户，客户群体相对集中。入驻天猫后，品牌不断尝试产品创新，开拓新的销售模式，受到越来越多年轻人的喜爱。这一路的摸索也让品牌找到了特色运营之道。

1. 跨界合作，联合 IP 打爆款

想要摘掉"老派"的标签不是一件容易的事，其根本还是要在产品上做文章。首先品牌对当代年轻人的产品偏好做了深度洞察，当发现"IP 联名"有机会吸引更多年轻用户的关注时，品牌结合自身定位锁定了科幻小说《三体》——西泠印社承载着百年历史，同时也展望着未来，而"未来"主题与《三体》不谋而合，两者结合正好贯穿人类文明。其次，品牌在开箱设计上引入年轻人喜爱的"萌版包装""盲盒包装"等元素，打造了多款如"三体悬浮香薰"这样新奇有趣的热门产品，一经上市就受到大量年轻人的追捧。

2. 文化融合，沉浸直播助体验

为了让全新的产品能更快走进年轻用户，让传统工艺能感染更多用户，西泠组建了直播团队，通过沉浸式直播渗透"工匠精神"，以一种新的形式来展现品牌文化和货品。经过几轮直播尝试后，西泠旗舰店惊喜地发现，在生意参谋中店铺直播在同类型商家中成交排名越来越靠前。经历了 2022 年"618"大促，品牌也沉淀了自身特色直播模式：

（1）直播内容升级。把工艺人现场创作和专业解说相结合，在购物的同时领略一个工艺品不断打磨的全过程，把沉浸式直播体验做到极致。同时，店铺也会设置仓库秒杀活动，打破文创艺术品价格较高的印象，让文创艺术品更接地气。

（2）直播场地重构。品牌在直播时，非常注重氛围营造，力求给消费者打造极致观赏体验。比如主打商品是印章时，直播场地就会选择在有成片竹林的小院内，营造一种儒雅、淡然的氛围；又如主打商品是书法用品时，会把直播场地放在充满字画、古色古香的房间内，书法家现场提笔，展示商品的同时也让人领略了中华传统文化的意境美，让人眼前一亮。

（3）直播细节打磨。除了内容和场地，品牌对直播其他模块都提出了更高的要求，比如主播对品牌知识的传播能力、直播拍摄角度、直播时长等。在不断地探索和修改中，品牌逐渐摸索出了一条适合自身且兼具个性化的直播道路。

作为老字号品牌，西泠旗舰店不仅秉承着服务消费者的理念，同时也希望能肩负起对中国传统文化传承的担子。在未来，品牌将继续在产品和销售模式上不断创新，力求让更多年轻人了解我国的传统文化、喜爱我国的传统工艺品，推动国潮复兴。

（资料来源：天猫商家，https：//pages. tmall. com/wow/z/seller/zhaoshangportal/index？page=news-pc&id=10687056&check=false）

（三）生鲜行业 O2O 营销

生鲜行业作为 O2O 模式的重要应用领域之一，通过线上线下的融合保证了产品的新鲜度和品质。线上平台如盒马鲜生、每日优鲜等，为消费者提供了便捷的生鲜产品购买渠道。这些平台通过冷链物流、智能仓储等技术手段确保产品的新鲜度和品质，并通过大数据分析，为消费者推荐合适的生鲜产品。

线下，生鲜超市和便利店使用智能称重系统、自助结账设备等提高购物效率；利用物联网技术监控冷藏设备的温度和湿度，确保产品储存环境符合要求。盒马云超商城招商页如图 1-2-2 所示。

图 1-2-2 盒马云超商城招商页

 **案例分享**

京津冀四个"盒马村"挂牌成立 订单农业持续助力华北农业发展

2023 年 9 月 26 日，京津产业握手链接洽谈会在京召开。盒马携手京津冀地区四家盒马村的相关代表参会，并在会上举行集体授牌签约仪式。四家盒马村基地分别为：北京市平谷区马坊镇太平庄村蔬菜定植基地、天津市宝坻区新安镇大赵村韭菜定植基地、河北省保定市顺平县蒲上镇辛庄村蛋鸽基地、河北省保定市阜平县城南庄镇大岸底村蜜薯种植基地。据了解，此次挂牌后，京津冀地区的"盒马村"数量达到了 9 家，品类涵盖黄桃、玉米、西瓜、蜜薯和鸽子蛋等。

成为"盒马村"，就意味着农货有了稳定的销路。在不愁卖的基础上，推动农产品标准化、精细化、品牌化改造，让农村从分散、孤立的生产单元，升级为现代农业数字产业链的一部分，让农民变身数字农民，用新办法种出好东西，卖出好价格，助力京津冀高质量农业发展。

"生产无抗鸽子蛋的过程，就是用产量换质量，三年前我们开始跟盒马合作，让小产业走向了大市场。"河北悦然牧业有限公司负责人介绍。村里 40 余亩的养殖基地，每年产出 400 万枚鸽子蛋。以前，鸽子蛋的销售主要是商超等传统渠道，但是鸽子蛋的价格相对较高，销量并不理想，自从进入盒马之后，鸽子蛋的销路有了保障，复购率还很高。截至目前，基地已经和盒马合作三年，每年的销量可以增长 50% 以上。相信盒马村挂牌成立后，也将带动周边养殖户发展。

作为助力乡村振兴的有效实践，自 2019 年首个盒马村落地四川甘孜州丹巴县以来，四年时间，盒马村通过订单农业模式，将分散、孤立的生产单元连接到新零售的大市场，在订单农业的基础上，盒马村遵循"土特产"的方法论，推动一、二、三产的融合——基于一方水土，突出地域特点，真正建成产业集群。

北京是中国零售业态蓬勃发展的城市之一。盒马在北京有盒马鲜生、盒马奥莱、盒马 X 会员店等多个业态，目前已经有 48 家盒马门店。"盒马村"模式也在华北地区被逐渐推广，仅仅北京平谷区就有 4 家"盒马村"。通过这些"盒马村"，北方美食得以北货南运，以日常餐食消费而非特产形式，更高频地出现在全国消费者的餐桌上，也带动了"盒马村"当地的产业发展。

北京盒马网络科技有限公司负责人表示，"新挂牌的京津冀三地 4 家'盒马村'，将助力京津冀三地农业全产业链信息共享机制，努力成为京津冀智慧农业可持续发展的标杆，用实际行动助力京津冀高质量农业发展。"

（资料来源：盒马新闻，https：//www.freshippo.com/hippo/article？did = r9jxwjydyr7u58z&type = news&lang = cn）

任务实施

通过实地考察访问和网络资料搜集，完成表 1-2-2，并进行调查汇报。

表 1-2-2　资料搜集

门店类型	门店名称	市场环境	O2O 发展趋势	对消费者的影响
大型超市				
专业店				
专卖店				
零售店				

任务评价

任务评价的具体内容见任务评价表。

任务评价表

考核人			被考核人	
考核地点				
考核标准	内容		分值/分	成绩/分
	准备充分性		10	
	市场环境分析		20	
	O2O 发展趋势研判		30	
	消费者影响描述		30	
	团队协作情况		10	
小组综合得分				

任务 3　认知零售门店 O2O 运营

门店情景

小刚走进一家采用 O2O 运营方式的零售门店，立刻感受到了店内忙碌而有序的氛围。一些员工正在店内的不同区域整理商品，他们仔细地将商品摆放整齐，同时确保价格标签清晰可见。另一些员工正在忙碌地处理客户的结账事务，他们熟练地操作收银系统，快速准确地完成交易，同时提供友好的服务。小刚还注意到，一些员工手持移动设备在店内巡逻，在处理线上订单或提供店内导航服务，当客户有疑问或需要帮助时，这些员工会迅速上前解答。此外，店内还有一些员工专注于维护店面整洁和卫生。小刚深刻体会到这家零售门店 O2O 运营的高效和员工的敬业精神。

知识学习

一、零售门店 O2O 运营的内涵

（一）零售门店 O2O 运营的定义

O2O，即 Online To Offline，是指将线下的商务机会与互联网信息技术相结合，让互联网成为线下交易的平台。

零售门店 O2O 运营是指将线上和线下的零售业务相结合，通过线上平台吸引消费者，引导他们到线下门店进行体验和购买；或者通过线下门店吸引消费者，引导他们到线上平台进行交易和互动，帮助零售门店拓展销售渠道，提高运营效率。

零售门店 O2O 商业模式如图 1-3-1 所示。在零售门店 O2O 商业模式中，线上平台通常提供商品展示、交易、支付、物流配送等功能。线下门店则提供商品体验、售后服务、品牌展示等服务。通过线上线下融合，消费者可以在线上浏览商品信息、下订单、支付货款，然后到线下门店提取商品或享受售后服务；或者在线下门店体验商品后，通过线上平台完成购买和支付。零售门店 O2O 运营将线上和线下资源进行整合、互动和转化，通过互联网技术，提升门店的营销效果和用户体验，实现全渠道的销售和服务，提升门店的运营效率和营利能力，推动门店的数字化转型和升级。

（二）零售门店 O2O 运营的意义

1. 满足消费者多元化需求

互联网时代，消费者已不再局限于传统的实体店铺购物，而是更加倾向于随时随

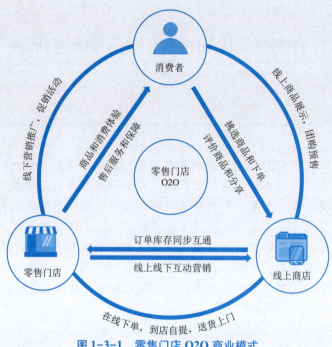

图 1-3-1 零售门店 O2O 商业模式

地、方便快捷的购物方式。这意味着消费者的需求已经变得无处不在，购物渠道也越发多元化。因此，零售门店必须积极变革，将线上与线下的购物渠道进行有机结合，开展 O2O 业务。通过打造线上商城、优化线下体验店等方式，为消费者提供更加丰富多样的商品选择。

2. 提高门店的影响力

在激烈的市场竞争中，O2O 业务可以显著提升零售门店的品牌和形象。借助互联网，零售门店可以利用社交媒体、微博、朋友圈等渠道，将品牌信息、优惠活动等内容迅速传播给潜在客户。这样不仅可以吸引更多新客户的关注，还可以提升老客户对品牌的忠诚度。同时，通过线上线下的互动融合，零售门店可以塑造出更加立体、生动的品牌形象，提升市场竞争力和影响力。

3. 提高客户服务水平

线上平台为零售门店提供了与客户互动的绝佳机会，可以更加深入地了解客户需求，从而提供更加精准、个性化的服务。通过线上订单、线上支付等功能，客户可以享受到便捷、高效的服务。同时，到店取货、送货上门等服务也为客户提供了更多选择，进一步提升了客户的满意度和忠诚度。零售门店还可以通过线上线下的互动，收集客户的反馈和建议，不断完善和优化服务流程，形成良性循环。

4. 提升零售门店销售额

O2O 模式打破了传统销售渠道的限制，将线上线下的销售紧密结合起来，实现销售额的显著提升。通过线上优惠券、促销活动等手段，吸引潜在客户到店消费，从而增加线下门店的客流量和销售额。同时，线上商城也可为门店带来可观的线上销售收入。此外，线上线下的相互引流和转化还可以帮助门店扩大市场份额，提升整体销售业绩。

5. 提升数据分析和管理能力

开展 O2O 业务可以实现线上线下数据的统一收集和管理，为零售门店提供更加全面、准确的数据支持。通过对数据的深入分析，零售门店可以洞察消费者的购物习惯、偏好以及消费趋势等信息，从而更加精准地制定营销策略和推出符合市场需求的产品。同时，数据分析还可以帮助门店提高生产计划和库存管理的精确度，降低库存积压和缺货风险，实现资源的优化配置和高效利用。

二、零售门店 O2O 运营的原则

1. 顾客至上：打造卓越的购物体验

在零售门店 O2O 运营中，将客户置于首位是至关重要的原则。这意味着要深入了解客户的需求、偏好和购物习惯，并根据这些信息提供个性化的商品推荐和购物体验。为客户创造便捷、高效、有趣的购物过程，让他们感受到被重视和关怀，从而建立起长期的客户忠诚度和口碑传播。

为了实现顾客至上原则，零售门店需要持续优化购物流程，提供多样化的支付方式、灵活的配送选项和完善的售后服务。同时，认真倾听客户的声音，及时回应他们的反馈和投诉，不断改进和优化运营策略，确保顾客满意度的持续提升。

2. 无缝融合：构建线上线下一体化的零售模式

为了实现无缝融合的原则，零售门店需要打破线上线下的界限，将二者紧密结合起来。线上平台可以作为零售门店的延伸，提供丰富的商品信息、便捷的购物功能和个性化的营销活动。线下门店则可以为客户提供真实的商品体验和即时的满足感。

为了实现线上线下一体化的销售模式，零售门店需要确保商品信息、价格和促销活动在线上线下保持一致。同时，通过智能化技术手段，如移动应用、自助结账系统和智能导购等，提高购物效率。此外，零售门店还可以利用社交媒体和线上社区与客户进行互动，增强品牌认知度和用户黏性。

3. 数据洞察：以数据为驱动的精准营销与运营

数据洞察是零售门店 O2O 运营的核心原则之一。通过收集和分析客户数据、销售数据和市场趋势等信息，门店可以更好地了解客户需求和行为，制订精准的营销策略和运营计划。数据不仅可以揭示客户的购买偏好和决策过程，还可以帮助零售门店评估运营效果、预测销售趋势和优化库存管理。

为了实现数据驱动的原则，零售门店需要建立完善的数据收集和分析体系，利用先进的数据分析工具和技术手段，对数据进行深入挖掘和洞察。同时，零售门店还需要培养具备数据思维和分析能力的团队，将数据洞察转化为具体的营销策略和运营改进措施，持续提升运营效率和客户价值。

4. 持续创新：引领零售行业的变革与发展

持续创新是零售门店 O2O 运营不可或缺的原则。在激烈的市场竞争中，只有不断创新才能保持竞争优势并吸引更多的客户。创新可以体现在多个方面，如运营模式、营销策略、技术应用和商品组合等。

为了实现持续创新的原则，零售门店需要构建鼓励创新的文化氛围和团队机制，激发员工的创新意识和积极性。同时，门店还要保持敏锐的洞察力，及时捕捉和把握新的消费趋势和商业模式。通过持续的技术投入和研发合作，引入新的技术和工具，提升购物的新颖性、便利性和个性化。此外，零售门店还应与供应商、合作伙伴和创业公司等进行跨界合作，共同探索新的零售模式和商业机会。

5. 协同合作：构建高效协同的零售生态系统

协同合作是零售门店 O2O 运营的重要原则之一。在日益复杂的零售生态系统中，零售门店需要与供应商、物流合作伙伴、支付机构等各方建立稳定的合作关系，共同构建高效协同的零售生态系统。通过资源共享、优势互补和互利共赢的合作模式，降低成本、提升效率，并为客户提供更加优质、便捷的商品和服务选择。

为了实现协同合作的原则，零售门店需要建立清晰的合作策略和沟通机制，明确各方的角色和责任。同时，积极与合作伙伴进行信息共享和资源整合，共同应对市场挑战、抓住商业机遇。通过跨界的合作创新和业务拓展，打造共赢的零售生态系统。

三、零售门店 O2O 运营的内容

1. 零售门店开业准备

在准备开设零售门店之初，我们需要进行深入的市场调研。这不仅仅是为了了解目标消费者的喜好和需求，还要分析竞争对手的优势和劣势，以及预测未来的市场趋势。通过调研，我们可以为门店制定一个清晰、独特的定位，从而在激烈的市场竞争中脱颖而出。选址是开业准备中的另一个关键环节。我们需要综合考虑地理位置、人流量、消费能力以及周边竞争情况，确保门店位置能够最大化地吸引目标客户。门店的设计和装修也不容忽视，因为它们直接影响着消费者的第一印象和购物体验。我们应该根据门店的定位和目标消费者群体，打造独特、舒适、吸引人的购物环境。此外，为了吸引更多消费者，我们还需要精心策划开业活动。这包括制定宣传方案、设计促销活动、组织开业庆典等，旨在提高门店的知名度和美誉度，为开业后的运营打下良好基础。

2. 零售门店商品管理

商品管理是零售门店运营的核心之一。为了确保门店的商品能够满足消费者的需求，我们需要进行细致的品类规划。这包括确定商品的结构、角色定位以及针对不同品类的策略制定。在采购和库存控制方面，我们需要与供应商建立长期、稳定的合作关系，确保商品的供应和质量。同时，我们还需要制订合理的采购计划和预算，以及严格的库存管理制度，避免库存积压和断货现象发生。商品的陈列和展示也是提升销售额的重要手段。我们应该根据商品的特点和顾客的购物习惯，运用各种陈列技巧和道具，将商品以最佳的方式呈现在消费者面前。此外，我们还需要密切关注商品的价格管理。通过制定合理的定价策略和调整机制，我们可以更好地应对市场竞争和变化，提高门店的营利能力。

3. 零售门店人员配置

人员管理对于零售门店的运营至关重要。首先，我们需要明确各个岗位的职责和要求，确保每个员工都清楚自己的工作内容和职责范围。在招聘和选拔过程中，我们应该注重候选人的专业技能和综合素质，通过面试、笔试等多种方式全面评估其能力和潜力。为了提升团队的整体能力，我们还需要制订详细的培训计划和发展规划。通过定期的培训、考核和晋升机制，我们可以激发员工的积极性和创造力，提高团队的工作效率和服务质量。同时，建立公平、合理的绩效考核和激励机制也是必不可少的。我们应该根据员工的工作表现、业绩贡献等因素进行客观、公正的评估，并给予相应的奖励和激励措施，以激发员工的工作热情，提高员工的忠诚度。

4. 零售门店线上运营实践

随着电子商务的快速发展，线上运营已经成为零售门店不可或缺的一部分。为了提升线上销售额和消费者满意度，我们需要搭建功能完善、用户友好的线上平台。在选择电商平台和搭建线上店铺时，我们应该结合平台知名度、用户规模和运营成本等因素综合考虑。同时，我们还需要对线上店铺进行精心的装修和维护，确保商品信息准确、完整、有吸引力。线上营销活动的策划和执行也是提升线上销售额的重要手段。我们应该结合门店的特点和目标消费者群体，创意策划各种促销活动、营销活动和社交媒体推广等，提高线上店铺的曝光度和流量。此外，为了实现线上线下的融合和互补，我们还需要建立门店与线上平台的互动机制。通过线上线下客流互导、共享会员信息、提供便捷的线上线下购物体验等方式，我们可以更好地满足消费者的多元化需求并提高销售额。

5. 零售门店线下销售服务

线下销售服务是零售门店与消费者直接接触的重要环节。为了提供优质的线下销售服务体验，我们需要建立专业的销售团队并进行系统的培训和管理。销售团队应该具备丰富的产品知识、销售技巧和沟通能力等综合素质，能够为消费者提供个性化的购物建议和解决方案。同时，我们还需要关注收银结算和售后服务等细节方面。收银结算应该做到快速、准确、便捷，避免消费者长时间等待和不满情绪的产生。售后服务方面则需要建立完善的退换货流程、质量保障体系和客户回访机制等，确保消费者在购买和使用过程中遇到的问题能够得到及时有效的解决和补偿。通过这些措施的实施，我们可以提升消费者的满意度和忠诚度，为门店的长期发展奠定坚实基础。

6. 零售门店安全保障

安全管理是确保零售门店正常运营和员工、消费者人身财产安全的重要保障。在消防安全管理方面，我们需要配置完善的消防设施并进行定期的检查和维护保养。同时，还需要组织员工进行消防安全培训和演练活动，增强他们的消防安全意识和应急处理能力。在防盗防损管理方面，则需要投入先进的防盗防损设备，加强员工的防范意识和责任心培养，并规范盘点流程等，通过这些措施来减少商品损耗和被盗事件的发生概率。如果门店涉及食品安全问题，则需要建立完善的食品安全管理体系，并加强食品采购、储存、加工、销售等环节的监管工作，确保消费者购买的食品安全可靠无虞。通过这些措施的实施，我们可以为门店运营提供有力的安全保障。

7. 零售门店绩效管控

绩效管控是确保零售门店运营目标顺利实现的重要手段。为了进行有效的绩效管控，我们需要建立一套完善的数据分析和报告体系。通过定期收集、整理和分析销售数据、库存数据等关键指标信息，我们可以及时发现问题并采取相应的改进措施来优化门店的运营效果。同时我们还需要根据门店的实际情况和市场环境制定合理的业绩目标并规划可行的达成路径以确保目标顺利实现。在成本费用控制方面，则需要建立严格的预算管理制度和审批流程，并培养全员的成本节约意识，通过精细化的成本管理来提高门店的营利能力。此外，我们还需要建立完善的激励机制和奖惩制度来激发员工的工作积极性和创造力，为门店的长期发展注入源源不断的动力。

 任务实施

通过实地考察访问和网络资料搜集，完成表 1-3-1。

表 1-3-1　资料搜集

门店类型	门店名称	O2O 运营模式	O2O 运营风险	O2O 运营措施
大型超市				
专业店				
专卖店				
零售店				

 任务评价

任务评价的具体内容见任务评价表。

任务评价表

考核人			被考核人	
考核地点				
考核标准	内容		分值/分	成绩/分
	准备充分性		10	
	运营模式描述		20	
	运营风险把控		30	
	运营措施描述		30	
	团队协作情况		10	
小组综合得分				

🌸 知识巩固

一、单项选择题

1. 大型超市实际营业面积一般在（　　）。

A. 1 000 平方米以上　　　　　　　　B. 6 000 平方米以上

C. 500 平方米以上　　　　　　　　　D. 1 000 平方米以下

2. 中等规模的门店，管理层级一般为（　　）。

A. 1 级　　　　　　B. 2 级　　　　　　C. 3 级　　　　　　D. 4 级

3. 本项目中 O2O 是（　　）的缩写。

A. Online To Offline　　　　　　　B. Offline To Online

C. Office To Office　　　　　　　　D. Office To Organize

4. （　　）是一种便捷的信息传递工具。

A. 二维码　　　　　　B. 小程序　　　　　　C. POS 机　　　　　　D. 社交账号

5. 零售行业 O2O 营销线上平台是（　　）。

A. 人人车　　　　　　B. 京东到家　　　　　　C. 携程网　　　　　　D. 腾讯课堂

二、多项选择题

1. 零售门店的经营目标包括（　　）。

A. 营业收入的最大化　　　　　　　　B. 品牌价值的最大化

C. 市场占有的最大化　　　　　　　　D. 营运成本的最小化

2. 零售门店 O2O 商业模式中的参与者有（　　）。

A. 消费者　　　　　　B. 零售门店　　　　　　C. 线上商店　　　　　　D. 门店员工

3. 零售门店 O2O 运营的线上平台工具有（　　）。

A. 官方网站与移动应用　　　　　　　B. 小程序

C. 直播工具　　　　　　　　　　　　D. 社交媒体账号

4. 零售门店 O2O 运营的主要模式有（　　）。

A. 自营式　　　　　　B. 入驻式　　　　　　C. 抱团式　　　　　　D. 加盟式

5. 零售门店 O2O 运营采用（　　）模式。

A. 电子市场　　　　　　B. 到店消费　　　　　　C. 数字消费　　　　　　D. 线上消费

三、简答题

1. 简述零售门店的特征。
2. 简述零售门店 O2O 运营产生的背景。
3. 简述零售门店 O2O 运营的交易流程。
4. 简述零售门店 O2O 运营的风险。

🌸 技能训练

1. 实训目标

能够独立分析零售门店的运营环境，提出有针对性的 O2O 运营策略和优化建议。

2. 实训任务

　　小刚是一位年轻有为的零售门店经理，他认为要让这家门店在竞争激烈的市场中脱颖而出，必须紧跟时代步伐，选择适合企业特点的 O2O 运营模式。小刚特意邀请了几位大学生来店里，详细介绍了门店的商品种类、陈列布局、客户群体以及目前的销售情况。请他们制定一份切实可行的 O2O 运营规划，并尽快将这些宝贵的建议付诸实践，让门店在 O2O 的道路上走得更远、更稳。

3. 实训要求

（1）各小组选取的门店类型不能相同。
（2）报告应包含门店现状分析、O2O 运营措施、改进措施等内容。

4. 实训实施

（1）进行现场调研，掌握第一手资料。
（2）搜索网络资料，整理问题建议。
（3）撰写报告。

5. 实训评价

（1）学生以小组为单位制作 PPT，现场展示分析报告。
（2）其余小组提出报告中存在的问题及改善意见。
（3）教师点评，分析报告的科学性、创新性、可执行性。

实训效果评价表

被考核人						
考核地点						
考核内容	零售门店 O2O 运营策略实训训练					
考核标准	内容	分值/分	自我评价（20%）	小组评价（40%）	教师评价（40%）	实际得分/分
	信息搜集情况	10				
	报告撰写情况	20				
	态度与职业素养	30				
	创新能力与应变能力	20				
	团队合作情况	10				
	PPT 制作与汇报情况	10				
该项技能等级						

　　注：考评满分为 100 分，60~74 分为及格，75~84 分为良好，85 分以上为优秀。

项目 2

零售门店开业准备

◎ **任务 1　零售门店选址规划**

◎ **任务 2　零售门店整体设计**

◎ **任务 3　零售门店商品陈列**

知识导图

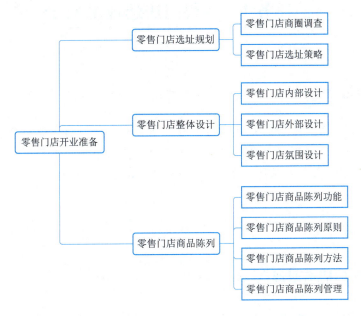

```
零售门店开业准备 ─┬─ 零售门店选址规划 ─┬─ 零售门店商圈调查
                 │                    └─ 零售门店选址策略
                 │
                 ├─ 零售门店整体设计 ─┬─ 零售门店内部设计
                 │                    ├─ 零售门店外部设计
                 │                    └─ 零售门店氛围设计
                 │
                 └─ 零售门店商品陈列 ─┬─ 零售门店商品陈列功能
                                      ├─ 零售门店商品陈列原则
                                      ├─ 零售门店商品陈列方法
                                      └─ 零售门店商品陈列管理
```

学习目标

知识目标

1. 理解零售门店的商圈构成及分类。
2. 掌握零售门店的设计内容。
3. 熟悉零售门店商品陈列的功能、原则、方法。

能力目标

1. 能完成零售门店商圈调查分析与选址。
2. 能对零售门店进行整体设计。
3. 能对零售门店商品进行有效的陈列管理。

素质目标

1. 培养公平竞争、互利共赢的意识。
2. 增强文化自信。
3. 培养创新思维。

任务 1　零售门店选址规划

门店情景

　　小刚所在门店整体经营效益非常好，经理想再开一家门店，但一直拿不准应该在哪里开店。有一天，经理想到小刚就是相关专业毕业的，于是把想法和顾虑告诉了小刚，小刚胸有成竹地告诉经理他会做商圈分析，很愿意在经理的带领下完成新店的选址。

知识学习

一、零售门店商圈调查

（一）商圈含义与构成

　　商圈，广义上是指一个城市中各商业区域相互关联、相互影响所构成的商业网络。它不仅仅是一个地理区域的划分，更是一个商业生态系统的体现。而狭义上则指一个零售店或商业中心的营运能力所覆盖的空间范围，或者说是可能来店购物的顾客所分布的地理区域。简而言之，商圈是商店以其所在地点为中心，沿着一定方向和距离扩展，吸引顾客的辐射范围，即来店顾客所居住的区域范围。商圈是由核心商圈、次级商圈、边缘商圈等三个部分构成的，如图 2-1-1 所示。

图 2-1-1　商圈示意图

1. 核心商圈

　　核心商圈（Primary Trading Area）是离商店最近、顾客密度最高的地方。在核心商圈内，顾客购物最为方便，通常情况下，商店的大部分顾客（如百货商店 70% 左右的顾客）都来自核心商圈。核心商圈内的顾客具有较高的消费能力和消费意愿，是商店经营核心区域。

2. 次级商圈

次级商圈（Secondary Trading Area）位于核心商圈外围，其辐射半径范围一般在3~5千米。次级商圈内顾客较为分散，但购物相对方便。次级商圈能吸引该商业区内15%~25%的日常生活消费总量。

3. 边缘商圈

边缘商圈（Fringe Trading Area 或 Tertiary Trading Area）是商圈的最外缘部分，其辐射范围更为广泛。在边缘商圈内，虽然只有少部分的消费（如5%~10%）在本商业区内实现，但仍然是商店吸引顾客的重要区域。

（二）商圈调查分析内容

1. 商圈潜力调查分析

商圈潜力调查分析是对商圈未来发展潜力和可持续增长能力的一种评估。这种分析不仅关注现有的商业环境和顾客需求，还着眼于未来的趋势、变化和机会。

2. 城市结构调查分析

（1）城市规划和发展趋势。了解城市的总体规划和发展趋势，包括未来城市扩张的方向、重点发展区域等。这些信息可以从城市规划部门或相关政府机构获取。

（2）土地利用和分区。调查城市的土地利用情况和分区规划，了解各类用地（如商业、工业、住宅等）的分布和比例。这有助于确定选址区域的土地性质和用途。

（3）交通状况。分析选址区域的交通状况，包括道路网络、公共交通设施等。良好的交通状况有助于吸引客流和提高可达性。

（4）经济状况。调查选址区域经济状况，包括产业发展、就业机会等。这些信息有助于评估选址区域的市场潜力和营利能力。

（5）环境和景观。考虑选址区域的环境质量和景观因素，如绿化、空气质量、噪声等。这些因素会影响顾客的舒适度和满意度。

3. 商圈内竞争门店调查分析

同一商圈范围内的竞争门店是影响门店竞争激烈程度的最重要因素，对于门店的销售、营利等经营要素影响重大，因此对商圈内竞争门店情况的调查与分析是商圈调查分析的重中之重。

（1）竞争店分析。

分析竞争店的市场定位，调查竞争店所销售的商品种类、品牌、价格等，分析其与自身门店的商品结构差异。了解竞争店的促销方式、销售策略、售后服务等，分析其吸引和留住顾客的手段。收集竞争店的营收、利润、成本等财务数据，分析其经营效率和营利能力。

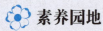 素养园地

我国公平竞争治理取得显著成效

党的十八大以来，习近平总书记亲自部署制定公平竞争重大政策，完善公平竞争监管体制机制，深化公平竞争监管实践，推动我国公平竞争治理进入新阶段，市场活力和发展动力得到进一步激发，为经济社会高质量发展作出了新贡献。

公平竞争监管执法有力加强。坚持监管为民，在公用事业、建材、汽车、原料药等领域加强竞争监管执法，有力保障了消费者权益。依法加强生物医药、高端装备制造、半导体等重点领域经营者集中审查，引导和规范企业投资并购行为，维护良好市场竞争格局和产业链供应链稳定。加强滥用行政权力排除、限制竞争反垄断执法，推动破除地方保护和市场分割。连续五年开展反不正当竞争执法专项行动，集中整治虚假宣传、仿冒混淆、刷单炒信、商业诋毁等竞争失序行为。党的十八大以来，共依法查处垄断协议、滥用市场支配地位案件 333 件，审结经营者集中案件 5 249 件，依法查处不正当竞争案件 25.05 万件，有效预防和制止了一批竞争违法行为。

（资料来源：求是网，www.qstheory.cn/laigao/ycjx/2024−01−27/c_1130068176.htm）

（2）商圈饱和度分析。

商圈饱和度是判断某个地区同类商业竞争激烈程度的一个指标，通过计算或测定某类商品销售的饱和指标，可以了解某个地区同行业是过多还是不足，以决定是否选择在此地开店。商家决定是否进入某市场前，首先要测算该市场是否已经饱和，也就是市场是否还有进一步拓展的空间。当饱和度较高时，剩余空间有限，不宜进入，但当饱和度较小时，说明市场空间很大，有很大的拓展机会。饱和度计算必须基于同一个产品市场或者替代性很大的产品市场。不同产品的饱和度不具有可比性。商圈饱和度测算方法是：

$$IRS = (C) \times (RE)/RF$$

其中，IRS 是某地区某类商品商业圈饱和指数；C 是某地区购买某类商品的潜在顾客人数；RE 是某地区每位顾客平均购买额；RF 是某地区经营同类商品商店营业总面积。

 知识拓展

饱和度计算示例

某公司计划在某一地区开办一家服装专业店，场地积金每日每平方米 10 元，共 200 平方米。商圈范围内居民每天用于服装用品的支出额为 10 万元，而各店经营服装的总营业面积为 2 000 平方米（包括待建的 200 平方米）。饱和指数（服装每天每平方米营业额）= 100 000/2 000 = 50。假设服装纯利率为 50%，那么每日每平方米利润额为 25 元，去除积金 10 元，净赚 15 元，仅从饱和度方面看，有一定的建店可行性。

二、零售门店选址策略

零售门店选址是指零售企业在开设门店时，根据经营策略、市场需求和竞争环境等因素，选择适合的地理位置来开设门店的过程。选址对于零售门店的成功与否具有至关重要的影响，因为它直接决定了门店的客流量、品牌形象和市场竞争力。

 案例分享

星巴克选址

星巴克是全球著名咖啡连锁店企业，在世界各地约有 20 000 家门店，其开店扩张能力之强，绝不亚于老牌的连锁企业"麦当劳"等，其特有的选址策略为企业迅速扩张占领市场提供了强有力的支持。

（1）街角的选择。按照星巴克选址准则，星巴克是将自己当成人们日常生活必经之路上无法绕过的障碍，而不是让人们改变习惯的生活轨迹。这一策略使星巴克选址都尽可能实现最高的可见度，按照对星巴克发展有重要作用的鲁宾菲尔德的解释就是，对路人来说"赫然入目"，于是星巴克最理想的选址就是"两条主路的交叉路口"的街角位置。

（2）门店要在车行道右侧。如果朝着市中心方向驾车行进，就会注意到几乎沿路经过的所有星巴克店都是位于右手方向，这是为什么呢？星巴克开店部门很早就已认识到，要想在拥堵的交通中左转停到星巴克门前是件费时费力的事情，若是出来之后再次左拐掉头回到原方向，这次调头会使人感到可能违反交通规则而对星巴克望而却步。将每家门店都开在驾车人右手方向，会让顾客入店消费，购买拿铁时更方便。

（3）善于选择邻店。在美国本土，星巴克喜欢把咖啡店的选址定在音像店或是干洗店旁边。因为这会使星巴克门店潜在顾客的接触面翻一倍，星巴克了解咖啡店可以吸引一定比例的偶然经过的行人进入店中消费。音像店和干洗店顾客通常得往返两次，先是把东西放下，之后再来取一次。每次潜在顾客前来租借影碟，就可能有两次机会购买星冰乐。

（资料来源：搜狐网，https：//www.sohu.com/a/150264136_ 466446？qq-pf-to＝pcqq.group）

（一）评估备选商圈

利用地理信息系统软件，即把数字化绘图和关键位置数据结合起来，将人口统计特征、顾客购买行为数据以及有关现有的、建议位置和竞争者位置的清单等商圈特征通过地图的形式进行描述。商业性地理信息系统软件能帮实体企业了解不同企业的特点，并将结果显示在地图软件中。

（二）确定最好的店址类型

店址可分为三种类型：孤立商店、无规划商业区和规划的购物中心。孤立商店是位于高速公路或街道旁的单体式零售门店。这类商店的附近没有与其共享客流的毗邻零售门店。无规划商业区是指两家或以上的零售门店坐落在一起或接近组成的零售区域,区域内的商店分布不是预先规划的。规划的购物中心是办公大楼和零售门店最集中的地方,且车流和人流高度集中。

(三)挑选大体位置

这一步要求商店从孤立商店、无规划商业区和规划的购物中心这三种基本类型中选择一种,然后确定商店的大体位置。比如,如果选择孤立位置的商店时,就要选一条具体的高速公路或者街道;如果选择规划的购物中心时,就要选一个具体的购物中心。

(四)对商店区位和店址的评价

要想对每个大体区位及包含其中的具体店址进行评价,就要做大量分析。在选择商店位置时,应根据以下标准逐个评价备选地段,并对每个选项作出全面评价。选定一个最佳店址需要考虑和兼顾客流、车流、交通条件、商店构成、具体店址特征、占用房产条件等方面。

✿ 任务实施

结合本地情况,对实地商圈进行调查分析,判断是否可以开新店。

1. 教师指导学生分组,并按小组对实地商圈进行调查与分析。

2. 学生通过调查分析最终提交一份完整的"零售门店商圈调查分析报告",并判断是否适合开新店。

3. 学生以小组为单位制作 PPT,现场展示选址调查方案。

✿ 任务评价

任务评价的具体内容包括实地调查、分析等,具体见任务评价表。

任务评价表

考核人				被考核人		
考核地点						
评价标准	内容	分值/分	小组自评(30%)	小组互评(30%)	教师评价(40%)	合计/分
	实地调查目的明确,调查内容完整、准确	25				
	调查分析准确、可操作	20				
	选址步骤完整准确,判断有依据	25				
	PPT 制作精美,汇报思维逻辑清晰	15				
	团队配合默契	15				
总得分						

门店情景

　　经理看了小刚做的零售门店商圈调查分析报告，终于找到了最佳的门店位置。一个月后，门店的各种手续办理完毕，但经理又面临着新难题，新店应该怎么装修设计呢？通过商圈选址这件事，经理对小刚的能力非常认可，所以这次又叫来小刚想听听他的意见。

知识学习

一、零售门店内部设计

　　零售门店内部设计就是对卖场购买环境进行设计，其目的是为顾客营造一个温馨、舒适、适用的购物场所。这包括门店布局设计、门店通道设计和门店服务设施设计。中国设计日渐登上国际舞台，当越来越多的国际知名设计师从中国文化中寻找设计灵感，中国设计从"西学东渐"强势逆袭，发展为"东风西渐"。以科学态度对待传统文化，以开放心态进行文化交流互鉴，使中华民族文化生命得以延续并焕发新的生机活力。

素养园地

文化自信明显增强

　　习近平总书记指出："文化自信，是更基础、更广泛、更深厚的自信，是更基本、更深沉、更持久的力量。"文化自信，简单地说就是对自身文化及其内在价值的充分认同和积极践行，主要表现为对文化发展进程的理性认知，对文化发展成就的崇敬自豪，对文化发展能力的科学把握，对文化发展前景的信心希望。坚定文化自信，是事关国运兴衰、事关文化安全、事关民族精神独立性的大问题。党的十八大以来，以习近平同志为核心的党中央把文化建设提升到一个新的历史高度，把文化自信作为中国特色社会主义"四个自信"的重要内容。党的二十大报告指出，我们确立和坚持马克思主义在意识形态领域指导地位的根本制度，新时代党的创新理论深入人心，社会主义核心价值观广泛传播，中华优秀传统文化得到创造性转化、创新性发展，文化事业日益繁荣，网络生态持续向好，意识形态领域形势发生全局性、根本性转变。

　　守正开新，气象万千。十年来，中国人民更加热爱自己的文化，文化自信明显增强。国风国潮纷纷兴起，北京冬奥会上二十四节气、黄河之水、折柳寄情等文化展示，把中华文化和冰雪运动完美融合在一起；银幕、荧幕、舞台上涌现出一大批精品力作，《长津湖》《山海情》《只此青绿》等优秀文化作品叫好又叫座；文化类综艺节目频频出圈,《中国诗词大会》《朗读者》《国家宝藏》等以文化厚度彰显精神高度,带来现象级流量;红色旅游成为众多民众的出行选择,革命博物馆、纪念馆、遗址遗存遗迹让人们在了解历史中传承红色基因……中国人民的文化自信在多个方面表现出来。人们对中华文化发自内心地崇敬、从精神深处认同,传承中华文化基因更加自觉,文化归属感、自豪感显著增强,更有信心更有能力铸就中华文化新辉煌。

（资料来源：求是网, www.qstheory.cn/qshyjx/2022-11/04/c_1129100413.htm）

（一）零售门店布局设计

零售门店布局设计需要根据不同类型的商品、销售策略和顾客需求进行选择和调整。好的布局设计可以提高销售额和顾客满意度,同时也可以提高门店的形象和品牌价值。卖场的布局从不同的角度分析可以有不同的分类方式,下面主要介绍两种主要的分类方式。

1. 从柜台摆放方式的角度看

（1）直线式布局。柜台、货架都沿墙成直线摆设,如图2-2-1所示。这种形式不受门店大小或墙角弯度的限制,能够陈列展示较多的商品,是最基本的设计形式。因其较便利店员拿取商品,能够随时补货,有利于节省人力。

图 2-2-1　直线式布局

（来源：https://www.sohu.com/a/236776797_99988670）

（2）岛屿式布局。柜台以岛状形式分布,四周用柜台围成封闭状,中间设置货架,如图2-2-2所示。这种布局摆设成圆形、长方形等。

图 2-2-2　岛屿式布局

（来源：https://www.douban.com/note/630427788/?_i=0576457weA6URB）

学习笔记

（3）斜角式布局。利用店内的设备和建筑空间，如柜台、货架等与室内的柱子围成斜角形状的布置，如图 2-2-3 所示。它能为室内增加延伸的视觉效果，让内部布局更有空间性。

图 2-2-3　斜角式布局

（来源：https://www.douban.com/note/630427788/?_i=0576457weA6URB）

（4）陈列式布局。在营业场所中央，设置若干陈列柜、货架等，展示各种商品，前边摆设若干柜台，如图 2-2-4 所示。在这种布局里，店员的工作区域和顾客区域重合。两者都在同一区域活动，可以活跃卖场的气氛，形成互动的卖场氛围，也有利于提高服务质量，是一种比较自由、灵活的设计形式。

图 2-2-4　陈列式布局

（来源：https://www.douban.com/note/630427788/?_i=0576457weA6URB）

不同的布局有着不同的优缺点和适用场景，如表 2-2-1 所示，可根据实际情况进行选择和设计。

表 2-2-1　不同布局的优缺点

布局类型	优点	缺点	场景
直线式布局	①结构简单。②便于陈列，使顾客可以更加方便地浏览和选择商品。③节约空间，使更多的商品可以展示出来。④视觉效果好，可以吸引顾客的注意力	①直线式布局相对较为单一，缺乏变化。②适应性差，难以满足不同类型顾客的需求。③引导性差，顾客需要自己寻找需要的商品	直线式布局适用于一些特定的零售门店，如小型超市、便利店等
岛屿式布局	①充分利用空间，可以在建筑物特点的限制条件下布置更多的商品货架，提高空间利用率。②环境富于变化。③满足顾客全方位需求，对品牌供应商具有较强的吸引力	①存货面积有限，不能储存较多的备售商品，可能会影响销售情况。②现场用人较多，相互之间的协作要求较高。③布局设计成本高，同时需要较多的货架和展示道具等硬件设施，投资成本也相对较高	岛屿式布局适用于一些特定的零售场所，如高端精品店、奢侈品专柜等需要展示品牌形象和商品特色的场所
斜角式布局	①增加空间感，顾客感到更加舒适和愉悦。②引导顾客流动，增加顾客的停留时间和购买机会。③展示更多商品，让顾客更加全面地了解商品的特点和优势	①设计难度较大，需要考虑的因素也较多。②顾客寻找商品困难，需要花费更多的时间和精力。③员工管理和库存管理难度增加，也需要更好地维护店内卫生和安全	斜角式布局适用于一些需要打破传统、追求创新和个性化的零售场所，如一些时尚品牌店、精品店、咖啡馆等
陈列式布局	①突出商品特色，增强顾客对商品的认知和信任。②提高顾客体验。③增加商品销量	①设计难度较大。②需要定期更新和维护，以保证商品的品质和新鲜度。③需要较多的人力资源	陈列式布局适用于一些需要突出商品特色、提高顾客体验、增加商品销量的零售场所，如商场、超市、专卖店等

2. 从顾客流动线路的角度看

（1）方格式布局。方格式布局是一种常见的商业设施布局方式。特别是在购物中心和超市中。这种布局方式将商店或展示区域按照网格状的方式排列，形成一系列直线通道，顾客可以按照这些通道自由行走、浏览和购买商品。在方格式布局中，入口区域的设计尤为重要。通常，入口应设置在显眼且易于访问的位置，同时还应提供足够的空间供顾客停留和导航。此外，货架的布局也需要精心设计，以确保顾客可以轻松地找到他们需要的商品。

（2）自由流动布局。自由流动布局是一种灵活布局方式，其主要特点以方便顾客为出发点，将商品展示区域设计成不规则的路线分布，顾客可以在这些区域中自由穿行，随意浏览和选择商品。

（二）零售门店通道设计

零售门店的通道是指顾客在卖场内购物时的行走路线，也被称为卖场动线。通道设计对于零售门店运营和顾客购物体验具有重要影响。

1. 通道设计的分类

（1）直线式通道设计。

直线式通道（见图2-2-5）又称为单向通道。这种通道的起点是卖场的入口，终点是收款台（或收银台）。顾客依照货架排列的方向单向购物，以商品陈列不重复、顾客不回头为设计特点。这种设计使顾客能在最短的时间内完成商品购买行为。

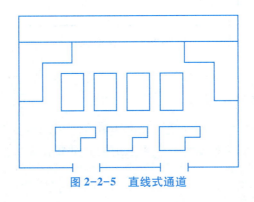

图 2-2-5　直线式通道

（2）回型通道设计。

回型通道也被称为环形通道设计。其特点是流畅的圆形或椭圆形线路环绕整个卖场，从右到左方向进行。这种设计又分为大回型和小回型两种线路模型，主要根据卖场的面积来决定。

①大回型通道。这种通道适合营业面积在1 600平方米以上的门店。顾客进入门店后，从一边沿四周回型浏览后再进入中间货架。门店内部一侧货位一通到底，中间没有穿行路口，如图2-2-6所示。

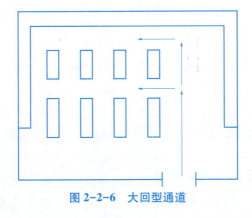

图 2-2-6　大回型通道

②小回型通道。这种通道适合营业面积在 1 600 平方米以下的门店。顾客进入门店，沿一侧前行，不必走到头，进入中间货位，如图 2-2-7 所示。

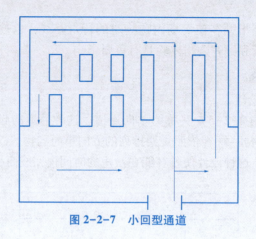

图 2-2-7　小回型通道

2. 通道设计的原则

（1）主通道明显。

主通道的宽度要明显大于副通道，以便于顾客进出，不会产生碰撞与摩擦。这有助于引导顾客在店内顺畅地移动。一般主通道的宽度要在 1.8 米以上，副通道的宽度要在 1.3 米以上。

（2）直线设计、避免死角。

直线设计方便顾客沿着货架一直前进，减少迷路的可能性。同时，应避免在店内设置过多的拐角，以减少顾客的困惑和不便。

（3）少拐角、多亮度。

通道上的照明度要比卖场明亮，通常要达到 500 勒克司以上，而卖场内部的照明度要比外部增强 5%。此外，通道应尽可能减少拐角，以便顾客更轻松地找到所需的商品。

（三）零售门店服务设施设计

1. 收银台设计

零售门店收银台数量应以满足顾客在购物高峰时能够迅速付款结算为出发点。大量调查表明，顾客等待付款结算时间不能超过 8 分钟，否则就会产生烦躁情绪。一般情况下以 40 平方米一台，高峰时可达到 25 平方米一台较为适宜。超市收银台应设在门口处；如果是需要大量包装物料的商品销售，收银台可以设在两柜台之间；如果是集中包装的商品销售，收银台可设在包装柜台的对面，设计形式如图 2-2-8 所示。

2. 休息区设计

零售门店休息区设计是提升顾客体验、增强品牌形象和增加顾客停留时间的重要环节。一个舒适、吸引人和功能性强的休息区能够吸引更多顾客，并鼓励他们花更多时间在店内浏览和购物。

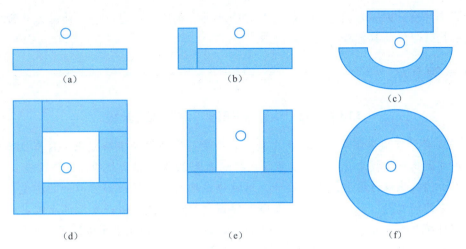

图 2-2-8　收银台设计形式

（a）长方形收银台；（b）L 形收银台；（c）弧形收银台；（d）四边形收银台；

（e）U 形收银台；（f）圆形收银台

首先确定休息区的位置，通常它应该位于门店内部较为安静、宽敞的区域，便于顾客在购物疲惫时找到。同时，休息区应易于进入和离开，不应让顾客觉得麻烦。休息区应提供免费的 Wi-Fi、杂志、电视或音乐等设施，让顾客在休息时也能享受娱乐。

3. 洗手间设计

零售门店洗手间设计应综合考虑顾客需求、卫生清洁、无障碍设计、隐私安全、照明通风等多方面因素，打造出一个舒适、实用且符合门店定位的洗手间。

4. 儿童游乐区设计

零售门店儿童游乐区设计是吸引家庭顾客、增加顾客停留时间、提升顾客购物体验的重要手段。儿童游乐区应设置在门店内部较为开阔、通风良好的区域，并且便于家长监视和照顾孩子。同时，游乐区的布局要合理，避免过于拥挤或过于分散。

5. 咨询台设计

咨询台是零售门店中重要的服务设施之一，它能够为顾客提供一个咨询和解决问题的平台。咨询台应该设置在门店的入口附近或靠近收银台的地方，以便于顾客咨询问题并得到及时的解答。

6. 寄存处设计

零售门店寄存处设计是方便顾客存放物品、提升购物体验的重要环节。寄存处应设置在门店内便于顾客找到的地方，最好靠近入口或收银台。布局要合理，避免与顾客流线产生交叉干扰。寄存处的规模和容量应根据门店的大小和顾客流量来确定。要确保有足够的存包柜或货架来满足顾客的寄存需求。寄存处应具备良好的安全措施，如安装监控摄像头、设置密码锁等，以确保顾客寄存物品的安全。同时，员工应接受相关培训，正确、安全地帮助顾客寄存物品。

7. 无障碍设施设计

无障碍设施是零售门店中的必要设施之一，它能够为残障人士提供一个方便、平等的购物环境。无障碍设施包括残疾人专用通道、厕所、休息区等，残障人士能够方便地购物并享受与其他顾客同等的待遇。

案例分享

118 岁东安市场，迎来最"潮"改造升级

2021 年，京城老字号，坐落于北京王府井步行街的东安市场迎来 118 岁生日。伴随王府井大街整体提质升级，东安市场也将迎来近 22 年来最大规模的升级改造。

入口门头采取传统中式斗拱设计，用特殊玻璃材质呈现出如梦似幻的感觉，在日光照射下闪闪发光，如同琉璃般引人驻足停留。收银台处点缀一处低调而极具仪式感的几何机械盆景装置，打造中式视觉印象，让整个空间更具有艺术潮流感。

设计以"梦回盛世"为概念，通过一层"形塑东安"、二层"幻聚东安"、三层"云艺东安"三个主题，用鲜明时尚的色彩，古代建筑的结构线条，通过现代材质来呈现出幻影般的建筑影像，映射出极为新潮的中式未来主义风格。

二、零售门店外部设计

零售门店外部设计包括招牌设计、店标设计、店门设计和橱窗设计。

（一）招牌设计

零售门店招牌设计是店铺形象的重要组成部分，它能够在第一时间吸引顾客注意力，传达店铺品牌理念，以及展示店铺特色和风格。

1. 招牌类型

门店招牌是商店的重要组成部分，它能够吸引顾客的注意力，提升品牌形象，并帮助商店在竞争激烈的市场中脱颖而出。

（1）悬挂式招牌。这种招牌通常悬挂在商店门口，上面印有商店的名称、标志或口号。悬挂式招牌可以吸引顾客的注意力，特别是当它们设计得足够大、颜色鲜艳时。

（2）门头招牌。门头招牌是商店门口的一部分，通常与商店的入口相结合。这种招牌可以展示商店的名称、标志和其他重要信息，同时也可以为商店提供一个独特的外观。

（3）直立式招牌。直立式招牌是一种独立的招牌，通常放置在商店门口或附近的人行道上。这种招牌可以吸引远处行人的注意力，并为商店提供一个明显的标识。

（4）侧翼招牌。侧翼招牌通常位于商店的两侧，可以显示商店的名称、经营范围或其他重要信息。这种招牌可以帮助商店在繁忙的街道上脱颖而出，吸引更多的顾客。

（5）投影招牌。投影招牌是一种使用投影技术来展示商店信息的招牌。这种招牌可以在夜晚或昏暗的环境中吸引顾客的注意力，并为商店创造一个独特的氛围。

（6）LED 招牌。LED 招牌使用发光二极管（LED）来显示商店的信息。这种招牌可以根据需要改变颜色、闪烁或滚动显示文本和图像，从而吸引顾客的注意力。

2. 招牌命名方法

（1）借用著名人物或创办人命名。

这种命名以创办人姓名或人所共知的人物来命名，使顾客闻其名而知其特色，便

于发挥想象和记忆，如羽西化妆品、张小泉剪刀、李宁专卖店、福特汽车公司、强生公司、戴尔等。

（2）以经营地点命名。

这种命名反映商品经营所在的位置，易突出地方特色，使顾客易于识别。有许多店采用这一命名方法，如北京百货大楼、上海第一百货公司、东街口百货、老边饺子馆、重庆火锅、西炮台酒家等。

（3）以属性命名。

这种命名能反映商店经营商品的范围及优良品质，有利于树立商店声誉，使顾客易于识别，并产生一睹为快的心理，达到招揽生意的目的。例如"舒步鞋店"，以"舒步"这一命名，反映了店内出售的鞋子具有穿着舒适、便于行走的优良品质。再如小肥羊、蓓蕾儿童玩具、淑女服饰屋、陶陶居等。

（4）以动植物命名。

这种名字能让人对动植物产生联想，如骆驼牌香烟、金丝猴、蓝猫、大白兔、狗不理等。

（5）以数字命名。

以数字作为店名让人易记易识，如七天连锁酒店等。

（6）用外语译音命名。

这种命名大多为外商在国内的合资店或代理店采用，便于顾客记忆与识别，如特斯拉、麦当劳等。

（7）联系服务精神命名。

这种命名反映商店文明经商的精神风貌，使顾客产生信任感，如半分利小吃店、99分商店，其中寓意着经营者薄利多销的经营宗旨。

（二）店标设计

店标（商店标志）是指商品店面标志系统中可以被识别但不能用语言表达的部分，是店面标志的图形记号，包括符号、图案或明显的色彩或字体。零售门店店标设计是品牌形象的关键组成部分，它能够帮助顾客识别和记忆品牌，并传达品牌的独特性和价值观。

1. 文字型店标

以文字为主要设计元素，通过特殊字体等突出品牌名称或标语。作为国内家电行业的领军企业，海尔店标设计简洁大方，直接使用"海尔"，字体清晰易读，体现品牌国际化形象，如图2-2-9所示。

2. 图形型店标

以图形或图像为主要设计元素，可以是抽象图案、具体物品或象征性图标。如图2-2-10所示，安踏店标设计简洁而有力，图形源自中国排球队员扣球时的姿势，将力量、速度与美表达得淋漓尽致。这个图形与运动品牌定位高度契合，展现了品牌追求卓越、超越自我的理念。

图 2-2-9　文字型店标示例

（来源：https://finance.sina.com.cn/zl/lifestyle/20150811/075922931250.shtml）

图 2-2-10　图形型店标示例

（来源：http://www.fangzheng.ccoo.cn/yp/531322x.html）

3. 组合型店标

将文字和图形元素结合起来，形成一个综合性的店标设计。美团的店标也是一个典型的组合型设计。海底捞的门店店标结合了品牌名称"海底捞"与一个独特的图形元素——一个类似火锅的图案。这个图案与海底捞的火锅餐饮业务紧密相关，同时文字部分清晰易读，使得整个店标既具有辨识度又富有创意，如图 2-2-11 所示。

4. 象征型店标

通过特定的符号或图案来代表品牌，这些符号或图案通常与品牌的历史、文化或产品特点相关。中国银行的店标采用了象征型设计，以古代的钱币和汉字"中"为基本元素，通过巧妙的组合和变形，形成了一个独特的图形标识。这个标识既体现了银行的金融属性，又蕴含了中国传统文化的精髓，具有深刻的文化内涵和象征意义，如图 2-2-12 所示。

图 2-2-11　组合型店标示例

（来源：https://www.sohu.com/a/350808409_ 467094）

图 2-2-12　象征型店标示例

（三）店门设计

1. 店门基本类型

（1）封闭型。

这种类型的门店面向大街的一面用橱窗或者有色玻璃遮蔽起来，入口尽可能小些。

采用这种形式的多是一些经营高档商品的门店，如珠宝、影像设备的专卖店。

（2）半封闭型。

这种类型的门店入口适中且玻璃明亮，顾客能一眼看到店内的情景，然后被引入店内。这种门店外观的吸引力是至关重要的。经营化妆品、服装等中高档商品的门店多采用这种形式。

（3）开放型。

这种类型的门店正对大街的一面全面开放且没有橱窗，方便顾客出入。在我国，南方实行全开放型的门店多而北方则较少。这是由南北两地不同的气候决定的。在国外，出售水果、蔬菜和小百货等日常用品的商店多采用这种形式。

2. 店门设计注意事项

（1）易于识别和接近。采用醒目的店标和明亮的灯光，如星巴克的绿色标志和明亮的店门，使顾客能够轻松识别并接近。

（2）与品牌形象一致。苹果公司的店门设计简洁而现代，与其品牌形象和产品风格高度一致。

（3）便于顾客进出。大型超市通常会有宽敞的入口和多个出口，以便顾客在高峰时段能够迅速进出。

（4）安全性和无障碍性。确保店门易于打开，没有尖锐的边角或障碍物，如麦当劳的店门设计考虑到了儿童的安全性和便利性。

（5）透视性。服装店常常使用透明或半透明的玻璃门，让顾客可以透过门看到店内的商品，吸引他们进店浏览。

（6）易于清洁和维护。快餐店（如肯德基或麦当劳）常常使用耐脏、易清洁的材料来设计店门，以方便日常的清洁工作。

（7）考虑当地文化和习惯。在亚洲地区，许多店铺的店门设计会考虑到文化习俗等因素，如避免门口正对楼梯或墙角等。

（8）考虑店门前的空间和环境。确保店门前有足够的空间供顾客停留和排队，如咖啡店或餐馆门口常常会有等待区。

（四）橱窗设计

1. 橱窗基本类型

（1）封闭式橱窗。

这种橱窗与门店完全隔开，形成独立的陈列空间，常见于大型百货商场。其特点是正面有大玻璃，后面与墙壁或门隔离；布置灵活，能从单一角度吸引顾客注意。

（2）开放式橱窗。

这种橱窗没有墙壁限制，允许顾客直接观察店内环境。这种设计从外部很容易感受到门店内部的活力，但同时也存在更高的维护难度，需要确保橱窗随时看起来充满吸引力。

（3）通透式橱窗。

通透式橱窗又称半封闭式橱窗，具有半透明物件，如广告画、纱类织物等作为隔离，使空间独立且具有视觉吸引力。这种设计结合"借景"艺术，既展示商品又展现门店内部环境。

（4）综合式橱窗。

这种橱窗将多个不相关的商品综合陈列在一个空间内，包括横向和纵向两种。这种设计适用于想要组成一个完整的橱窗广告的小店。

（5）专题式橱窗。

这种橱窗围绕中心点展示不同类型的商品，通常以特定环境或事件为背景。这种设计有助于传达主题，适用于绿色食品等特定商品展示。

（6）特写式橱窗。

这种橱窗在橱窗内集中展示单一商品或商品模型，通过艺术形式和特定的陈列手法来凸显产品。

（7）面向店外橱窗。

这种橱窗结合商场建筑，占据显著位置，与整体视觉环境形成衬托。其特点是展开面大，视野开阔，易于远距离观察其效果。

（8）通道走廊橱窗。

这种橱窗在现代商业环境中常见于通道和入口处，用于品牌宣传。其形式和外观造型多样，与通道的立面相辅相成。内部展示的内容与销售的商品相近，增强了门店的吸引力和品牌形象。

（9）店头橱窗。

这种橱窗位于门店的门口或前部，主要用于展示商品或品牌。与店内橱窗相比，其位置更显眼，有助于吸引顾客的眼球。其设计旨在增加销售机会和品牌曝光度。

2. 橱窗设计注意事项

（1）主题明确。橱窗设计需要有一个明确的主题，这个主题应该与门店的整体风格和品牌形象相符合。主题可以是季节性的、节日性的或者是与商品相关的。

（2）突出重点。橱窗设计需要突出重点，让顾客一眼就能看到想展示的商品。可以将商品放在显眼的位置，或者使用灯光、道具等来突出商品的特点。

（3）色彩搭配。橱窗设计的色彩搭配也很重要，应该与门店的整体风格和品牌形象相符合。同时，色彩的搭配也需要考虑到顾客的视觉感受，避免过于刺眼或过于沉闷。

（4）灯光效果。灯光是橱窗设计中非常重要的元素之一，可以营造出不同的氛围和效果。需要根据橱窗的大小和形状来选择合适的灯光，同时也要考虑到灯光对商品的影响。

（5）道具选择。道具是橱窗设计中常用的手段之一，可以用来营造出不同的氛围和效果。需要根据商品的特点和品牌形象来选择合适的道具，同时也要考虑到道具的实用性和耐用性。

（6）维护清洁。橱窗需要经常打扫，以保持干净和整洁。这样会给顾客留下好印象，避免因灰尘等问题而影响商品展示效果。

三、零售门店氛围设计

零售门店氛围设计指的是通过一系列的设计元素和技巧，营造出一种吸引顾客、提升购物体验的环境氛围。这种氛围设计涉及店铺内部的布局、照明、色彩、音乐、装饰等多个方面，旨在为顾客创造一个舒适、愉悦、有吸引力的购物环境。

（一）音乐与门店氛围

音乐在零售门店的氛围设计中扮演着至关重要的角色。合适的音乐不仅能够营造出独特的购物环境，还能增强顾客的购物体验，从而促进销售业绩的提升。首先，音乐能够影响顾客的情绪和心理状态。轻松愉悦的音乐能够让顾客感到放松和舒适，有利于他们在购物过程中保持愉悦的心情。相反，过于嘈杂或不合时宜的音乐可能会让顾客感到烦躁和不安，从而影响他们的购物体验。其次，音乐还能够与店铺的品牌形象和产品特性相契合，从而增强品牌的辨识度和吸引力。例如，高端奢侈品品牌可能会选择优雅古典的音乐来营造高贵、奢华的氛围；而年轻时尚的服装品牌则可能会选择流行摇滚或电子音乐来吸引年轻顾客群体。再次，音乐还能够与店铺的照明、色彩等设计元素相互配合，共同营造出独特的氛围。例如，柔和的灯光和温暖的音乐能够营造出温馨舒适的氛围，而明亮的色彩和快节奏的音乐则能够激发顾客的活力和购买欲。

（二）照明与门店氛围

照明对购物环境影响极大，合理而巧妙地运用照明设备营造购物环境是有效的手段。鲜明夺目、五光十色的明亮气氛，能调动起顾客的购买欲；光线暗淡会显得沉闷压抑；而光线过强又会使顾客感到晕眩，使售货员视力和精神紧张，易出差错。店内照明可分为自然照明、基本照明和特殊照明等。

1. 自然照明

自然照明是商场中的自然采光，通过天窗、侧窗获得户外光线，能够使顾客准确地识别商品的色泽，方便顾客挑选和比较商品。自然照明能使顾客在心理上产生真切感与安全感，不至于因灯光的影响使商品的色泽产生差异而买到不如意的商品。因此，在采光方面，要尽可能地利用自然光源，如增加玻璃顶面、玻璃墙面的面积等。

2. 基本照明

由于售货现场规模、建筑结构形式不同，自然采光所占比例不大，而随着照明技术的进步，人工采光设计在售货现场设计中的地位日益重要。先进的灯光设计能够增加店容店貌的美观度，突出商品展示效果，从而吸引顾客参观选购，刺激顾客的购买欲。

3. 特殊照明

特殊照明是为了突出部分商品的特性而布置的照明，目的是凸显商品的个性，更好地吸引顾客的注意力，激发顾客的购买兴趣。其常用于金银首饰、珠宝玉器、手表挂件等贵重精密而又细巧的商品，这样做不仅有助于顾客仔细挑选、甄别质地，而且可以彰显商品的珠光宝气，给人以高贵稀有的心理感受。

（三）色彩与门店氛围

心理学实验证明，在感知事物、认识形象上，色彩起着重要的识别作用，并使人产生不同的心理感觉。为此，门店应该选择一种有代表性的颜色，用于营业场所内主色调、场标志、建筑物装饰、包装袋、员工服饰等多方面，形成门店特有的色彩形象。

色彩在门店氛围设计中具有重要的作用。通过合理的色彩搭配和运用，可以打造舒适、美观的购物环境，突出品牌形象，引导顾客视线，创造层次感，并考虑色彩心理学的影响。这些都有助于提升顾客的购物体验，促进销售业绩的提升。

 知识拓展

用色彩打造零售门店氛围

水果店通常使用鲜艳、自然的色彩来营造新鲜、健康的氛围。例如，使用绿色可以突出水果的新鲜感，而橙色和红色则可以突出水果的甜度和口感。同时，通过合理的陈列和搭配，可以营造出层次感和立体感，增加顾客的购买欲。

咖啡厅通常使用暖色调的色彩来营造温馨、舒适的氛围。例如，棕色、米色和深绿色等色调可以营造出一种温馨、自然的氛围，让顾客感受到放松和舒适。在咖啡厅的色彩设计中，还可以通过灯光和阴影效果来营造出一种更有层次感和立体感的氛围。

任务实施

结合实地商圈调查分析，任选一家零售新店为其做整体设计。
1. 教师指导学生分组，并按小组对零售新店进行整体设计。
2. 学生以小组为单位制作设计 PPT，并现场展示设计方案。

任务评价

任务评价具体内容包括内部设计、外部设计、氛围设计、PPT 汇报等，具体见任务评价表。

任务评价表

考核人			被考核人			
考核地点						
评价标准	内容	分值/分	小组自评（30%）	小组互评（30%）	教师评价（40%）	合计/分
	内部设计内容完整、新颖，以顾客为中心	25				
	外部设计内容完整、新颖，以顾客为中心	25				·

续表

内容		分值/分	小组自评（30%）	小组互评（30%）	教师评价（40%）	合计/分
评价标准	门店氛围设计内容完整、新颖，以顾客为中心	15				
	PPT 制作精美，汇报思维逻辑清晰	10				
	设计中中国文化元素融入自然、合理	15				
	团队配合默契	10				
综合得分						

任务3　零售门店商品陈列

门店情景

在经理、小刚及同事们的共同努力下，新店终于完成了整体设计和施工。在新店试运营的前几天，整体客流量还不错，但整体效益和销售量并不乐观，很多顾客进店转一圈就走了。经理为了解决这个问题，集思广益，想听听一线人员的看法，组织了早会，让大家通过对顾客这几天的接触和观察，畅所欲言，找出可能造成销售不乐观的原因。通过大家的讨论，发现商品陈列是导致新店销量不乐观的主要原因。

知识学习

一、零售门店商品陈列功能

（一）展示商品

首先，商品陈列最基础的功能是展示商品。通过精心设计的陈列方式，将商品的特点、用途和优势展现给顾客，帮助他们了解商品。

（二）引导消费

合理的商品陈列可以引导顾客进行消费。例如，通过季节性陈列或主题陈列，可以引导顾客购买符合当前季节或主题的商品。

（三）提高销售额

有效的商品陈列可以提高销售额。通过将畅销商品或高利润商品放置在显眼的位置，或者通过吸引人的陈列方式吸引顾客的注意力，都可以增加商品的销量。

（四）增强品牌形象

商品陈列也是品牌形象展示的一部分。通过统一的陈列风格、符合品牌调性的陈列元素等，可以增强顾客对品牌的认知度和忠诚度。

（五）提供线上线下互动体验

对于O2O模式的零售门店来说，商品陈列还可以提供线上线下互动体验。例如，通过扫描商品二维码或AR互动功能，顾客可以在实体店中体验到线上的便利性和丰富性。

（六）优化库存管理

通过商品陈列的数据分析，零售门店可以更好地了解商品的销售情况和顾客需求，从而优化库存管理，减少库存积压和浪费。

（七）方便顾客选择

合理的商品陈列可以使顾客更加方便地选择商品。通过分类陈列、对比陈列等方式，可以让顾客更加快速地找到所需的商品，提高购物效率。

二、零售门店商品陈列原则

（一）线上线下融合原则

确保线上和线下商品陈列保持一致性和互补性。线上商品信息和图片应该与线下实际陈列相匹配，为顾客提供一致购物体验。同时，线下门店可以利用实体空间优势，展示线上无法呈现的商品细节等。

（二）商品陈列显而易见原则

商品陈列显而易见原则指的是在零售门店中，商品应该陈列在顾客容易看到和拿取的位置，让顾客能够清晰地了解商品的信息和特性，从而作出购买决策。

（三）商品便于取放原则

货架的高度应该根据商品的大小和顾客的身高进行调整，确保顾客可以轻松拿到商品。较重的商品应该放置在货架底部，以便于顾客取放。

（四）货架放满陈列原则

货架上的商品放满陈列，可以给顾客一个商品丰富、品种齐全的直观印象；同时，也可以提高货架的销售能力和储存功能，还相应地减少了库存量，加速了商品的周转速度。有资料表明，放满陈列平均可提高 24% 的销售额。

（五）陈列重点突出原则

由于不同的陈列位置与人的视线形成不同的角度，不同陈列位置的商品的销售效果有较大差别。因此，商品应该根据商场的推销重点和商品本身的特点陈列于不同的位置。

顾客观看和拿取商品难易程度和商品陈列位置的高低有直接关系。顾客最易发现商品的位置是以顾客直立平视为基点，上下 15 度，共约 30 度的范围；顾客较易发现的范围是平视向下的 15~45 度的范围。

1. 第一有效区

货架高度 70~130 厘米为第一有效区，也被称为黄金陈列区，是顾客容易看到和容易拿取商品的陈列位置，所以是最佳陈列位置。该位置一般用来陈列高利润商品、自有品牌促销商品与推荐商品等。

2. 第二有效区

货架高度50~70厘米和130~180厘米为第二有效区。高度50~70厘米用来陈列利润较低的商品，一般摆放保证商品齐全性的商品及从黄金段上退下来的商品；高度130~180厘米是货架上段，该段通常陈列推荐商品，或有意培养的商品，陈列一段时间后可放至下一段。

3. 第三有效区

货架高度50厘米以下和180厘米以上为第三有效区。高度50厘米以下的位置通常陈列一些体积较大的商品和重量较重、易碎、毛利较低的商品。180厘米以上不陈列销售商品，可以展示商品。

 案例分享

大润发门店重构2.0全国首店落户无锡

2022年1月14日，大润发宣布2.0版重构店全国首店正式营业。该店为大润发长江北路店，位于无锡市长江北路288号，单层面积有1.4万平方米，约2个足球场大。

由2.2米降低为1.6米的轻矮型货架与打破品类边界所呈现的视觉通透感，是置身其中的直观感受。从顾客需求出发，按照使用场景而做陈列，让人与商品互动变得更有生活化气息。陈列了1800瓶红酒弧形酒架和微醺小栈，满足遛娃需求的1000多平方米游玩体验馆，以及颇受年轻人喜欢的宝可梦快闪主题休闲吧等，都让超市变得更好逛。

据悉，大润发在2021年4月成立了重构店专项团队，长江北路店重构历时5个多月时间，12月中旬基本完成。试运营半个多月以来，重构效果显著，整体业绩和来客提升20%。休闲零食、玩具、进口红酒、牛肉销量增长更为突出，零食达到123%，牛肉约为80%。

（资料来源：大润发官网，rtmart. feiniu. com/news/info？id=2201200001）

（六）商品"立体前进"陈列原则

商品"立体前进"陈列原则是指在货架上陈列商品时，应该按照一定的层次和顺序进行，使商品呈现出立体的展示效果。这样可以更好地吸引顾客的注意力，提高商品的可见性和购买率。

（七）关联性陈列原则

关联性陈列原则强调将具有关联性的商品摆放在一起，这样可以让顾客更方便地找到他们需要的商品，并激发他们购买相关商品的兴趣。可按使用目的或用途、品类或品牌、互补性、顾客的购物习惯等进行关联性陈列。

（八）系列商品垂直性陈列原则

系列商品垂直性陈列原则是指将同一品牌、同一系列或同一类别的商品从上到下垂直陈列在货架或展示柜上。这种陈列方式有助于顾客快速识别和选择商品，提高购物效率。同时，垂直陈列也能突出商品的品牌形象和特色，增强商品的吸引力。首先，需要明确哪些商品属于同一系列，将同一系列的商品按照从上到下的顺序进行垂直陈列。尽量保持同一系列商品在货架上高度一致。在陈列区域使用清晰的标识和标签，将系列商品中的重点或主打商品放置在顾客视线水平附近位置，以吸引顾客注意力。

（九）整齐清洁陈列原则

整齐清洁陈列原则是指在商品陈列过程中，要保证商品的摆放有序、整齐划一，并且保持陈列区域的清洁和卫生。这样做可以营造一个整洁、舒适的购物环境，提高顾客的购物体验，同时也能够展示商品的良好形象和品牌价值。可以通过定期整理货架、定期清洁陈列区域、使用陈列器具、注意商品包装、遵循陈列规范、定期对员工进行商品陈列的培训等方式实现。

（十）生动化陈列原则

为了强化销售点的广告效果，增加可见度，吸引顾客对产品的注意力，提醒顾客购买本公司产品，必须体现陈列展售的四要素，即位置、外观（广告、POP 的配合）、价格牌、产品摆放次序和比例，并根据商品特点及展售地点环境进行创意。通过创新思维，采用多种不同的商品陈列方法，并定期变化，增强门店的新鲜感和变化感。

❀ 素养园地

增强创新意识　培养创新思维（人民观点）

提高创新思维能力，就是要有敢为人先的锐气，打破迷信经验、迷信本本的惯性思维，以满腔热忱对待一切新生事物，敢于说前人没有说过的新话，敢于干前人没有干过的事情，以思想认识的新飞跃打开工作的新局面。

坚持创新思维，跟着问题走、奔着问题去，准确识变、科学应变、主动求变，才能在把握规律的基础上实现变革创新，不断推动事业向前发展。

实施自贸试验区提升战略，注册资本登记制度改革、"先照后证"改革等推广开来，制度创新激发发展活力；仰望寰宇有"嫦娥"奔月、"天问"落火，逐梦海疆有"深海勇士"号、"奋斗者"号深潜，科技创新拓宽认知边界；敦煌研究院通过数字孪生技术还原洞窟壁画、让文物"重现"，三星堆博物馆运用增强现实、混合现实技术为游客提供沉浸式体验，文化创新增强文化自信……创新才能把握时代、引领时代，党的十八大以来，我国各方面创新层出不穷，为经济社会发展提供了澎湃动能。

创新是一个复杂的社会系统工程，涉及经济社会各个领域。当今世界，经济社会发展越来越依赖于理论、制度、科技、文化等领域的创新，国际竞争新优势也越来越体现在创新能力上。推进中国式现代化是一个探索性事业，还有许多未知领域，需要在实践中去大胆探索，通过改革创新来推动事业发展，决不能刻舟求剑、守株待兔。在强国建设、民族复兴的新征程上，必须提高创新思维能力，顺应时代发展要求，着眼于解决重大理论和实践问题，积极识变应变求变，大力推进改革创新，不断塑造发展新动能新优势，充分激发全社会创造活力。

（资料来源：《人民日报》，2023-09-18）

三、零售门店商品陈列方法

（一）整齐陈列法

整齐陈列法强调商品摆放的整洁、有序和规范，如图2-3-1所示。在超市中，整齐陈列法可以应用于各个商品区域。例如，在食品区，所有食品应该按照类别（如饮料、零食、罐头等）进行统一摆放，每种商品之间有适当的间距，方便顾客挑选。同时，每个商品都应该配备清晰的标签，显示商品名称等信息。

图 2-3-1　整齐陈列法

（来源：https://www.sohu.com/a/591120554_121124358）

（二）随机陈列法

随机陈列法的特点是将商品随机地堆积或摆放在货架或展示台上，给人一种随意、自然的感觉，如图2-3-2所示。与整齐陈列法不同，随机陈列法强调商品的随机摆放。商品可以随意地堆积在货架或展示台上，不需要按照品牌、规格或颜色进行统一排列。随机陈列法通常用于陈列特价商品或促销商品。通过随机摆放商品，可以营造出一种"特卖品即为便宜品"的印象，吸引顾客的注意并激发其购买欲望。随机陈列法通常会使用一些特殊的陈列器具，如圆形或四角形的网状筐、带有凹槽的货架等。这些器具可以增加商品的展示效果，同时方便顾客挑选和购买。

（三）兼用随机陈列法

这是一种将整齐陈列和随机陈列同时使用的陈列方法，其功能也同时体现这两种方法的优点，但是兼用随机陈列架所放置的位置应与整齐陈列一致，而不能像随机陈列架有时也要放置在中央陈列架过道内。

图 2-3-2　随机陈列法

（来源：https∥www. sohu. com/a/640802499_ 121124367）

（四）端头陈列法

端头陈列法是一种在零售门店中常见的商品陈列方法，主要利用货架端头位置进行特殊陈列，以吸引顾客注意力并提升销售额，如图 2-3-3 所示。在超市中，端头陈列法常用于陈列新品或促销商品。例如，在货架的端头位置，可以设置一个特殊的展示区，将新品或促销商品摆放在其中，并使用醒目标签和吸引人的装饰加以突出。同时，可以通过调整陈列器具的高度和角度，使商品更加突出和易于观察。

图 2-3-3　端头陈列法

（来源：https∥www. sohu. com/a/352006241_ 808130）

（五）盘式陈列法

盘式陈列法又称箱式陈列法，主要用于非透明包装商品的陈列，如图 2-3-4 所示。这种方法的特点是将商品包装箱的底部作为陈列的托盘，通过切开包装箱上部，将商品以盘为单位进行陈列。在超市中，盘式陈列法常用于陈列整箱销售的商品，如整箱的饮料、啤酒或调味品等。例如，在饮料区，可以将整箱饮料的包装箱底部作为陈列托盘，将饮料整齐地堆积在托盘上，形成一种量感突出的陈列效果。通过切开包装箱上部，顾客可以清晰地看到商品的品牌和规格，方便他们进行选择。

图 2-3-4 盘式陈列法

（来源：https://www.sohu.com/a/591120554_121124358）

（六）岛式陈列法

岛式陈列法是一种在商店或零售门店中常用的商品陈列方法，如图 2-3-5 所示。它指的是在卖场的入口、中部或底部不设置中央陈列架，而配置特殊陈列用的展台或展柜，从而使顾客可以从四个方向清晰地看到和取到商品。这种方法旨在强调商品的季节感、低价感、时鲜感和丰富感，进而诱发顾客的购买欲望。岛式陈列法适用于多种零售场景，如超市、百货商店、专卖店等。在超市中，可以在入口或通道中设置展台，展示特价商品或新品。在专卖店中，可以利用展柜展示特色商品或限量商品。

（七）窄缝陈列法

窄缝陈列法是一种特殊的商品陈列技巧，主要用于中央陈列架上，如图 2-3-6 所示。这种方法通过撤去中央陈列架上的几层隔板，仅保留底部的隔板，从而形成一个窄长的空间进行特殊陈列。

图 2-3-5 岛式陈列法

（来源：https://www.sohu.com/a/591120554_121124358）

图 2-3-6 窄缝陈列法

（来源：https://www.51wendang.com/doc/088288d7561926f3b95935b3/8）

窄缝陈列法的目的是打破中央陈列架定位陈列的单调感，增加陈列的变化性，并突出要介绍给顾客的新商品或利润高的商品。由于空间有限，通常只陈列 1 个或 2 个单品项商品，这有助于顾客更加集中地关注这些商品，从而起到较好的促销效果。

（八）悬挂式陈列法

悬挂式陈列法是一种将商品悬挂起来展示的陈列方法，主要用于扁平或细长形的商品，如图 2-3-7 所示。通过悬挂陈列，原本无立体感的商品能产生良好的立体感效果。

图 2-3-7　悬挂式陈列法

（来源：https://www.meipian.cn/1en9o4eu）

（九）突出陈列法

突出陈列法是将商品放在篮子、车子、箱子、存物筐或突出延伸板（货架底部可自由抽动的隔板）内，陈列在相关商品的旁边销售，如图 2-3-8 所示。其主要目的是打破单调感，诱导和招揽顾客。

图 2-3-8　突出陈列法

（来源：https://www.meipian.cn/1qpa12lo）

四、零售门店商品陈列管理

（一）陈列空间分配评估

对商品陈列的状态评估，可以按商品的品种、品牌来进行，根据货品陈列面占有率和货品销售贡献率比例大小来判断陈列的状态，提出相应的调整方案。其中货品陈列面占有率通常指的是某种商品在全部陈列商品中所占的比重或比例。货品销售贡献率等于周转率乘以毛利率。毛利率表示商品销售后所获得的净利润与销售收入之间的比例，而周转率则表示商品在一段时间内从进货到售出的速度。空间分配评估指标为：

$$空间指标 = \frac{货品陈列面占有率}{货品销售贡献率}$$

空间指标大于 1，为过量陈列状态，需要减少陈列面数；空间指标等于 1，为满意陈列状态，应保持陈列面数；空间指标小于 1，为不足陈列状态，需要增加陈列面数。

（二）商品陈列的日常巡查事项

在日常巡查中，可以使用检查表或清单来记录巡查事项和发现的问题，及时跟进和处理。同时，建议定期与门店员工进行沟通和培训，提高员工的陈列意识和技能水平，共同维护良好的商品陈列效果。

任务实施

任选一家零售门店分析其商品陈列，找出陈列的亮点及问题，并针对问题提出改进措施。

1. 教师指导学生选择零售门店，讲解商品陈列的重点关注事项。
2. 学生分布在多家门店中，观察各门店陈列的亮点及问题。
3. 学生以小组为单位拍摄陈列视频，现场展示商品陈列视频，并分享视频中门店商品陈列的亮点及问题。

任务评价

任务评价的具体内容包括陈列亮点、陈列问题、改进措施、视频等，具体见任务评价表。

任务评价表

考核人			被考核人			
考核地点						
评价标准	内容	分值/分	小组自评（30%）	小组互评（30%）	教师评价（40%）	合计/分
	陈列亮点提炼完整、准确	20				
	陈列问题提炼完整、准确	20				

续表

	内容	分值/分	小组自评（30%）	小组互评（30%）	教师评价（40%）	合计/分
评价标准	改进措施有针对性、新颖性	30				
	视频拍摄清晰，画面完整、顺畅	15				
	改进措施体现服务意识，以顾客为中心	15				
综合得分						

知识巩固

一、单项选择题

1. 商圈饱和度测算方法是 $IRS=(C)\times(RE)/RF$，其中，IRS 是指（　　）。

A. 某地区购买某类商品的潜在顾客人数

B. 某地区每位顾客平均购买额

C. 某地区某类商品商业圈饱和指数

D. 某地区经营同类商品商店营业总面积

2. 顾客在人口中占的密度最高，每个顾客平均购买额也最高。这里很少同其他商圈发生重叠，属于（　　）。

A. 次级商圈　　　　　　　　　　B. 核心商圈

C. 边缘商圈　　　　　　　　　　D. 中心商圈

3. 不受门店大小或墙角弯度的限制，能够陈列展示较多的商品，是最基本的设计形式，这是指（　　）。

A. 直线式布局　　　　　　　　　B. 岛屿式布局

C. 斜角式布局　　　　　　　　　D. 陈列式布局

4. 主通道宽度一般在（　　）以上。

A. 120 厘米　　　　　B. 180 厘米　　　C. 90 厘米　　　　D. 60 厘米

5. 商品陈列最基础的功能是（　　）。

A. 传播品牌文化　　　　　　　　B. 展示商品

C. 整洁、规范　　　　　　　　　D. 方便使用

二、多项选择题

1. 商圈可以根据其地理位置、人文历史底蕴、客流量、商业价值、品牌集中度等因素分为（　　）。

A. 核心商圈　　　　　　　　　　B. 社区型商圈

C. 新兴商圈　　　　　　　　　　D. 郊区商圈

2. 从顾客流动线路的角度看，零售门店布局可以分为（　　　　）。

A. 岛屿式布局　　　　　　　　　B. 斜角式布局

C. 方格式布局　　　　　　　　　D. 自由流动布局

3. 零售门店的外部设计包括（　　　　）。

A. 招牌设计　　　　B. 店标设计　　　　C. 店门设计　　　　D. 橱窗设计

4. 按货架的不同高度，陈列区可分为（　　　　）。

A. 第一有效区　　　　B. 第二有效区　　　　C. 第三有效区　　　　D. 第四有效区

5. 零售门店的商品陈列方法包括（　　　　）。

A. 整齐陈列法　　　　　　　　　B. 随机陈列法

C. 兼用随机陈列法　　　　　　　D. 端头陈列法

三、简答题

1. 商圈调查分析的内容有哪些？

2. 零售门店的整体设计包括哪些内容？

3. 简述零售门店的商品陈列方法。

🏵 技能训练

1. 实训目标

通过实训，深入了解零售门店开业前应做哪些准备，掌握商圈分析及选址、零售门店实体整体设计的内容，对商品陈列和线上商店有更直观的理解。同时，培养团队协作能力、创新能力，为今后从事零售行业工作打下坚实基础。

2. 实训任务

结合本地情况，自行选择一家 O2O 零售门店实训，学生在教师的带领下参观零售门店，了解其开业背景与设计原则，对其选址、门店整体设计、商品陈列进行评价，挖掘亮点及存在的问题。

3. 实训环境

零售门店。

4. 实训实施

（1）学生分组。将学生分为不同的设计小组。

（2）实战演练。学生以小组为单位对门店选址、门店整体设计、商品陈列进行评价，挖掘亮点及存在的问题，现场展示 PPT 方案，其余小组提出方案中存在的问题及改善意见，教师进行点评，实现设计方案的科学性、创新性、可执行性。

（3）总结反馈。学生总结在实训中的收获。

5. 实训评价

任务评价的具体内容包括门店选址、门店整体设计、商品陈列、PPT 汇报等，具体见实训效果评价表。

实训效果评价表

被考核人			考核地点				
考核内容	零售门店开业准备实训训练						
考核标准	内容	分值/分	小组自评（20%）	小组互评（20%）	门店经理（30%）	教师评价（30%）	合计/分
	门店选址：亮点提炼完整、准确，问题挖掘精准、措施得当	25					
	门店整体设计：亮点提炼完整、准确，问题挖掘精准、措施得当	25					
	商品陈列：亮点提炼完整、准确，问题挖掘精准、措施得当	25					
	PPT 汇报：PPT 制作精美，汇报思维逻辑清晰	15					
	团队合作：分工合作、配合默契	10					
综合得分							

注：考评满分为100分，60~74分为及格，75~84分为良好，85分以上为优秀。

项目 3

零售门店商品管理

- ◎ 任务 1　零售门店商品采购管理
- ◎ 任务 2　零售门店商品收货管理
- ◎ 任务 3　零售门店商品理货补货
- ◎ 任务 4　零售门店商品盘点作业

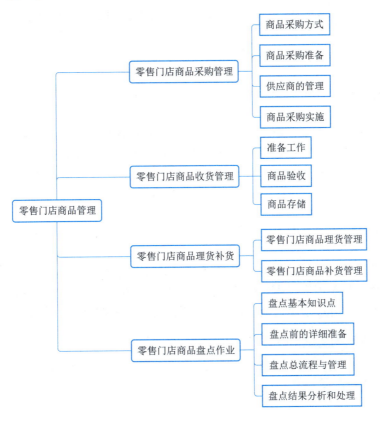

零售门店商品管理
├─ 零售门店商品采购管理
│　├─ 商品采购方式
│　├─ 商品采购准备
│　├─ 供应商的管理
│　└─ 商品采购实施
├─ 零售门店商品收货管理
│　├─ 准备工作
│　├─ 商品验收
│　└─ 商品存储
├─ 零售门店商品理货补货
│　├─ 零售门店商品理货管理
│　└─ 零售门店商品补货管理
└─ 零售门店商品盘点作业
　　├─ 盘点基本知识点
　　├─ 盘点前的详细准备
　　├─ 盘点总流程与管理
　　└─ 盘点结果分析和处理

知识目标

1. 了解零售门店商品采购模式。
2. 熟悉零售门店收货人员的职责。
3. 理解零售门店商品理货、补货管理的含义和原则。
4. 掌握零售门店商品盘点的总流程与管理。

能力目标

1. 能完成零售门店商品的采购准备及相关事项。
2. 能完成零售门店商品收货、商品验收及存储。
3. 能对零售门店商品进行有效的理货、补货管理。
4. 能完成小型零售门店商品盘点前准备、盘点管理及结果分析处理。

素质目标

1. 增强对社会主义制度的认同感和自豪感。
2. 培养数据伦理意识。
3. 提高创新意识和创新能力。
4. 培育和弘扬劳模精神、劳动精神、工匠精神。

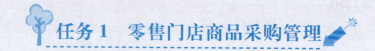

任务 1　零售门店商品采购管理

 门店情景

在大家的齐心协力下，小刚所在门店线上线下的整体经营效益非常好，但新开门店商品需求与原先门店不太相同，到底是用统一商品去满足顾客需求，还是重新选择采购模式，确定新供应商来满足新店顾客多样化的需求，这是小刚及小伙伴目前需要解决的问题。

 知识学习

商品采购是商品经营销售的前提，只有采购工作有序地开展，才能确保企业经营活动正常进行。每家零售门店面临的商品需求情况复杂，如何选择优秀的供应商是采购管理的重点，此外还须确定企业在何时、以何种方式采购以及采购数量。

一、商品采购方式

（一）按采购制度划分

1. 集中采购

零售门店集中采购是指零售企业设立专门的采购部门或采购中心，统一负责企业的商品采购工作的方式。

 素养园地

人民网评：积极稳妥深入推进药品集中采购

开标，降价！据报道，2023 年 11 月 6 日，第九批国家组织药品集中采购在上海开标。此次集采有 41 种药品采购成功，拟中选药品平均降价 58%，每年或可节约药费182 亿元。

药品集中采购是药品采购机制的重要改革，同时也对降低虚高药价耗材、不断深化推进医药行业变革、减轻患者和社会医药费用负担具有重要积极作用。自 2018 年 11月《国家组织药品集中采购试点方案》实施至今，国家医保局已组织开展九批国家组织药品集采，共纳入 374 种药品，平均降价超 50%。一次次"灵魂砍价"，一个个集采成果，令人印象深刻。回看国家药品集采之路，扩面提质是最清晰的底色。

药品集中采购，降价减负只是基础，如何保障患者能够及时用上药，享受到集采红利，才是关键。一款新药好药，只有运用到医疗临床实践中，才能确保患者受益。

一方面，要继续在相关政策法规的要求下，强化中选产品供应保障；另一方面，还要提升药品的配送能力，尤其是调配和"替补"供应机制。而对于医疗机构端来说，相关部门需畅通其优先配备使用的政策通道，优化医疗机构使用集采中选药品的考核评价方式。多措并举，让集采药品真正及时、高效送到患者手中。

（资料来源：人民网，opinion.people.com.cn/n1/2023/1108/c223228_40113874.html）

2. 自行采购

零售门店自行采购是指门店根据自身需求和市场情况，独立进行商品采购的方式。这种方式通常适用于规模较小或有特殊需求的门店。集中采购和自行采购的优缺点如表3-1-1所示。

表3-1-1 集中采购和自行采购的优缺点

采购类型	优点	缺点
集中采购	1. 可以整合企业分散采购资源，发挥规模采购优势，获得更加优惠的价格，从而降低采购成本。 2. 可以通过对供应商的统一管理和评估，确保采购的商品质量符合企业的要求和标准，提高商品质量和稳定性。 3. 可以统一管理和控制采购流程，减少采购过程中的风险和漏洞，避免采购过程中的腐败和违规行为。 4. 集中采购可以实现采购流程的标准化和自动化，提高采购效率，减少采购周期和时间成本	1. 集中采购需要统一规划和安排采购计划，可能无法及时满足门店的个性化需求，导致采购灵活性降低。 2. 集中采购将所有采购任务集中在一起，一旦供应链出现问题，可能会对整个企业的运营产生影响，增加供应链风险。 3. 集中采购需要采购部门与门店之间进行频繁的沟通协调，确保采购的商品符合门店的需求和标准，这可能会增加沟通协调成本
自行采购	1. 可以根据自身需求和市场变化，随时调整采购计划和商品种类，更加灵活地满足市场需求。 2. 可以根据自身的经营特点和顾客需求，有针对性地选择适合的商品，提高商品的针对性和销售量。 3. 门店自行采购可以直接与供应商建立联系，减少中间环节和交易成本，降低采购成本	1. 门店自行采购可能无法获得与大规模采购相同的优惠价格，导致采购成本较高。 2. 商品质量和稳定性无法保证。 3. 采购效率可能较低

3. 混合采购

零售门店混合采购是指零售企业同时采用集中采购和分散采购（即门店自行采购）两种方式，以满足不同商品和需求的采购方式。这种采购方式结合了集中采购和自行采购的优点，旨在提高采购的灵活性和效率，同时确保商品的质量和成本控制。

（二）按采购进行的方式划分

1. 直接采购

零售门店直接采购是指零售门店直接从生产商、批发商或其他供应商处采购商品，而不经过中间商或代理商的采购方式。这种采购方式有助于减少中间环节，降低采购成本，并增强门店对商品质量和供应的控制力。

2. 间接采购

零售门店间接采购是指零售企业并不直接向商品的生产者或制造商购买商品，而是通过中间商（如批发商、代理商或经销商等）进行采购的方式。这种采购方式在零售企业中也很常见。

为了确保间接采购的顺利进行，零售门店需要选择信誉良好、经验丰富的中间商作为合作伙伴；同时，零售门店也需要建立完善的商品质量检测和评估体系，确保采购的商品符合质量要求。此外，零售门店还可以与多个中间商建立合作关系，以分散采购风险，提高供应链的稳定性。

3. 联合采购

零售门店联合采购是指多个零售门店通过合作的方式，共同进行商品采购，以获取更好的采购条件和降低成本的采购方式。这种采购方式通常适用于规模较小或采购能力有限的门店，通过联合采购可以发挥集体优势，提高采购效益。

4. 委托采购

零售门店委托采购是指零售门店将采购任务委托给专业的采购代理公司或第三方采购平台，由其负责进行商品采购和供应链管理的采购方式。这种采购方式可以帮助零售门店省去烦琐的采购流程和管理工作，专注于经营和销售。

（三）按与供应商交易的方式划分

1. 经销方式

零售门店经销方式是指零售门店向供应商采购商品，并拥有商品的所有权的方式。在这种方式下，零售门店需要承担库存风险和资金压力，但可以自行定价和销售商品，从而获取更高的利润。

2. 代销方式

零售门店代销方式是指供应商将商品寄放在零售门店进行销售，而零售门店则按照销售额的一定比例向供应商支付佣金的方式。在这种方式下，零售门店不需要承担库存风险和资金压力，只需要提供销售场地和劳动力，因此风险相对较小。

3. 联营方式

零售门店联营方式是指零售商与供应商之间建立的一种合作经营模式，其中双方共同出资、共同承担风险，并共享经营收益。在这种方式下，供应商不仅提供商品，还可能参与门店的经营管理，如商品陈列、促销活动等，而零售商则提供销售场地、基础设施以及日常运营的支持。在联营方式下，双方根据事先约定的比例或协议，共同分担库存风险和资金压力，并根据销售额或利润进行收益分配。这种方式有助于加强零售商与供应商之间的合作，促进双方资源的互补和共享，共同提升市场竞争力。

（四）按采购价格方式划分

1. 招标采购

零售门店招标采购是指零售企业通过公开招标的方式，邀请多个供应商参与竞标，从中选择最优的供应商进行合作。这种方式通常适用于采购金额较大、采购需求明确的商品。

2. 询价采购

零售门店询价采购是指零售企业在需要采购商品时，向多个供应商发出询价函，要求供应商提供报价及相关信息，然后根据报价和质量等因素进行综合评估，选择最合适的供应商进行合作。

3. 比价采购

零售门店比价采购是指零售企业在采购商品时，对多个供应商提供的报价进行比较和分析，选择价格最优、性价比最高的供应商进行合作。这种方式旨在确保门店以最低的成本采购到符合质量要求的商品。

4. 议价采购

零售门店议价采购需要充分了解市场、设定合理的采购目标、建立良好的供应商关系、灵活运用谈判技巧、注重合同条款以及定期进行评估和调整。

5. 公开市场采购

零售门店公开市场采购是指零售企业在公开市场上，通过竞争性招标、询价、比价等方式，从符合资格的供应商处采购商品或服务。这种方式允许门店在市场上自由选择供应商，并通过公开透明的采购过程，确保采购活动的公平、公正和合法。

（五）按采购地区来划分

 ## 案例分享

盒马启动"全球供应链"战略

2023 年 5 月 17 日，盒马与 13 家全球知名的零售集团、国际品牌、全球协会、咨询公司在上海签订战略合作，加速引入海外的优质商品，同时背靠全球供应链为中国顾客定制好商品。盒马还宣布将在全球设立八大采购中心。

与全球顶尖零售商、品牌商、行业协会的合作，可以实现经典"王牌单品"快速引入、潮流创新商品首发和自有品牌源头定制。从丰富性、独特性、价格竞争力三个维度全面提升盒马商品力。

以盒马正在发力的预制菜为例，一方面基于国人的口味偏好开发新品，一方面引入海外零售商的经典款预制菜商品，丰富顾客的选择。英国 Sainsbury's、法国 Casino 等欧洲零售企业，拥有大量西式预制菜，如比萨、意面、冷冻甜点冰激凌、蛋糕等。

中国消费者对于饮食健康的意识也在不断加强。盒马旗下自有品牌"盒补补"销售日益增长，有机蔬菜、肉禽、鸡蛋、牛奶等的渗透率也不断增加。而在欧洲国家，有机商品已经相当普遍，消费者认可度高。引入营养健康类的进口商品，也能满足国内消费者与日俱增的需求。

（资料来源：盒马官网，https://www.freshippo.com/hippo/article？did＝e1pw2pulqhh276w&type＝news&lang＝cn）

1. 国外采购

零售门店国外采购涉及从国际供应商处采购商品，以满足门店的销售需求。这种采购方式可以帮助门店引进更多样化、高品质的商品，提升竞争力。零售门店国外采购需要充分了解国际市场、寻找可靠供应商、熟悉进口流程、考虑成本和风险、建立长期合作关系、关注国际贸易动态以及培养国际化团队。

2. 国内采购

零售门店国内采购需要明确采购需求、寻找优质供应商、比较价格与质量、建立长期合作关系、关注市场动态、优化采购流程以及加强库存管理。

二、商品采购准备

（一）了解商品的销售情况

采购人员在制订采购计划时，必须对所采购商品的相关信息有足够的了解。制订准确的采购计划的关键就是获取准确的商品供求信息。为了了解商品的销售情况需要做的工作主要有以下几点：

（1）建立顾客档案。将顾客以户为单位进行登记，建立商品销售档案。定期或不定期与顾客代表进行沟通，倾听他们的意见和建议。采购人员根据顾客的档案信息进行商品采购。

（2）进行商品采购调查。商品采购调查是为了更好地制订商品采购计划而进行的信息收集与分析工作。根据调查对象的不同，大致可分为以下几种方式：市场调查、商品调查、采购时机调查、供应厂商调查。总体来说，在采购前需要调查的资料如表3-1-2所示。

表3-1-2　商品采购主要调查资料表

调查项目	调查内容
商品质量	制定质量标准，然后调查市场上相应商品的规格、质量，进行综合分析
商品数量	调查采购数量是否与本身的销售量、需求量相匹配
商品价格	为降低采购成本，要根据采购商品及对象的特点，充分准备相应的谈判技巧与交易条件
采购时间	根据自身的实际情况，统筹考虑在商品价格较低时还是根据自身需要来采购
供应商	调查市场上可能进行合作的供应商，然后进行综合比较，选择合适的供应商并进行管理

（二）制订采购计划

采购计划主要内容包括确定采购商品的品质和数量，选择合适的供应商，确定采购时间，确定采购预算，确定商品采购价格等。做好采购计划可以避免大量库存积压，提高供货水平，防止缺货。

（三）编制采购预算

编制采购预算是零售门店在商品采购过程中的重要环节，它有助于门店合理规划和控制采购成本，确保采购活动的经济性和合理性。

（四）确定采购时机

采购时机影响着门店的库存水平、销售满足率和资金运作效率。检查当前的库存水平，确保库存既不积压也不缺货。结合库存周转率和销售预测，可以确定一个合理的库存水平，避免库存积压或断货。当库存量接近或低于设定的安全库存时，就是采购的时机。

三、供应商的管理

（一）确定供应商

如何从良莠不齐的供应商中寻求合格的供应商，有效地执行采购工作是采购的首要任务。一般来说，选择供应商的基本条件如图 3-1-1 所示。

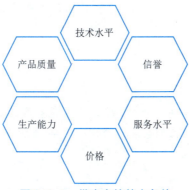

图 3-1-1　供应商的基本条件

（二）确定货源

零售门店的商品来源一是由自己生产，二是采购他人的商品。

1. 商品的产地和来源

如商品是原装进口的还是国内组装或第三国生产的，食品、蔬菜是否来自原产地，水产品、畜产品等是野生的还是人工养殖的。

2. 供应商

可供零售门店选择的供应商有制造商和批发商两类。前者称为直接渠道或产销渠道，其好处是产销直接见面，消息资料确凿可信、采购价格较低，但如果因空间距离较远而使增加的采购费用大于所能获取的利润，采购员应就近选择其他渠道。后者称为间接渠道，其好处是采购费用较低，但采购价格较高、信息资料难以确切把握。在具体选择供应商时主要应考虑供应方的资信状况、商品品质、价格及折扣率、手续是否迅速简便、发货是否及时、服务是否理想等方面。

（三）定期评价供应商

（1）建立评价标准和指标。首先，需要建立一套明确的评价标准和指标。这些标准可以包括供应商的价格、交货准时性、售后服务、合作态度等。确保这些标准和指标与业务需求和目标相一致。

（2）收集数据和信息。定期收集与供应商相关的数据和信息。这可以包括订单执行情况、产品质量报告、交货准时率、售后服务反馈等。确保收集的数据真实、准确且可量化。

（3）进行定期评估。根据建立的评价标准和指标，对供应商进行定期评估。可以使用评分卡、问卷调查或其他方法来进行评估。确保评估过程客观、公正且透明。

（4）反馈与沟通。将评估结果及时反馈给供应商，并与他们进行沟通。讨论评估结果中的优点和不足，并共同制订改进计划。这有助于建立互信关系，并促进供应商持续改进。

（5）分类管理。根据评估结果，对供应商进行分类管理。利用 ABC 管理法来管理供应商，把供应商分为 A、B、C 三级，A 级供应商一般由主管直接控制和管理。

四、商品采购实施

（一）商品选择

在选择了合适的供应商之后，门店需要确定要采购的具体商品。这需要考虑商品的销售潜力、利润率、库存管理能力等因素。门店可能需要制定一个商品组合策略，以平衡不同种类和价格的商品。

 案例分享

屈臣氏个性化零食

屈臣氏把消费群体精准定位于购买力强、对产品追求欲望高、对商品忠诚度和依赖感强的年轻顾客，同时，借助这类消费人群，屈臣氏可以通过小投入获得稳定的消费群体和高利润的回报。年轻的顾客爱美爱潮流，屈臣氏就提供最潮的美容护肤品，这是它的主流商品线。与此同时，屈臣氏还希望年轻的顾客们在买完护肤品、化妆品之后，还能有更多的购买选择，于是又在卖场内设定了小食品区域。

屈臣氏陈列货架上的小食品大多数是普通卖场买不到的进口食品，或者特别口味的休闲零食，还有个性的饮料产品。再细究会发现，这些产品都是既潮萌又吸引年轻人的商品，和屈臣氏本身的化妆品体系相得益彰，十分契合。主次分明的商品陈列起到了一般卖场无法比拟的效果，也让屈臣氏的货架成为个性化小零食的销售场景，并吸引了众多忠实的年轻顾客。

（资料来源：搜狐网，https://www.sohu.com/a/117251904_498750）

（二）价格谈判

确定商品后，门店需要与供应商进行价格谈判，以达成双方都满意的采购价格。这可能需要门店具备一定的谈判技巧和对市场行情的了解。

（三）合同签订

一旦价格谈妥，门店和供应商需要签订正式采购合同。合同应明确商品规格、数量、交货时间等条款，以确保双方的权益得到保障。

（四）订单执行与跟踪

合同签订后，门店需要按照合同规定下达采购订单，并密切关注订单执行情况。这包括确保供应商按时交货、商品质量符合要求等。

（五）商品验收与入库

当商品到达门店时，需要进行验收，以确保商品的数量和质量符合合同要求。验收合格后，商品可以入库并上架销售。

（六）销售与库存监控

商品上架后，门店需要密切关注销售情况和库存变化。如果某些商品销售不佳或库存积压过多，需要调整采购策略或进行促销活动。

（七）供应商绩效评估与调整

定期对供应商的服务质量、产品质量、交货期等进行评估，以便优化供应商选择。如果发现某些供应商的表现不佳，可能需要考虑更换供应商或调整采购策略。

（八）采购流程优化与改进

在整个采购过程中，门店需要不断总结经验教训，优化采购流程和管理制度，以提高采购效率和质量。这可能涉及改进需求分析、供应商选择、价格谈判等各个环节的方法和工具。

❁ 任务实施

结合自己比较熟悉的零售门店，试帮助其完成供应商评估，并完成商品采购订单。

1. 教师指导学生选择零售门店。
2. 按照供应商评估表，完成门店现有供应商的评估。
3. 根据库存、售卖等情况完成新一轮的商品采购。

 任务评价

任务评价的具体内容包括供应商评估、商品采购等，具体见任务评价表。

任务评价表

考核人				被考核人	
考核地点					
评价标准	内容	分值/分	小组自评（30%）	小组互评（30%）	教师评价（40%）	合计/分
	供应商评估表填写正确、完整	40				
	商品采购订单填写正确、完整	40				
	团队合作有序、高效	20				
综合得分						

任务 2　零售门店商品收货管理

门店情景

小刚及小伙伴学习了零售门店商品采购管理的相关知识，完成了本店的商品采购，眼看就要到收货环节了，小刚想提前做好收货准备，以确保整个收货过程顺利进行。

知识学习

零售门店商品收货管理是一项关键任务，涉及多个重要环节，以确保商品的接收、验收、存储和销售流程顺畅、准确且高效。

一、准备工作

（一）收货区域准备

确保收货区域整洁、有序，并具备必要的设备和工具，如搬运工具、货架、标签等。

（二）人员培训

对收货人员进行必要的培训，使其熟悉收货流程、商品验收标准以及安全操作规程。

二、商品验收

案例分享

永辉超市生鲜产品的验收

永辉超市的送货车辆每天早上 6∶30 以前会到达卖场。卖场验收部根据配送单，首先验好周转箱或带包装商品的数量，然后对配送商品的数量、质量与司机进行全检或抽检，验收无误后在配送单上签字让司机捎回，已验收商品一律不退。如有质量问题让司机证明，配送的找生鲜配送中心主管处理，直送的找采购主管处理，当天必须处理完，隔日一律不予处理。

对于直送商品，卖场验收部人员把好质量关，对验收的商品要做到及时入库，不允许打条。如发现商品的鲜度、等级、质量不达标时，可以拒收并及时通知采购，验收人员要做好货物差异的记录。

对商品质量的验收、把关，大卖场由验收部负责，零售门店由店长、主管负责。理货员及其他班组人员不予参与。

（资料来源：搜狐网，https://www.sohu.com/a/503026340_121123722）

（一）验收内容

具体验收内容如表 3-2-1 所示。

表 3-2-1　验收内容

验收项目	具体验收情况
外观质量检查	检查商品外观是否完整，没有破损、变形、变色、锈蚀等问题，符合产品标准或合同要求
规格尺寸检查	核对商品的规格尺寸是否符合产品标准或合同要求，包括长度、宽度、高度、直径等
数量检查	核对商品的数量是否符合合同要求，对于数量不足或过剩的情况应及时处理
包装检查	检查商品的包装是否完好，没有破损、变形、潮湿等问题，符合运输和存储的要求
标识检查	核对商品标识是否清晰、完整，包括产品名称、规格、生产日期、保质期、生产厂家等信息
内在质量检查	对于需要进一步检测的商品（如电器产品需要进行通电测试等），检验其内在质量是否符合相关标准或合同要求
文件资料检查	确保商品附带的相关文件资料齐全，如说明书、合格证、保修卡等
验收记录	对验收过程中发现的问题进行记录，并采取相应的处理措施，确保问题得到及时解决

供应商在与门店的收货人员共同验收商品之后，收货人员在验收单上写上收货总数额（大写），该单据由收货人员、送货人员及相关责任人签名。验收单交由文员录入电脑，打印多联验收确认单，交给供应商送货人员一联。随后，供应商可持验收确认单与财务部对账，并以此作为财务结算的依据。

（二）商品验收方式

（1）人工验收。即人工拿着公司配送单和实货进行比对，核对好一个款在单据上做一个标记，一直到所有款全部核对完。

（2）扫描枪扫描验收。即用有线或无线扫描枪接入电脑，店员通过扫描商品上的条形码，将到货商品录入信息系统，信息系统校验到货商品和到货单据是否完全一致。

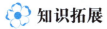

知识拓展

PDA

在盘点验收中，PDA 指的是个人数码助理，它通常指掌上电脑，是一种集成了多种功能的手持设备。这种设备集中了计算、电话、传真和网络等多种功能，不仅可以用来管理个人信息（如通信录、计划等），还能实现无线方式上网浏览、收发 Email、发传真等功能。

在盘点验收场景中，PDA 的应用使得烦琐、冗长的数据列表变化成可以扫描、自动匹配、确认的设备，大幅提高了物品处理的效率，并且把操作人员不断重复核对数据、验收的工作，变成了简单扫描条码的工作。由于自动匹配的特性，有效降低了差错率。

（3）PDA 盘点验收。即将到货单从信息系统中下载到 PDA 中，到货时用 PDA 采集数据进行到货商品校验，校验完成 PDA 再将收到实货明细和差异明细上传到信息系统。零售门店可综合运用多种技术手段和管理措施，从多个层面确保数据的保密性、完整性和可用性。

素养园地

守住科技伦理的底线（新语）

习近平总书记强调："科技是发展的利器，也可能成为风险的源头。要前瞻研判科技发展带来的规则冲突、社会风险、伦理挑战，完善相关法律法规、伦理审查规则及监管框架。"在科技飞速发展的今天，如何引导科技向善成为一道必答题。

科技向善，守住伦理底线是前提。海量数据里汇总着人们的行动轨迹，年龄、形象、喜好等被清晰勾勒出来。长此以往，平台和用户之间的数据鸿沟逐渐形成，信息的不对称、不透明不仅侵害了用户的知情权，不断加剧的风险甚至可能挑战法律红线。如果平台和开发者未经过知情同意擅自收集用户信息，或者数据收集方没有妥善保管用户信息，就会造成个人信息泄露。

科技向善，拧紧监管阀门是关键。近年来，从行业内发起生物识别用户隐私与安全保护的倡议，到相关部门对个人信息保护展开一系列专项治理，范围逐渐拓展；从建立数据分类分级保护制度，到明确数据处理活动应符合社会公德和伦理，规范更加具体；从个人信息保护法正式施行，再到建立起已收集个人信息清单和与第三方共享个人信息清单，保障越来越全面……越织越密的信息安全保护体系，让"触网"越发安心。

事实上，数字技术本无善恶之分，正确引导将推动经济发展和产业变革，一旦失控则会产生难以预料的危害。从科技创新的角度关注"能做什么"，从伦理道德的层面审视"该做什么"，探寻个人信息保护与合理合规使用的最大公约数，才能激发科技向善的力量，服务美好生活。

（资料来源：《人民日报》，2021-11-03）

不同的验收方式有自身的优缺点，具体如表 3-2-2 所示。

表 3-2-2　不同验收方式的优缺点

验收方式	优点	缺点
人工验收	速度快，人工核对一般只核对总数，不核对明细。 门槛低，不需要专业系统和设备，每个门店都可以采用	准确性差，人工核对难免出错，特别是补货量大而店务工作又非常繁忙时更容易出差错。 效率低，速度快和效率低并不矛盾。人工验货时，可以由多个人同时进行，快需要建立在人多的基础上
扫描枪扫描验收	准确性非常高	门槛相对较高，必须有信息系统和商品条码做支持，效率也不是特别高，需要有一个人扫描，还要有一个人监视系统，确保商品已经扫描成功
PDA 盘点验收	准确性和效率都非常高	成本很高，PDA 本身价格高，而且要和信息系统对接，需要另外购买软件来实现，除非某信息系统已经集成相关功能。对营业员素质要求也比较高，PDA 操作需要培训

（三）验收差异处理

1. 仓库出库导致差异

门店在收货验货时发现实货和单据数量不符，而且这种不符是由仓库出库错误导致的。对应的处理方式包括：

（1）仓库出货实物多于单据数量，门店按单据数量收货，多余商品由物流人员退回仓库即可，仓库再做入库单；或者门店按照实货收货，仓库再给门店补一张发货单。

（2）仓库出货实物少于单据数量，门店按单据收货，仓库不做出库单，再给门店补足未发的商品；门店按照实货收货，仓库做一张退货单，将单据上多做账出去的商品退回仓库。

2. 物流出错导致差异

门店在验货时，发现收到的实货和发货单据数量不符，而且是由物流送货人员导致的错误。对应的处理方式包括：

（1）物流人员将货弄丢了，如丢了一箱。门店按照实货收货，财务跟物流人员解决理赔的事情。

（2）和其他门店的货弄混了，门店可以拒收商品，让物流人员调回来再收货。

3. 库存无误，有污渍或残次

门店在收货验货时，不仅仅要检验单据数量和实货数量是否完全一致，而且要检验商品是否有污渍、残次，因为有脏残商品不能进行销售。对应处理方式包括：

（1）污渍商品，一般门店离公司很近则直接退回公司，由公司统一处理，然后再配送回门店进行销售。

（2）残次商品，一般验货直接退回公司，公司退回厂家换货。

三、商品存储

商品采购到位后必然会有部分要进入门店仓库进行保管，库存管理是门店销售的基础。门店的主要功能是销售，其仓储空间都是很有限的。如何有效地进行商品库存管理，在充分保障销售的前提下，尽量使库存最小化、配置最优化是一个十分关键的问题。

（一）商品库存管理的作用

（1）优化库存结构。通过科学的库存规划和控制方法，使企业能够合理配置库存资源，降低库存成本，提高库存周转率。

（2）提高顾客服务水平。有效的库存管理可以保证货源充足，提高顾客服务水平和顾客满意度。

（3）降低经营风险。合理的库存管理可以降低企业的经营风险，避免缺货或滞销导致的损失。

（4）提升企业竞争力。通过有效的库存管理，可以提高企业的竞争力，使企业在激烈的市场竞争中获得优势。

（二）商品库存控制

经营者可以用商品周转期、商品订购周期（订货延长期）来规划安全库存量，再视缺货情况与淡旺季情况进行微调。

近年来，人们对耐用消费品的需求有所增长，而对耐用消费品的购买时间又大多集中在节假日期间。因此，门店应考虑到需求的波动情况，储备充足的商品以防止节假日断货。在进行库存管理时，要及时地分析哪些商品是畅销的，哪些商品是超库存的，哪些商品是滞销的，并按类别和品种进行分析，掌握情况，并及时采取改进措施。

（三）商品存储的注意事项

1. 防止商品的物理变化

物理变化是指改变商品的外表形态，不改变其本质。物理变化的结果不是数量损失，就是质量受损，严重者会失去使用价值。

（1）挥发。商品挥发通常会导致商品的数量减少、质量下降，甚至可能影响商品的使用效果和安全性。商品挥发程度取决于多个因素，包括商品的化学性质、包装材料的透气性、储存环境的温度和湿度等。例如，一些化学溶剂、香水、清洁剂等商品中含有易挥发的成分，如果包装不严密或储存环境不当，这些成分很容易挥发损失。

（2）溶化。商品的溶化通常与商品本身的物理和化学性质、环境因素（如温度、湿度），以及商品的包装和储存方式有关。例如，一些化工商品（如明矾、氯化镁等），以及一些食品（如食糖、食盐等），都具有较强吸湿性，容易在潮湿环境中吸收水分而溶化。此外，商品的堆码高度和与空气接触的表面积也会影响其溶化的速度。

（3）熔化。熔点较低的商品更容易熔化，而环境温度的升高则会加速熔化过程。此外，商品中的杂质可能会降低其熔点，从而使其在较低的温度下熔化。常见的易熔化商品包括百货中的香脂、发蜡、蜡烛等，文化用品中的复写纸、蜡纸等，化工物品中的松香、石蜡等，以及医药物品中的油膏、胶囊等。

（4）串味。商品串味通常发生在食品、化妆品、药品等具有特定气味的商品中。商品串味不仅会影响商品的质量和口感，还可能对顾客的健康造成潜在威胁。

（5）变形。商品变形原因有多种，如外力挤压、振动、温度变化、湿度变化等。例如，塑料制品、木材制品、纸制品等都容易受到外力和环境因素的影响而发生变形。此外，一些商品的包装材料也可能因为受到外力和环境因素的影响而失去原有的支撑和保护作用，导致商品变形。

2. 防止商品的化学变化

（1）氧化。商品氧化会导致商品的质量变差，甚至失去使用价值。防止商品氧化需要从多个方面入手，包括密封包装、添加抗氧化剂、控制储存环境以及定期检查和处理等。这些措施的实施可以有效地减少商品氧化的发生，保持商品质量和使用价值。

（2）老化。发生老化的商品大多是以高分子化合物为主要成分的商品，如橡胶制品、塑料制品等。防止商品老化的主要措施有：提高商品本身的抗老化作用；保持包装的清洁完整；采取有效养护手段；仓储区保持干燥，防止阳光直射；控制仓储区温度、湿度。表 3-2-3 给出了不同种类商品储存的适宜温湿度。

表 3-2-3　不同种类商品储存的适宜温湿度

商品种类	适宜温度/摄氏度	适宜相对湿度/%
橡胶制品	−10~25	60~80
绵、麻、化纤制品	30 以下	60~80
呢绒、丝绸	25 以下	60~80
塑料制品	0~25	60~75
皮、革制品	30 以下	60~70

3. 防止商品的生态变化

（1）发芽。商品发芽通常发生在具有生长能力的植物种子、菌类等商品中。防止商品发芽需要从多个方面入手，包括合理储存、控制温湿度、分类管理和定期检查处理等。这些措施的实施可以有效地减少商品发芽的发生，保持商品的质量和使用价值。

（2）霉腐。常见的容易发生霉变的商品有粮食加工制品、水果、蔬菜、酒类、纺织品、皮革制品、卷烟。无论哪种商品，只要发生霉腐，就会受到不同程度的破坏，严重霉腐的商品会完全失去其使用价值。防止霉腐的主要措施有：加强仓储管理（环境卫生、温湿度检查），使用药剂防止霉变，使用挥发气体防止霉变。

（3）虫害、鼠害。害虫和鼠类对商品的危害性非常大，不仅会造成商品数量、质量的直接损失，甚至会传播病菌。对商品危害较大的虫类主要有甲虫类、蛾类、蟑螂类、螨类，这些害虫与其他动物不同，它们适应性强，能够在恶劣的环境下生存，食性杂且繁殖能力强。

任务实施

根据商品采购订单，试帮助门店完成商品的收货、验收，并完成验收差异处理。

1. 收货核对。

收货组员根据采购商品订单、随货送货单等对订单抬头、订货明细、签章确认等项逐一核对。注意：远途运输还需注意审核货物运输单据、提货单据、保险单据等，注意中途是否有货损等备注。

2. 商品入库验收。

3. 若有差异，完成差异处理。

4. 教师全程跟踪并进行重点讲评。

任务评价

任务评价的具体内容包括数量验收、质量验收、设备使用、货物入库验收单填写等，具体见任务评价表。

任务评价表

考核人			被考核人			
考核地点						
评价标准	内容	分值/分	小组自评（30%）	小组互评（30%）	教师评价（40%）	合计/分
	数量验收方法准确	15				
	质量验收方法准确	15				
	设备使用安全、熟练	15				
	货物入库验收单填写正确、完整	25				
	若有差异，差异处理及时有效	10				
	团队合作有序、高效	20				
综合得分						

任务 3　零售门店商品理货补货

🌸 门店情景

　　小刚和店内小伙伴终于完成了商品收货，但由于库房太小、通道堵塞，到底应该把哪些商品放入仓库，把哪些商品陈列在货架上、哪些商品还需要补货？小刚和店内小伙伴需要根据实际情况尽快完成商品理货补货管理。

🌸 知识学习

　　零售门店商品理货和补货是一项重要的日常管理工作，它有助于确保商品整洁有序、及时供应，提高顾客购物体验和满意度。零售门店商品理货和补货需要门店管理者和员工共同努力，确保商品陈列有序、供应充足、及时补货。

一、零售门店商品理货管理

（一）零售门店商品理货管理的含义

　　零售门店商品理货管理是指零售门店对商品进行分类、陈列、盘点和出货等的管理活动，主要目的是确保商品的有序管理，提高销售效率，减少失误，并最终提升顾客的购物体验。

（二）零售门店商品理货的时机

　　（1）换季时。换季时是商品理货的最佳时机。此时可以对门店内的商品进行全面的分类盘点，对积存已久或过多的商品及时处理，促销清仓，对于下个季度即将热卖的商品也要做好重点的陈列设计。

　　（2）节假日前后。节假日前后是消费高峰期，为了满足顾客需求，需要提前对商品进行备货和陈列，同时也要保持货架整齐美观。

　　（3）库存预警时。当库存量低于一定水平时，需要及时进行补货，避免出现缺货现象。此时可以对货架上的商品进行调整，清理过季的商品，同时安排进货和补货。

　　（4）促销活动期间。在促销活动期间，为了提高销售效果，需要对商品进行整理和陈列，将促销商品放在显眼的位置。

　　（5）日常运营中。除了特定的时机外，日常运营中也需要对商品进行持续的理货管理，包括检查商品质量、保持卫生、处理滞销品等。

（三）零售门店商品理货的原则

　　（1）商品陈列规范统一。商品应按照一定的陈列规范进行摆放，保持整齐、美观、易选。

（2）分类明确。商品应按照不同的品类、品牌、规格等进行分类，以便顾客进行比较、选择。

（3）标价清晰。商品标价应清晰、准确，方便顾客了解价格信息。

（4）保持库存充足。应保持足够的库存量，避免出现缺货现象，确保顾客能够买到所需的商品。

（5）定期检查和调整。应定期检查商品的质量、保质期等信息，并及时进行调整和更新，确保陈列的商品符合销售需求。

二、零售门店商品补货管理

 案例分享

AI 驱动的京东端到端补货技术建设实践

补货是一个具有业务属性的工作，想把补货做好，一定要理解业务侧做补货的痛点，只有理解它的痛点，才能把业务的手工补货变成现在不断推进的自动补货。

为了应对这种挑战，目前京东引入两种常见的补货策略。

第一类是常规补货。常规补货更多地服务于安全库存和周转库存。在这个过程中需要做两类工作：基于预测的不确定性，推荐出合理的库存水位，然后基于合理的库存水位匹配出对应的参数。在参数推荐过程中，目前会使用运筹的优化模型给出参数。比如要达到一定的库存水位，不同的商品要给出不同的参数建议，备货天数是多少，服务水平是多少。通过常规补货的参数模型，京东实现了70%的非常高的自动化水平。

第二类是大促补货。大促补货是一个非常特殊的场景，因为它的量在某一个时间点爆发得非常大。在这种情况下，基于预测、业务进销存计划、物流产能和供应商产能，在长周期下把入库节奏和数量做拆解。

（资料来源：知乎，https://zhuanlan.zhihu.com/p/499765510）

（一）零售门店商品补货管理的含义

零售门店商品补货管理是指零售门店对商品进行补充的管理活动。这种管理主要关注的是在互联网和移动互联网的环境下，如何有效地管理线上和线下渠道的商品库存和销售，以满足顾客的需求，同时避免因库存过多导致成本增加。

商品补货管理的目标是实现线上线下库存的统一管理和优化，提高销售业绩，提升顾客满意度。通过合理的补货管理，可以确保线上线下门店的商品库存充足，满足顾客的需求，同时避免因库存过多导致成本增加。这有助于提高企业的经营效率和营利能力。

（二）零售门店商品补货管理的时机

（1）按时补充。适用于能够确定商品大致销售周期的商品，或者是周转率较快的商品。仓库应定期作出库存调整提案申请单以更换部分不良在库，并维持一定的安全存量。

（2）顾客需求时。当顾客需要某商品，而门店库存不足时，应及时进行补货，以满足顾客需求。

（3）分批多次补充。分批多次补充是一种灵活应对市场需求波动的库存和生产管理策略。它基于对市场需求的预测和业务量的增减幅度，适时调整原材料和零部件的采购量以及生产计划，以确保生产与需求的紧密匹配。这种策略允许企业以较小的批量、更频繁的次数进行补给，从而避免库存积压和资金占用，同时又能及时响应市场变化，满足客户的多样化需求。实施分批多次补充需要企业具备高效的物流系统、灵活的生产能力和准确的信息支持，以实现成本优化和效益最大化。

（三）零售门店商品补货管理的原则

（1）及时性原则。一旦发现库存不足或者有潜在的缺货风险，应当立即进行补货，避免影响销售。

🌸 知识拓展

售罄率

售罄率表明产品从到货至售出的正价比例（一定时间段，销售占总进货的比例）。售罄率计算期间通常为一周、一个月或一个季度。售罄率是分析该产品是需要补货还是列入降价的重要指标。

公式：售罄率＝指定期间正价销售量/到货量

（2）准确性原则。在补货时，应确保所补的商品数量、品种等信息准确无误，避免出现错补、多补或少补的情况。

（3）优先性原则。对于一些高价值或高销量的商品，应优先进行补货，以确保其库存充足。

（4）经济性原则。在补货时，应考虑到成本因素，包括运输成本、库存成本等，力求实现经济合理的补货。

（5）预警性原则。通过对销售数据、库存数据等进行分析，及时发现潜在的缺货风险，并采取相应的措施进行预警和预防。

🌸 素养园地

数实融合助力经济高质量发展

习近平总书记指出，"促进数字技术与实体经济深度融合，赋能传统产业转型升级，催生新产业新业态新模式，不断做强做优做大我国数字经济"。党的二十大报告强调，加快发展数字经济，促进数字经济和实体经济深度融合，打造具有国际竞争力的数字产业集群。新时代新征程，要深入学习贯彻习近平总书记关于发展数字经济的重要论述，把握新一轮科技革命和产业变革新机遇，促进数字经济和实体经济深度融合，更好助力经济高质量发展。

数字经济和实体经济融合，主要是指产业数字化，特别是农业、工业和生产性服务业的数字化。深度融合的含义，主要是指产业数字化从点线面向全生态、全产业链渗透和扩散。或者说，由少数大中型实体企业的数字化改造向包括中小企业在内的大多数实体企业的数字化改造发展。数字经济和实体经济深度融合的本质是应用新一代数字科技，对传统产业进行全方位、全角度、全链条的改造。数字经济和实体经济融合的过程，既是数字技术不断向实体经济的研发、生产、销售、流通环节渗透融合，创新生产方式和商业模式，重塑产业组织形态与制造流程，推动全要素生产率持续提升以及培育新业态新模式的过程，也是数字技术受特定需求场景拉动，不断迭代演进甚至萌生出适应性技术和相应产业部门的过程。

（资料来源：数实融合助力经济高质量发展，www.qstheory.cn/qshyjx/2023-11/29/c_1129998873.htm）

 任务实施

对门店现有商品进行理货、补货管理。

1. 小组成员完成门店现有商品的理货、补货。
2. 教师全程跟踪并进行重点讲评。

 任务评价

任务评价内容包括理货管理、补货管理等，具体见任务评价表。

任务评价表

考核人			被考核人			
考核地点						
	内容	分值/分	小组自评（30%）	小组互评（30%）	教师评价（40%）	合计/分
评价标准	理货管理整洁、饱满、美观、整齐、卫生等	20				
	补货管理及时、整洁、饱满、美观、整齐、卫生等	20				
	设备使用安全、熟练、稳定、精准	10				
	商品码放整齐、规范、安全、高效	20				
	运输入位整齐、规范、安全、高效	10				
	团队合作有序、高效	20				
综合得分						

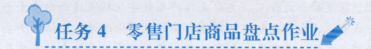

任务 4　零售门店商品盘点作业

门店情景

为检验经营效果，核算实际经营利润，经理打算对新门店进行全面盘点。经理叫来小刚，把整个盘点工作交给小刚，让小刚去做统筹安排。

知识学习

一、盘点基本知识点（内容参见二维码）

二、盘点前的详细准备（内容参见二维码）

三、盘点总流程与管理（内容参见二维码）

四、盘点结果分析和处理（内容参见二维码）

项目 4

零售门店人员配置

- ◎ **任务 1** 零售门店店长
- ◎ **任务 2** 零售门店营业员
- ◎ **任务 3** 零售门店运营团队

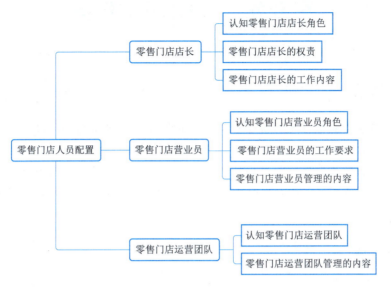

知识目标

1. 知道零售门店店长的具体管理内容。
2. 理解营业员应具备的素质。
3. 知道线上运营团队的组成和要求。

能力目标

1. 能够掌握店长应具备的能力。
2. 能够掌握现代员工应具备的服务技能。
3. 能够进行团队策划的基础任务组建和管理。

素质目标

1. 提升责任心和敬业精神。
2. 训练社交和与人沟通的能力。
3. 培养创新思维和解决问题的能力。

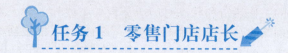

任务 1　零售门店店长

门店情景

　　小刚成为这家零售门店的新任店长，看着货架上整齐排列的商品，感受着店内微微拂过的空调风，心中充满了责任感和使命感。门店的运营不仅仅是商品的买卖，更是员工的管理、顾客的服务和市场的洞察。小刚看着手中厚厚的店长手册，酝酿着自己的工作计划。他相信，在大家的共同努力下，通过不断努力和创新，这家门店一定会迎来更加美好的未来。

知识学习

一、认知零售门店店长角色

　　门店店长是门店的最高负责人，是门店经营管理的核心力量，担负着公司各项指标达成及门店运营管理的职责，起着领导、协调、组织及落实的作用。零售门店店长是一个综合性极强的职位，零售门店店长面临着多方面的挑战，包括但不限于市场竞争激烈、客户需求多样化、人员流动率高、成本控制压力大等。

1. 门店的代表与桥梁

　　作为门店的代表者，店长身兼数职，承载着重要的角色和责任。他们不仅仅是门店的形象大使，更是与顾客、社会相关部门之间沟通的桥梁和纽带。他们深入了解员工的需求和关切，积极为员工发声，为员工争取应得的权益。通过为员工打造一个公平、和谐的工作环境，店长努力激发员工的工作热情和创造力，共同推动门店的发展。

2. 门店运营的全局掌控者

　　在门店运营管理中，店长扮演着全局掌控者的角色。他们需要对门店运营的各个环节进行实质性的控制和监督，确保门店的实际运营规范。这包括对人员的合理配置和调度、商品的采购和陈列、现金的流转和管理、信息的传递和反馈等关键要素的全面把控。

3. 销售业绩的强力推动者

　　作为门店作业的指挥者，店长全面负责销售业绩的提升和推动工作。他们依据营运计划，精心组织商品展示和销售活动，通过巧妙的布局和陈列吸引顾客的注意力，激发他们的购买欲望。店长带领团队不断创新销售策略和手段，追求更高的销售目标。通过与员工的紧密合作和共同努力，店长为门店创造更大的商业价值和社会价值，推动门店在激烈的市场竞争中脱颖而出。

4. 员工士气的点燃者

店长深知员工的工作热情和状态对门店运营的重要性。为了激发员工的工作动力和创造力，店长时刻关注员工的需求和感受。他们通过制定激励措施、组织团队建设活动等方式来点燃员工的士气，让员工感受到自己的价值和归属感。

5. 门店内外的协调大师

在处理门店问题时，店长展现出卓越的沟通和协调能力。他们善于倾听，能够理解并解决顾客和员工之间可能出现的矛盾和冲突。店长不仅是顾客与员工之间的沟通桥梁，更是门店内外关系的润滑剂。他们运用高超的沟通技巧和方法，化解各种纷争，确保顾客能享受到优质的购物体验，同时也为员工创造一个和谐、积极的工作环境。

6. 数据驱动的成果分析师

店长作为工作成果的分析者，具备强大的数据统计和管理能力。他们精通各种数据分析工具和方法，通过精确的数据分析来及时掌握门店的业绩情况。店长善于从海量数据中提炼出有价值的信息和趋势，为门店的运营决策提供有力的数据支持。

二、零售门店店长的权责（内容参见二维码）

三、零售门店店长的工作内容

（一）店长的工作重点

1. 日工作重点

（1）店长每日的首要任务是制定明确的营业目标和管理目标。为了确保目标的实现，店长需要将宏大的月计划、周计划具体分解到每一天，形成详细的日计划。这样不仅可以确保员工明确每日的工作方向，还可以根据实际情况及时调整策略。

（2）商品管理是店长日常工作的核心内容。店长需要时刻关注库存情况，确保商品充足且不过多积压。此外，店长还要精心策划促销活动，通过打折、赠品等方式吸引顾客，提高销售额。

（3）与重点供应商，尤其是主力商品供应商保持良好的合作关系至关重要。店长需要定期与这些供应商沟通，确保商品供应的稳定性和价格优势，同时也要对供应商的服务质量进行严格把控。

（4）营运控制方面，店长要全面负责店面的整洁、美观和商品陈列的合理性。此外，店长还要密切关注缺货率，确保顾客能够随时买到所需的商品，并严格控制商品损耗，降低成本。

（5）顾客是店铺的衣食父母，因此顾客关系管理也是店长的重要职责。店长需要定期检查员工的服务质量，确保顾客能够享受到优质的服务。同时，对于特殊顾客，如大客户或经常光顾的顾客，店长还要建立专门的管理档案，提供更为个性化的服务。

（6）店长不仅要关注店铺的日常运营，还要注重对中层管理人员的培养。通过定期的培训、指导和试用，提升他们的管理能力和业务水平，为店铺的长期发展储备人才。

（7）团队建设也是店长不可忽视的工作。店长需要定期组织团队活动，增强团队凝聚力，同时根据员工的特长和兴趣合理分配工作任务，确保团队或作业组的高效运转。

2. 月工作重点

（1）店长每月都要对经营工作进行深入反思和改善。通过分析销售数据、顾客反馈等信息，找出存在的问题和不足，并制定具体的改进措施。

（2）为了保持商品的新鲜感和吸引力，店长需要定期制订商品删除计划。通过淘汰滞销或过时的商品，为新品和热销商品腾出空间，提升店铺的竞争力。

（3）店长每月都要对店铺的绩效进行深入分析。通过对比销售目标、成本控制、客户满意度等方面的数据，评估店铺的整体表现，并制订下一步的行动计划。

（4）培训计划是店长每月工作的重要组成部分。店长需要根据员工的实际需求和店铺的发展目标制订全面的培训计划，提升员工的专业技能和职业素养。

（5）随着季节的变化和市场需求的波动，店长需要提前计划下月的重点促销活动。通过与供应商协商、策划促销方案、安排人员等方式确保活动顺利进行，并达到预期的销售效果。

（二）零售门店巡店

巡店是每个店长日常工作的重要环节。卖场是整个超市服务标准化的综合反映，而使门店每天都处在高效率、高品质、高服务的经营状态是每个店长义不容辞的职责。有效率的巡店工作则是达成上述目标的重要手段之一。

店长巡店要做到：发现问题，及时记录，及时落实，尽快解决；对门店一时不能解决的问题要及时与有关部门和人员沟通协商，不得以客观因素为由推卸责任；事无巨细，事事关心；有重点地巡店；解决问题分轻重缓急；对已分配的任务，及时检查有无执行到位。

1. 巡店的方式

店长巡店的方式可以从不同的角度进行分类。

（1）根据巡店的人数，可分为一人巡店和多人巡店两种，如表 4-1-1 所示。

表 4-1-1　巡店方式

巡店方式	优点	缺点
一人巡店	巡店时间短，机动性强	因大类组长不在现场，处理问题时间长
多人巡店	工作时间短，有问题共同沟通处理	巡店时间长

（2）根据巡店的区域，可分为店内巡视和店外巡视。店内巡视范围主要包括卖场、

仓库（收货区）、收银区（金库）、出入操作间、员工休息区/洗手间等。店外巡视范
围主要包括广场、停车场、收货场、门店周边。特定区域的巡店如表 4-1-2 所示。

表 4-1-2　特定区域的巡店

类别	内容
金库	1. 金库的门锁是否安全，有无异样 2. 金库的报警系统是否正常运作 3. 每日现金是否安全存入银行
收货区	1. 送货车辆是否有交通堵塞，卸货等待时间有多长，是否需要临时增补人员 2. 是否优先处理生鲜和促销商品收货 3. 收货区域是否通畅，百货与食品是否分开堆放
促销区	1. 堆头/端架陈列是否丰满 2. POP（卖点广告）价牌有无脱落，信息是否正确 3. 有无员工做现场促销 4. 商品的陈列是否美观、有吸引力 5. 堆头/端架的破损商品是否及时处理 6. 散落的零星商品有无及时归位
客服区	1. 客服员工的态度是否规范等 2. 投诉处理情况如何

（3）根据巡店的时间，可分为营业开始前的巡店（见表 4-1-3）、营业高峰期的巡
店（见表 4-1-4）以及闭店后的巡店（见表 4-1-5）。

表 4-1-3　营业开始前的巡店

类别	内容
人员	1. 各区域员工是否正常出勤 2. 员工的着装、仪容仪表是否符合规定 3. 员工的早班工作是否都已安排好
商品	1. 生鲜商品是否补货完毕 2. 促销商品补货陈列是否完毕 3. 堆头、端架的 POP 牌是否悬挂整齐，信息是否正确 4. 非商品性物品是否收回 5. 货架陈列是否已做到整齐、丰满、前置
清洁	1. 商品及货架是否清洁完毕 2. 入口是否清洁 3. 地板、玻璃、收银台是否清洁 4. 通道是否清洁、畅顺 5. 洗手间是否干净
其他	1. 购物车篮是否就位 2. 购物袋是否就位 3. 开店前 5 分钟收银区是否准备完毕 4. 广播是否准备完毕

表 4-1-4　营业高峰期的巡店

类别	内容
商品	1. 商品是否有缺货 2. 商品的品质是否良好 3. 堆头、端架的陈列是否丰满，是否需要紧急补货 4. 卖场通道是否畅通无阻 5. POP 标价牌是否正确（内容、位置、商品信息）
人员	1. 卖场是否随时都有员工作业 2. 促销人员是否按商场规定程序作业 3. 员工有无违规违纪行为
其他	1. 店内的促销消息有无广播 2. 顾客在收银机前排队是否太长 3. 购物车篮是否及时还原

表 4-1-5　闭店后的巡店

类别	内容
卖场	1. 是否有顾客滞留，店门是否关闭 2. 卖场音乐是否关闭 3. 不必要的照明是否关掉，冷气、空调是否关闭，冷冻设备是否拉帘 4. 购物车篮是否全部收回归位 5. 卖场内是否有空栈板，垃圾等是否处理完
收银	1. 收银机是否关闭 2. 现金是否全部缴回 3. 当日营业现金是否完全锁入金库 4. 金库保险柜及门是否锁好
操作间	1. 水、电、煤气是否安全关闭 2. 生鲜的专用设备是否关闭 3. 操作间、设备、用具是否清洁完毕 4. 冷库的温度是否正常

2. 巡店的注意事项

（1）巡店要以不影响顾客购物为原则。

（2）巡店时以"客户第一"为原则，遇到客户询问要立即予以答复、解释，严禁随意指划。

（3）巡店时要以身作则，教育员工树立强烈的责任心。

（4）巡店时对发现的问题要做书面记录，及时处理解决问题。

✿ **知识拓展**

某店长日工作流程如表 4-1-6 所示。

表 4-1-6　某店长日工作流程

时间	检查项目	内容
7：30—9：30	晨会	各项工作要项的宣达（通常是每天）
	人员	出勤、休假、人力配置、员工仪容及精神状况
	卖场外	门店入口处卫生状况、室外海报、宣传栏、休闲椅和进货区状况
	卖场	果蔬、鲜活到货及上货情况
		日用、食品商品陈列、补货
		卫生状况、排水排烟
		价格是否准确、到位
		卖场促销活动、堆头
		背景音乐音量及广播宣传情况
		卖场灯光、空调
		卖场通道是否畅通、购物车准备等
	后场库存	仓库、冷库、库存品种数量及管理状况的了解及指导
		进货/退货抽查
9：30—10：30	营业管理	检查昨日的营业报表、工作分析，列出本日工作重点
	高峰期前的准备	督促补货、理货
		检查电子秤、打包机、包装袋等用具用品
		人员的调整
		零钞的准备
10：30—12：00	高峰期营业	促销活动的展开
		到各区域巡查、指导，重点在收银台
		及时疏导人流
		解决临时发生的事故
14.30—15：30	卖场巡视	检查各区域交接班情况
		员工的仪容仪表
	处理行政事务	填写报表、报告，编写计划
	培训	新员工的在职训练
		定期在职训练
		配合节庆的训练
15：30—16：30	高峰前的准备	重复上午高峰期前的准备作业
		检查鲜活货物的库存情况

学习笔记

续表

时间	检查项目	内容
16：30—18：30	高峰期营业	重复上午的高峰期作业
18：30	下班前	写好工作日志
		交代值班经理未完成的事项及晚间的注意事项

任务实施

1. 以小组为单位，选取各类型零售门店店长进行调查，了解其真实工作场景。
2. 在现场观察、访谈的基础上查阅、参照相关资料，编写门店店长工作手册。

任务评价

任务评价的具体内容见任务评价表。

任务评价表

考核人		被考核人	
考核地点			
考核标准	内容	分值/分	成绩/分
	小组准备的充分性	10	
	调研材料的丰富性	20	
	调研任务的进展情况	30	
	工作手册的完成情况	30	
	团队协作情况	10	
小组综合得分			

任务 2　零售门店营业员

🌸 门店情景

　　小刚在门店辛勤工作了数月，这期间他逐渐察觉到一些令他担忧的现象。许多员工在客户服务上显露出松懈的态度，这表现在对待顾客时的不耐烦、工作中频频出现的小差错，以及对顾客提出的问题采取回避的态度。这些问题不仅影响了顾客的购物体验，也对门店的声誉和业绩产生了不小的负面影响。面对这样的情况，小刚开始深入思考，作为门店营业员，究竟应该具备哪些必要的素质，才能提供优质的客户服务、重塑门店形象，并挽回那些因服务不周而流失的顾客呢？

🌸 知识学习

一、认知零售门店营业员角色

（一）零售门店营业员的角色

　　零售门店营业员是零售业务中至关重要的角色，他们站在销售第一线，直接与顾客互动，为顾客提供商品信息和购物服务。零售门店营业员在零售业务中扮演着多重角色。他们不仅仅是销售人员，还是顾客服务的提供者、产品专家、库存管理者以及门店形象的代表。

1. 销售人员与咨询顾问

　　营业员首要的任务是通过销售商品满足顾客的需求。但这不仅仅是简单的交易过程。他们需要深入了解门店内琳琅满目的商品：从功能、材质到品牌和价格，每一个细节都不能放过。当顾客走进店内，面对众多选择感到迷茫时，营业员就像一盏指路明灯，用他们的专业知识为顾客提供最适合的商品建议。他们通过精准地识别顾客的需求，结合库存情况，为顾客推荐最合适的商品，从而促成交易。

2. 顾客服务的卓越提供者

　　在快节奏的现代生活中，顾客期望得到高效、周到的服务。营业员需要面带微笑，用热情洋溢的态度迎接每一位踏入店内的顾客。他们耐心聆听顾客的疑虑和需求，无论是关于商品的详细信息，还是售后服务的相关问题，都需要给予明确、及时的回应。有时，顾客可能因为某些原因对商品或服务产生不满，这时营业员更需要发挥他们的沟通技巧，化解矛盾，确保顾客满意离开。

3. 产品专家与知识传播者

　　营业员对商品的了解程度，往往决定了顾客的购买意愿。他们需要通过不断的学习和培训，使自己成为真正的"产品专家"。这样，在面对顾客的各种疑问时，他们都能够给出权威、准确的答案。此外，他们还会主动与顾客分享关于产品的使用技巧、保养方法等知识，以增强顾客对商品的信任感和满意度。

4. 库存的守护者与管理者

对于营业员来说，货架就是他们的"战场"。他们需要时刻保持货架的整洁和有序，确保每一件商品都摆放在最显眼、最易取用的位置。当某件商品缺货时，他们需要迅速作出反应，或是从库房中补货，或是及时通知采购部门进行补充。通过精细化的库存管理，他们确保每一位顾客都能够在店内找到心仪的商品。

5. 门店形象与文化的传播者

营业员是门店最直接的"代言人"。他们的穿着、言行、服务态度等，都直接影响着顾客对门店的整体印象。因此，营业员需要时刻保持专业的着装和得体的举止，同时还要不断传递门店的文化和价值观，使顾客在购物的过程中感受到门店的独特魅力和温馨氛围。

（二）零售门店营业员应具备的素质

1. 树立全心全意为顾客服务的理念

营业员要正确认识商业服务工作的特点和意义，树立崇高的职业荣誉感，爱岗敬业，把营业员工作看成自己的事业，树立全心全意为顾客服务的观念。无论顾客有什么需求，无论遇到什么困难和挑战，营业员都应该以顾客为中心，始终保持微笑和热情，提供周到的服务。只有这样，才能真正赢得顾客的信任和忠诚，为店铺创造更大的价值。

2. 掌握现代服务技能

营业员要提升服务质量，不仅需要具备服务意识，还需熟练掌握关键的服务技能。他们应该以优雅的姿态、甜美的微笑、礼貌的用语和熟练的服务技巧来吸引顾客，同时揣摩和适应顾客的心理，增强与顾客之间的感情交流。在满足顾客的显性需求的同时，也要善于激发并尽力满足他们的潜在需求。

3. 熟练掌握操作技能

营业员的操作技能包含的内容十分广泛，而且具有较强的专业性。比如，准确的称量技术、完善的包扎技术、熟练的计算技术和分理技术、美观的陈列技术等。操作技能还包含对现代化设备（如计算机、收银机、打价机、电子秤等）使用技术的掌握。操作技能的基本要求是熟练、准确、迅速、美观。

4. 熟悉现代商品知识

熟悉现代商品知识是每个营业员必须具备的重要条件。因为只有了解商品的分类、品种，才能更好地组织进货，满足群众需要，只有了解商品的优缺点，才能向生产部门提出改进产品的意见，使他们生产出顾客满意的产品；只有了解商品的属性，才能进行合理的经营和必要的保养，减少损耗；只有了解商品性能、特点，才能恰当地向顾客介绍、推荐，当好参谋，扩大销售。

5. 掌握商业法规知识

法律素质是营业员应具备的一种重要素质。市场经济实质上是法制经济，作为市场经济主体的零售业要在市场经济的激烈竞争中立于不败之地并求得更大发展，所以需要那些既有熟练的业务知识和技能，又通晓法律知识的优秀营业员。营业员应了解的法律知识主要包括《消费者权益保护法》《产品质量法》《反不正当竞争法》《食品安全法》。

6. 具有零售业经营管理知识

商场的基本职能是从事商品的购销活动，组织商品从生产领域到消费领域的流通。这一系列的工作，主要是通过营业员的劳动来实现的。作为商场的高级营业员，如部组长等，肩负着柜组管理与培训新营业员的重任，因此必须熟悉经营过程中各个环节的经营运作，具有购、销、存各个方面的经营管理知识，如计算机管理知识、商业管理知识、购销存核算和平衡分析、成本分析、利润分析等。

二、零售门店营业员的工作要求（内容参见二维码）

三、零售门店营业员管理的内容

（一）销售目标与绩效管理

1. 销售目标设定

（1）市场调研与分析。

进行市场调研，了解竞争对手的销售情况、顾客需求和市场趋势。

分析历史销售数据，识别销售高峰期和低谷期，为目标设定提供参考。

（2）目标制定与分解。

根据市场调研结果和公司整体战略，制定门店的月度、季度和年度销售目标。将整体目标分解为每个营业员的个人目标，确保目标具有可衡量性、可达成性和挑战性。

（3）目标沟通与确认。

与营业员沟通销售目标，确保他们理解并认同目标。营业员确认个人销售目标，并签署绩效承诺书，增强目标实现的责任感。

2. 绩效管理

绩效管理是确保营业员实现销售目标、提升工作效率和激发工作积极性的重要手段。下面是绩效管理的核心内容：

（1）绩效计划与辅导。

制订绩效计划，明确营业员实现销售目标的具体行动步骤和时间节点。定期对营

学习笔记

业员进行绩效辅导，提供销售技巧、产品知识和客户服务方面的支持和指导。

（2）绩效监控与反馈。

实时监控营业员的销售数据和工作表现，与预定目标进行对比分析。定期给予营业员反馈，指出他们在销售过程中的优点和不足，并提供改进建议。

（3）绩效评估与考核。

设定明确的绩效评估标准，如销售额、客户满意度、转化率等。定期进行绩效评估，公正、客观地评价营业员的工作成果。将考核结果作为营业员薪酬调整、奖金发放、晋升和培训的重要依据。

（4）绩效激励与改进。

设计合理的绩效激励计划，如销售提成、奖金制度、晋升机会等，激发营业员的工作积极性。针对绩效评估中发现的问题，与营业员共同制订改进计划，提升他们的销售技能和综合素质。

❀ 知识拓展

某超市员工工作绩效评分表如表 4-2-1 所示。

表 4-2-1　某超市员工工作绩效评分表

序号	考核项目	考核分数/分			部门直属主管评语
		满分/分	自评	测评	
1	工作量	15			
2	工作品质	10			
3	专业技能	12			
4	团队合作	7			
5	努力程度	7			
6	工作态度	7			
7	主动精神	6			
8	出勤状况	8			
9	沟通协调	5			
10	服务态度	10			
11	安全警觉	6			
12	服装仪容	7			
合计		100			

（二）排班与考勤管理

1. 排班管理

（1）需求评估。

根据门店的营业时间、客流量、促销活动等因素，评估每个时段所需的营业员数量。考虑员工的技能、经验、休假计划等个人因素，合理分配工作时间和岗位。

（2）排班计划制订。

制定周排班表或月排班表，明确每个员工的上班日期、时间和岗位。确保排班计划符合劳动法规定的工作时间和休息日要求。考虑员工的个人需求和偏好，尽量满足其合理的工作时间安排请求。

（3）排班沟通。

提前与员工沟通排班计划，确保他们了解自己的工作安排。公布排班表，方便员工查阅和提前准备。

（4）排班调整。

应对突发情况（如员工突然请假、客流量激增等），及时调整排班计划。监控实时销售数据和客流量，根据实际需要灵活调整在岗员工数量。

（5）排班优化。

定期分析排班计划与实际运营情况的匹配度，找出可能存在的问题和改进点。根据员工反馈和销售数据，不断优化排班策略，提高人力资源利用效率。

2. 考勤管理

（1）考勤制度建立。

制定明确的考勤制度，包括上下班时间、迟到早退定义、请假流程等。确保考勤制度符合法律法规要求，并公平、公正地适用于所有员工。

（2）考勤方式选择。

根据门店实际情况选择合适的考勤方式，如指纹识别、人脸识别、手机 APP 签到等。为员工提供必要的考勤培训和指导，确保他们能正确、准确地进行考勤操作。

（3）考勤数据记录与审核。

实时记录员工的考勤数据，包括上下班时间、迟到早退情况、请假记录等。定期审核考勤数据，确保其准确性和完整性。如果发现异常情况（如长时间未打卡、频繁迟到等），应及时与员工沟通并了解情况。

（4）休假管理。

根据公司政策和法律法规要求，制定员工的休假制度和流程。审核员工的休假申请，确保其符合公司政策和法律法规要求。对于特殊情况（如紧急请假、病假等），应根据实际情况灵活处理。

（5）考勤结果应用。

将考勤结果与员工的薪资、奖金、晋升等挂钩，体现奖惩分明的原则。对于严重违反考勤制度的员工，按照公司政策进行相应处理（如警告、罚款、解雇等）。同时，对于表现优秀的员工给予适当奖励和激励。

（三）培训与发展

1. 岗前培训

（1）企业文化与价值观培训。

介绍门店的历史、愿景、使命和核心价值观，使营业员深入理解企业文化，形成共同的价值认同。讲解门店的规章制度和纪律要求，确保营业员明确行为规范，遵守门店规定。

（2）产品知识与陈列技巧培训。

详细讲解门店销售的产品种类、特点、功能和使用方法，确保营业员能够准确回答顾客的产品咨询。教授产品陈列和展示技巧，提升门店产品的吸引力和视觉效果。

（3）销售技巧与服务礼仪培训。

学习基本的销售话术和技巧，包括如何接近顾客、了解顾客需求、推荐合适产品等。掌握服务礼仪，包括仪容仪表、言谈举止、服务态度等，提升顾客购物体验。学习处理顾客异议和投诉的技巧，确保顾客满意。

（4）门店运营流程培训。

讲解门店的营业流程、收银、库存管理等基本业务操作，确保营业员能够熟练应对日常工作。学习促销活动和营销策略，提升营业员的销售意识和能力。

2. 在职培训

（1）新品培训与知识更新。

定期组织新品培训，让营业员了解新上市产品的特性、优势和卖点，以便及时向顾客推荐。跟踪市场动态和行业趋势，更新产品知识和销售技巧，确保营业员的专业水平与时俱进。

（2）销售技能提升培训。

针对营业员在销售过程中遇到的问题和瓶颈，提供有针对性的销售技能提升培训，如高级销售话术、客户心理分析等。分享成功销售案例和经验，激发营业员的销售热情和创新能力。

（3）团队协作与沟通能力培训。

通过团队建设活动、沟通技巧培训等方式，提升营业员的协作精神和沟通能力。学习有效处理内部冲突和分歧的方法，维护团队和谐氛围。

（4）管理能力培养。

对于有潜力的营业员，应对其进行初步的管理能力培养，如领导能力、组织协调能力等。提供参与门店管理项目的机会，让营业员在实践中学习和成长。

❀ 任务实施

学生需分成小组，各小组在了解营业员主要工作职责、熟悉作业流程的基础上，在学校周边找到超市或门店，对所属门店进行营业员服务质量标准检测，各组制作检测表格，从服务态度、专业水平、售后服务几个方面进行打分。

❀ 任务评价

任务评价的具体内容见任务评价表。

任务评价表

考核人		被考核人	
考核地点			
考核标准	内容	分值/分	成绩/分
	小组准备的充分性	10	
	服务特点的体现	20	
	专业水平	30	
	售后服务情况	30	
	门店内的协作情况	10	
小组综合得分			

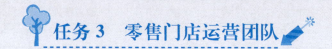
任务3　零售门店运营团队

门店情景

　　小刚在门店的日常工作中，经常关注市场动态和新兴的销售模式。最近，他注意到某平台上的互动带货直播非常流行，这种销售方式不仅能吸引大量观众，还能有效提高产品销量。于是，小刚开始构思一个创新的团队建设方案，并计划组建一支线上运营团队，专注于商品的直播营销。元旦佳节即将到来，小刚觉得这是一个极好的机会，可以利用这个节日氛围，结合直播带货的新模式，为门店带来一波销售热潮。

知识学习

一、认知零售门店运营团队

　　在互联网经济快速发展的今天，零售门店的线上运营已经成为企业获取竞争优势的重要途径。线上运营团队不仅需要具备丰富的电子商务知识和实践经验，还需要紧密配合门店的线下业务，实现线上线下的融合与互补。因此，构建一个高效、专业的运营团队对于零售门店来说至关重要。

（一）运营团队基本配置

　　运营团队对于零售门店而言，不仅仅是销售产品的渠道，更是品牌形象和顾客忠诚度的建设者。一个高效的运营团队能够确保产品信息的准确传达，提升顾客购物体验，同时可通过数据分析来优化营销策略。

1. 团队负责人

　　团队负责人是运营团队的核心，负责制定团队的发展战略、管理团队成员、协调内外部资源，确保团队目标的顺利实现。团队负责人需要具备丰富的运营经验、敏锐的市场洞察力和卓越的领导能力，能够带领团队应对市场变化，把握发展机遇。

2. 市场策划与推广专员

　　市场策划与推广专员负责市场的调研与分析，制订营销策略和推广计划，通过社交媒体、广告投放等渠道提升门店的知名度和曝光率。他们需要熟练使用各种营销工具和方法，具备创新思维和良好的执行能力，能够根据市场需求和用户行为调整推广策略，实现精准营销。

3. 产品运营专员

　　产品运营专员是线上业务的重要支柱，负责线上产品的上架、价格调整、库存管理等工作，确保产品信息的准确性和完整性。他们需要密切关注市场动态和用户需求，及时调整产品策略，优化产品组合，提升产品的竞争力和市场占有率。此外，他们还需要与线下门店紧密配合，实现线上线下产品的同步更新和协同推广。

4. 客户服务专员

客户服务专员是运营团队中与用户直接接触的重要角色，他们负责处理用户的咨询、投诉和售后问题，提供优质的客户服务。客户服务专员需要具备良好的沟通技巧和解决问题的能力，能够迅速响应用户需求，提升用户满意度。同时，他们还需要通过收集用户反馈和意见，为团队提供改进产品和服务的建议。

5. 数据分析师

数据分析师是运营团队中的关键角色，他们负责收集、整理和分析线上运营数据，为团队提供决策支持。数据分析师需要运用专业的数据分析工具和方法，挖掘数据背后的价值，帮助团队优化运营策略，提升业务效果。通过对用户行为、销售数据等进行分析，数据分析师可以为团队提供有针对性的改进建议，推动线上业务的持续发展。

（二）运营团队的能力要求

1. 市场分析能力

市场分析能力是线上运营团队的基础。团队需要深入钻研目标市场的消费者画像，理解他们的需求、偏好和消费习惯。这包括对消费者的年龄、性别、职业、收入等各个方面进行细致的分析。同时，团队还需要对市场趋势保持敏锐的洞察力，及时捕捉到新的消费热点和潮流。此外，对竞争对手的定期调研也是必不可少的，通过对他们的产品、价格、促销策略等的了解，团队可以及时调整自己的策略，保持竞争优势。

2. 产品管理能力

产品管理能力是线上运营团队的核心。团队需要全程参与产品的选品、定价、促销等各个环节，确保所售商品既符合市场需求，又能带来可观的利润。在选品过程中，团队需要运用市场分析的结果，挑选出最有可能受到消费者欢迎的商品。在定价时，团队需要综合考虑成本、市场接受度和竞争对手的定价，制定出既合理又具有竞争力的价格。同时，团队还需要设计各种吸引人的促销活动和优惠策略，以提高商品的销量和客户的复购率。

3. 数据分析能力

数据分析能力是线上运营团队的利器。在数字化时代，数据已经成为指导决策的重要依据。团队需要熟练掌握各种数据分析工具和技术，对网站的流量、用户行为、转化率等关键指标进行持续监控和分析。通过这些数据，团队可以了解用户的需求和行为习惯，优化产品选择、价格策略和营销策略等。同时，团队还可以利用数据挖掘和机器学习等技术发现潜在的商业机会和风险点，为门店的长期发展提供有力支持。

4. 营销策划能力

营销策划能力是线上运营团队的灵魂。团队需要制订全面的营销计划，明确目标、预算、渠道和执行时间表。在营销计划的执行过程中，团队需要熟练运用各种营销工具和技术，如搜索引擎优化（SEO）、社交媒体营销、电子邮件营销等，以最大限度地

学习笔记

提高营销效果。同时,团队还需要定期评估营销活动的效果,根据数据反馈进行调整和优化,确保每一分营销预算都能带来最大的回报。

5. 客户服务能力

客户服务能力是线上运营团队的基石。在竞争激烈的市场环境中,优质的客户服务往往能成为品牌的一大竞争优势。团队需要建立完善的客户服务体系,包括售前咨询、售中跟踪和售后服务等各个环节。在客户遇到问题时,团队需要迅速响应并给出满意的解决方案,以提高客户满意度和忠诚度。同时,团队还需要通过定期的客户调研和反馈收集,了解客户的需求和期望,不断改进服务质量和效率。

二、零售门店运营团队管理的内容

(一)沟通与协作

建立高效的沟通机制,促进团队成员之间的协作,以及与其他部门的合作。沟通是团队协作的基础,它能确保信息的准确传递和团队目标的一致性。有效的沟通可以减少误解和冲突,提高团队效率。协作是团队成员共同努力以达成共同目标的过程。良好的协作能够汇集不同的技能和经验,创造出超越个体能力的团队成果。

1. 沟通策略

(1)明确的沟通渠道。设立固定的沟通渠道,如会议、电子邮件、即时通信工具等,确保信息能够及时传递。

(2)定期会议。定期举行团队会议,讨论进度、分享想法和解决问题。

(3)开放的反馈文化。鼓励团队成员提供和接受建设性的反馈,促进个人和团队的成长。

2. 协作工具

(1)项目管理软件。使用项目管理工具,如 Trello 或 Asana,来跟踪任务进度和分配责任。

(2)共享文档和云服务。利用百度网盘或 Dropbox 等云服务共享文件,实现团队成员间的协作。

(3)视频会议工具。使用腾讯视频 APP 或 Teams 等视频会议工具进行远程会议,增强团队成员间的联系。

3. 协作的挑战与解决方案

(1)跨文化沟通。对于多元文化的团队,了解和尊重不同的文化背景,采用适当的沟通方式。

(2)远程工作的协调。为远程团队成员提供清晰的指导和支持,确保他们感到被重视。

(3)冲突解决。建立有效的冲突解决机制,及时处理团队内部的分歧。

(二)培训与发展

培训旨在提升团队成员的技能和知识,使其能够更好地适应变化多端的市场环境和技术进步。个人发展有助于团队成员的职业生涯成长，同时也为团队带来新的视角和创新思维。

1. 培训策略

（1）制订个性化的培训计划。根据团队成员的个人需求和职业发展目标，制订个性化的培训计划。

（2）在线和现场培训。结合在线学习资源和现场研讨会，提供灵活的学习方式。

（3）持续学习文化。鼓励团队成员持续学习，定期分享学习成果和经验。

2. 发展工具

（1）职业规划。与团队成员一起制定长期职业规划，明确职业发展路径。

（2）技能评估。定期进行技能评估，识别团队成员的强项和提升空间。

（3）导师制度。实施导师制度，让经验丰富的团队成员指导新成员。

3. 培训和发展的挑战与解决方案

（1）资源分配：确保培训和发展计划得到足够的资源与支持。

（2）参与度提升：通过激励措施和认可机制，提高团队成员的培训参与度。

（3）效果评估：通过定期的效果评估，确保培训和发展活动达到预期目标。

（三）技术与创新

技术与创新对于线上运营团队至关重要，它们推动团队不断前进，适应市场的变化，并提供更好的用户体验。技术在线上运营中扮演着核心角色，它不仅能提高效率，还能改善客户体验。团队必须掌握最新的技术，以保持竞争力。创新是驱动团队持续进步的动力。它鼓励团队成员超越现状，寻找解决问题的新方法。

1. 技术策略

（1）技术监测。持续监测新兴技术，评估其对业务的潜在影响。

（2）技术培训。定期为团队成员提供技术培训，确保他们能够有效利用新工具。

（3）技术整合。将不同的技术平台和工具整合到运营流程中，如使用 CRM 系统、大数据分析等。

2. 创新实践

（1）创新工作坊。定期举办创新工作坊，激发团队成员的创造力。

（2）创新项目。鼓励团队成员提出并实施创新项目，以解决实际问题。

（3）创新奖励。为创新贡献设立奖励机制，以表彰团队成员为创新作出的努力。

3. 技术与创新的挑战

（1）快速变化。技术的快速变化可能导致团队成员感到不适应。

（2）资源分配。确保有足够的资源用于支持技术更新和创新实践。

（3）风险管理。在尝试新技术和创新时，需要有效管理潜在的风险。

❀ 任务实施

在任务情境中，小刚要组建自己门店的直播团队。现在学生需分成小组，通过所学知识帮助小刚搭建门店直播团队，并对团队成员进行分工，以及选择激励方式。最后小组汇报结果。

任务评价

任务评价的具体内容见任务评价表。

任务评价表

考核人		被考核人	
考核地点			
考核标准	内容	分值/分	成绩/分
	准备的充分性	10	
	团队特点的体现	20	
	知识运用情况	30	
	问题解决情况	30	
	团队协作情况	10	
小组综合得分			

知识巩固

一、单项选择题

1. 员工努力积极工作的动机不包括（   ）。

A. 被认同，被肯定　　　　　　　　B. 不公平的晋升机会

C. 对工作有兴趣　　　　　　　　　D. 良好的工资和福利待遇

2. 员工士气低落的原因不包括（   ）。

A. 领导方式有问题　　　　　　　　B. 指导与监管不足

C. 自认为受到了不公正对待　　　　D. 对薪酬福利满意

3. 激励的主要方法是（   ）。

A. 目标激励　　　B. 领导激励　　　C. 需要激励　　　D. 学习激励

4. 有效的绩效目标应该遵循（   ）原则。

A. SMART　　　B. SMALL　　　C. SKAPE　　　D. SELLS

5. 关于店长的说法正确的是（   ）。

A. 店长属于门店的最高领导者

B. 店长在连锁企业管理中属于中层管理人员

C. 要有良好的执行力

D. 店长必须把销售任务目标落到实处

二、多项选择题

1. 下列哪些不是店长管理的工作？（　　　）

A. 掌握商品进、销、存状况　　　　B. 进行商品结构调整

C. 配置商品陈列　　　　D. 卖场气氛管理

2. 导购员在处理完退货后，应规范填写（　　　），做好退货信息的记录，经过店长或客服经理审核签字后，完成退货。

A. 退货登记单　　　　B. 货品入库单

C. 顾客投诉记录单　　　　D. 退货申请单

3. 门店规章制度要求里包括（　　　）。

A. 上班制度　　　　B. 仪容仪表　　　　C. 岗位职责　　　　D. 保密制度

4. 巡店过程中的注意事项有（　　　）。

A. 要以不影响顾客购物为原则　　　　B. 以"客户第一"为原则

C. 教育员工具备强烈的进取心　　　　D. 及时处理解决问题

5. 店长的权力包括（　　　）。

A. 人事权　　　　B. 货品权　　　　C. 资金权　　　　D. 行动权

三、简答题

1. 线上运营团队的沟通方法主要有哪些？

2. 线上运营团队的发展工具有哪些？

3. 门店纪律要求包括哪些内容？

❀ 技能训练

1. 实训目标

通过实训，掌握零售门店工作人员的基本技能和知识，提升对岗位任务的认识，增强服务意识和职业素养，为将来的职业发展打下坚实的基础。

2. 实训任务

学生进行角色扮演，轮流扮演店长、营业员和顾客。

3. 实训环境

零售门店O2O实训室。

4. 实训实施

（1）学生分组：学生按情景设定分组。

（2）模拟准备：人员管理、场景准备、角色准备。

（3）模拟演练：按照情景设置，进行角色扮演和模拟演练。

（4）总结反馈：实训结束后，学生需撰写实训报告，总结自己在实训过程中的收获、困惑以及改进方案的实际效果。

5. 实训评价

实训效果评价表

被考评人					
考评地点					
考评内容	零售门店人员管理技能训练				
考评标准	内容	分值/分	自我评价（20%）	小组评价（40%）	教师评价（40%）	实际得分/分
	场景搭建情况	10				
	角色特点呈现情况	20				
	人员管理技巧掌握程度	30				
	管理能力和沟通能力	20				
	团队合作情况	10				
	创新能力与应变能力	10				
该项技能等级					

注：考评满分为 100 分，60~74 分为及格，75~84 分为良好，85 分以上为优秀。

项目 5

零售门店线上运营实践

- ◎ 任务1　自营式渠道线上运营
- ◎ 任务2　入驻式渠道线上运营
- ◎ 任务3　社交媒体渠道线上运营

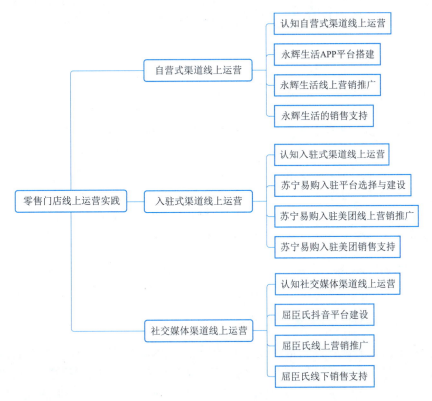

零售门店线上运营实践
- 自营式渠道线上运营
  - 认知自营式渠道线上运营
  - 永辉生活APP平台搭建
  - 永辉生活线上营销推广
  - 永辉生活的销售支持
- 入驻式渠道线上运营
  - 认知入驻式渠道线上运营
  - 苏宁易购入驻平台选择与建设
  - 苏宁易购入驻美团线上营销推广
  - 苏宁易购入驻美团销售支持
- 社交媒体渠道线上运营
  - 认知社交媒体渠道线上运营
  - 屈臣氏抖音平台建设
  - 屈臣氏线上营销推广
  - 屈臣氏线下销售支持

知识目标

1. 了解零售门店线上运营的模式特点和线上营销及推广策略。
2. 知道零售门店自营式渠道的运营策略。
3. 了解零售门店入驻式渠道的运营策略。
4. 识记零售门店综合服务渠道的运营策略。

能力目标

1. 熟悉零售门店线上运营的方法和步骤。
2. 掌握零售门店自营式渠道的运营要点。
3. 掌握零售门店入驻式渠道的运营要点。
4. 掌握零售门店综合服务式渠道的运营要点。

素质目标

1. 具备创新思维和敏锐的市场洞察力，能够发现并抓住线上零售的新机遇。
2. 保持对新知识、新技术的好奇心和学习热情，不断适应线上零售市场的变化和发展。
3. 对工作认真负责，积极主动解决问题，为门店线上运营的成功承担责任。
4. 具备良好的沟通能力，能够与顾客、团队成员和合作伙伴有效沟通。
5. 坚守诚信原则，对工作认真负责，确保线上运营的公平、公正和透明。

任务1　自营式渠道线上运营

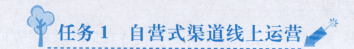

门店情景

　　小刚作为门店的一名营业员，此刻肩负着特殊的使命。他之前系统学习过零售门店 O2O 运营的知识，这使他在这次新的尝试中显得格外重要。经理对他的期望很高，准备将自营 APP 的运营任务交给他。这是一个全新的领域，对他来说既是挑战也是机遇。尽管心中有些许忐忑，但小刚还是坚定地接受了这项任务。他深知运营一个 APP 并不仅仅是技术上的操作，更多的是对市场的洞察、对用户的理解以及对服务的创新。无论前方有多少困难等着他，他都已做好准备，决心为门店的发展贡献自己的力量。

知识学习

一、认知自营式渠道线上运营

　　自营式渠道线上运营是指商家自己拥有产品和销售渠道，自行负责产品的生产、销售和售后服务，并通过互联网平台进行线上运营和销售。自营式渠道线上运营的核心在于企业对产品和渠道的自主把控，以及通过线上运营手段提高销售效率和用户体验。

　　通过自营渠道，用户可以随时随地访问企业的服务，进行购物、咨询、预约等操作，极大地提高了用户的便利性和满意度。企业可以更好地掌控产品质量和品牌形象，更直接地了解消费者需求和市场动态，从而快速作出决策和调整。自营式渠道线上运营是一种基于互联网技术的现代化销售模式，它可以帮助企业更好地把握市场机遇、提高销售效率和用户体验，是提升企业竞争力的重要途径之一。本任务将以永辉超市自营的"永辉生活"线上平台为例，对自营式渠道线上运营进行介绍。

（一）自营式渠道线上运营的优势

1. 品牌一致性与掌控力

　　自建平台允许门店完全掌控品牌形象，从视觉设计、用户体验到功能开发，都能体现出品牌的独特性和价值观。这种一致性有助于增强消费者对品牌的认知度和忠诚度。同时，门店拥有完全的掌控权，可以根据自身需求进行定制开发，不受外部限制。

2. 数据资产与深度分析

　　通过自建平台，门店能够积累自己的用户数据，包括用户行为、偏好、购买记录等。这些数据是宝贵的资产，可以通过深度分析和挖掘，了解用户需求和市场趋势，为精准营销和个性化服务提供有力支持。此外，门店还可以通过数据分析优化产品和服务，提升用户体验和满意度。

3. 长期价值与可扩展性

自建平台是一种长期投资，随着业务的发展和技术的进步，可以不断扩展功能和服务，满足门店日益增长的需求。例如，可以添加在线客服、智能推荐、会员管理等功能，提升用户体验和运营效率。此外，拥有自己的平台也为未来的战略合作和业务拓展提供了更多可能性，如与供应商、第三方服务商等建立合作关系，共同打造生态圈。

（二）自营式渠道线上运营的挑战

1. 技术与维护成本

自建平台需要投入大量的技术和开发资源，包括前端开发、后端开发、服务器维护等。这些成本可能相对较高，尤其是对规模较小的门店来说。同时，随着业务的增长和用户量的增加，还需要不断升级和优化系统，确保平台的稳定性和性能。

2. 市场推广与用户获取

在竞争激烈的市场中，自建平台需要独立承担市场推广的任务，提高用户黏性和活跃度。这需要门店具备强大的市场推广能力和用户运营能力，包括制定有效的营销策略、运用多种推广渠道等。此外，还需要关注获取用户的成本和效率，确保能够通过自建平台吸引足够多的用户。

 案例分享

永辉超市，朴实的成功！

永辉超市，从一家"农改超"小店起步，如今已成长为市值数百亿元的全国连锁超市巨头。它的成功秘诀何在？答案就是专注于核心业务——生鲜品类，并通过深耕供应链、创新业态等方式实现内生增长。

1. 锁定生鲜品类，专注核心业务

永辉超市从一开始就明确了以生鲜产品为特色的战略定位。永辉专注于生鲜这一传统零售商一度视为烫手山芋的品类。通过深耕供应链、建立直采体系等方式，永辉成功将生鲜产品打造成其核心竞争力，并在消费者心中树立了"新鲜、便宜、方便"的品牌形象。

2. 深耕供应链，实现高效运营

永辉超市在供应链方面的努力也是其成功的关键。通过与供应商建立紧密合作关系、采用先进的物流管理系统、建立全国性的物流配送体系等措施，永辉实现了对供应链的高效管理。这不仅保证了商品的新鲜度和品质，还降低了采购成本，提高了运营效率。同时，永辉还积极向上游供应链延伸，发展自有品牌，进一步增强了其议价能力和品牌影响力。

3. 创新业态，满足多元化需求

除了专注于生鲜品类和深耕供应链外，永辉超市还通过创新业态来满足消费者多元化的需求。例如，它推出了"超级物种"这一新业态，将超市与餐饮合二为一，为消费者提供了更加便捷、丰富的购物体验。此外，永辉还积极探索线上业务，与京东到家等平台合作，提供线上购物、线下配送服务，满足了消费者日益增长的线上购物需求。

4. 未来展望：成为全球领先的食品供应链公司

展望未来，永辉超市将继续专注于核心业务，并致力于成为全球领先的食品供应链公司。为此，它将进一步加强与全球优质供应商的合作，拓展全球采购渠道；同时加大对供应链技术的投入和创新力度，提升供应链管理水平和效率；此外还将积极拓展线上业务和创新业态模式，满足消费者更加多元化、个性化的需求。

总之，永辉超市的成功离不开其专注于核心业务、深耕供应链和创新业态等策略的实施。未来随着市场竞争的加剧和消费者需求的不断变化，永辉超市仍需保持敏锐的市场洞察力和创新精神，不断提升自身竞争力和品牌影响力以实现更长远的发展目标。

（资料来源：根据搜狐网资源整理）

二、永辉生活 APP 平台搭建

（一）商品信息的全面线上化

永辉超市成立于 2001 年，是中国大陆首批将生鲜农产品引进现代超市的流通企业之一，也是国家级"流通"及"农业产业化"双龙头企业。永辉生活 APP 是永辉超市推进线上线下融合，到店+到家业务协同发展的重要一步，致力于通过全球供应链，结合智能技术和更紧密的生活社区，创建一个新的零售商业模式。永辉生活成功地将永辉超市的丰富产品上架，为消费者提供了更为便捷、全面的购物选择。现在，顾客可以通过永辉生活平台轻松购买到永辉超市的各类生鲜、食品、日用品等商品，享受到与实体店同样的优质产品和服务，实现了线上线下的无缝衔接，让购物变得更加轻松愉悦。永辉生活商品信息情况如图 5-1-1 所示。

（二）线上服务流程的再造与优化

1. 开展在线客服服务

永辉生活开通了在线客服，用户可以通过永辉生活 APP 中的在线客服功能，与客服人员进行实时沟通和交流，解决购物过程中遇到的问题和困难。在线客服的开通，为用户提供了更加便捷、高效的服务体验。用户只需要在 APP 中找到客服中心，点击进入在线客服聊天窗口，即可开始咨询问题。在线客服人员会根据用户的需求和问题，提供相应的解答和帮助。永辉生活在线客服情况如图 5-1-2 所示。

此外，永辉生活设置帮助中心模块是一个很好的做法，其极大地提高了消费者的满意度和用户体验。帮助中心通常包含一个常见问题解答部分，列出了消费者可能会遇到的各种问题和相应的解决方案。这样，消费者在遇到问题时，可以迅速找到答案，而无须等待客服的回应。帮助中心还提供了其他自助服务工具，如在线聊天机器人、教程视频或详细的操作指南等。这些工具可以帮助消费者自行解决问题，提高解决问题的效率。

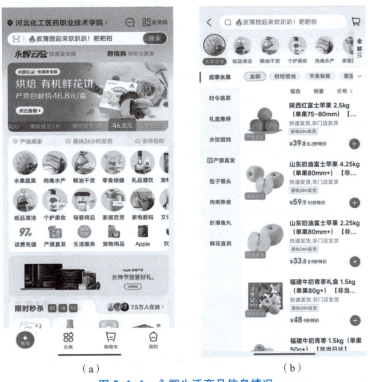

（a）　　　　　　　　　　　（b）

图 5-1-1　永辉生活商品信息情况

（a）永辉生活产品导航展示；（b）永辉生活商品详情展示

（a）　　　　　　　　　　　（b）

图 5-1-2　永辉生活在线客服情况

（a）永辉生活客服中心；（b）永辉生活帮助中心

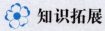

知识拓展

永辉生活保障客户专业性的措施

1. 严格的选拔和培训

永辉生活会对在线客服人员进行严格的选拔，确保他们具备良好的沟通能力和服务意识。在入职后，还会进行专业的培训，包括产品知识、服务流程、沟通技巧等，以提升他们的专业素养和服务能力。

2. 明确的职责和流程

永辉生活为在线客服人员制定了明确的职责和工作流程，确保他们能够迅速、准确地响应用户的需求。这包括对用户问题的分类、处理流程的规范以及服务质量的监控等。

3. 持续的学习和提升

永辉生活鼓励在线客服人员持续学习和提升，以适应不断变化的市场需求和用户期望。这可能包括定期参加内部培训、分享会，或者利用外部资源进行自我提升。

4. 有效的激励和考核机制

永辉生活建立有效的激励和考核机制，对在线客服人员的工作表现进行评价和奖励。这可以激发他们的工作热情，提升服务质量，并确保他们的专业性得到持续的维护和提升。

5. 反馈机制的建立

永辉生活还设立了用户反馈机制，让用户能够对在线客服的服务进行评价和建议。这些反馈将作为改进服务的重要依据，帮助提升在线客服的专业性和服务质量。

2. 多渠道接入客户服务

为消费者提供便利的服务渠道，提升消费者的服务体验，是永辉生活一直努力的方向。电话客服作为一种直接、即时的沟通方式，能够为消费者提供及时、有效的帮助和解决方案。永辉生活设置了电话客服，消费者可以通过拨打客服电话来咨询商品信息、查询订单状态、了解促销活动，或是进行投诉和反馈。通过永辉生活的官方微信公众号或其他相关渠道，消费者可以轻松联系到微信客服。微信客服不仅可以实时回答消费者的问题，还能提供个性化的购物建议、推送最新的促销活动等。同时，消费者还可以通过微信客服进行订单查询、退换货申请等操作，无须跳转到其他平台或应用，简化了操作流程。永辉生活客服渠道如图 5-1-3 所示。

在线客服为消费者提供了一个便捷、高效的沟通渠道，使他们能够实时咨询问题、获取帮助和解决方案。永辉生活还设置了在线客服，消费者可以随时随地与永辉生活的客服人员进行交流，无论是关于商品信息、订单状态、促销活动，还是其他任何疑问或反馈，都能得到及时的回应和处理。智能客服通常利用人工智能技术，如自然语言处理、机器学习等，来模拟人类客服与消费者进行交互，优势在于可以快速响应消费者的问题，减轻人工客服的工作压力，同时提高服务效率和消费者满意度。在永辉生活的场景中，智能客服可以快速响应消费者的问题，提供个性化的解答和建议。无论是关于商品信息、订单状态，还是促销活动等问题，智能客服都能迅速给出答案，帮助消费者解决问题。智能客服的设置不仅提高了服务效率，还降低了人工客服的工作压力。同时，它还可以根据消费者的反馈和问题，不断优化自身的回答和服务质量，从而提供更好的服务体验。

（a）　　　　　　　　　　　　　（b）

图 5-1-3　永辉生活客服渠道

（a）永辉生活热线电话；（b）永辉生活智能客服

（三）平台界面设计与用户体验优化

1. 平台界面设计

　　永辉生活始终将提升用户体验作为其持续发展的重要驱动力，一直致力于为用户打造一个更加便捷、个性化的线上购物平台。永辉生活对线上商城的商品分类进行了彻底的重构，摒弃了过去传统的、过于复杂的分类方式，转而采用了更为直观、简洁、扁平化的分类架构。新的分类不仅使各类商品之间的归属关系一目了然，更让用户能够快速定位到自己感兴趣的商品类别。每个分类下都配备了精美的图标和详细的描述，进一步增强了用户的感知和理解。在商品展示方面，引入了动态的商品轮播图和视频展示，让用户能够更直观、更全面地了解商品的外观、功能和特点。每个商品详情页都配备了详细的参数说明、用户评价和购买指南，帮助用户作出更明智的购买决策。永辉生活对搜索框的位置、大小和样式进行了精心调整，确保用户在任何页面都能快速找到并使用搜索功能。永辉生活界面设置如图 5-1-4 所示。

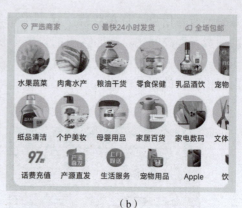

（a）   （b）

图 5-1-4　永辉生活界面设置

（a）永辉生活商品轮播界面；（b）永辉生活商品分类界面

2. 用户体验优化

永辉生活始终将用户体验放在首位，力求为用户带来更加便捷、个性化的购物体验。永辉生活引入了先进的智能推荐系统来提升用户的个性化购物体验，能够实时跟踪用户的浏览、搜索和购买行为，深入挖掘用户的兴趣和偏好。然后，它利用机器学习算法对这些数据进行处理和分析，为用户推荐一系列与其兴趣和需求高度匹配的商品。这些推荐不仅精准而且具有时效性，能够让用户在购物过程中不断发现新的惊喜和乐趣。同时，永辉生活采用了业界领先的搜索技术和算法，对用户的搜索请求进行智能分析和处理，从而返回更准确、更相关的搜索结果。此外，搜索页面还支持多种排序和筛选方式，让用户能够根据自己的需求轻松找到心仪的商品。

三、永辉生活线上营销推广

（一）永辉生活吸引粉丝的措施

1. 开展优惠活动吸引粉丝

为了吸引粉丝的关注，永辉生活在优惠和奖励方面的策略，始终坚持深度洞察消费者的需求，构建了一个全方位、多层次的优惠活动和奖励机制体系。对于新粉丝，永辉生活准备了一系列诚意满满的见面礼。首次注册即可领取大额优惠券包，让新粉丝在首次购物时就能感受到永辉的诚意和热情。同时，永辉生活还为新粉丝提供了一系列引导性任务，如完善个人信息、浏览指定页面等，完成后即可获得额外的积分或优惠券奖励，让新粉丝在熟悉平台的同时，也能享受到实实在在的优惠。

此外，永辉生活还结合时事热点、利用节假日氛围，推出了一系列主题性优惠活动。新粉丝在注册后即可领取专属优惠券，参与活动可享受更多优惠，而老用户则可通过分享活动信息、邀请好友参与等方式，获得额外的积分或优惠券奖励，进一步激发他们的上线热情和购物欲望。

2. 利用社交媒体吸引粉丝

随着直播的兴起，永辉生活也紧跟潮流，在社交媒体平台上开展直播销售活动。他们邀请知名主播、明星或自家的销售员，在直播中介绍商品、宣传品牌，并推出限时优惠。永辉生活通过社交媒体平台（如微博、小红书等），联动多位 KOL 共同发起活动话题，依托达人探店、好物种草等多种形式，提升品牌的曝光度。创建自己的社区或话题标签，鼓励用户分享购物心得、菜谱、生活小妙招等。通过用户自发的内容分享，形成口碑传播，吸引更多潜在用户关注和参与。永辉生活还在社交媒体上开展环保公益活动，如"绿色永辉，关爱地球，我们在行动"。通过线上线下同步进行的方式，鼓励消费者在购买指定公益商品时进行爱心捐赠。这些社交媒体营销手段的使用，不仅提升了品牌的曝光度和影响力，还提高了消费者对品牌的信任感和好感度。永辉生活吸引粉丝活动如图 5-1-5 所示。

（a）　　　　　　　　　　　　　　　　（b）

图 5-1-5　永辉生活吸引粉丝活动

（a）永辉生活抖音宣传；（b）永辉生活媒体活动

3. 线下活动吸引粉丝

在线下活动方面，永辉生活注重营造温馨、舒适的购物环境，让消费者在购物过程中感受到愉悦和放松。他们在商场、超市等场所进行了精心的布置和陈列，将商品按照类别、品牌等进行有序展示，方便消费者挑选和购买。在门店与货架上摆上二维码，消费者用支付宝扫一扫，就能进入永辉生活线上店铺，看到所在门店正在促销的所有商品信息，领券后再买单就可以省钱，有效地打通了线上线下的客流，永辉生活利用场景体验营销搭建"室内嘉年华"等场景，通过拍照框打卡、H5 小游戏等趣味互动活动，为消费者创造沉浸式的购物体验，让消费者更直观地感受到品牌的魅力，从而提升对品牌的好感度和忠诚度。永辉生活堆头展示如图 5-1-6 所示。

图 5-1-6　永辉生活堆头展示

4. 跨平台合作吸引粉丝

　　永辉生活秉持开放合作理念，积极与其他平台合作以扩大市场影响力。与某知名电商平台联手推出专属优惠和联名会员卡，消费者购买永辉生活商品时可享受额外折扣，这不仅提升了销售额，还通过电商平台吸引了新用户。同时，与大型金融机构合作，提供支付优惠和积分兑换活动，吸引消费者使用其支付工具，这既优化了购物体验，也借助金融机构的用户基础增加了潜在客户和销售机会。此外，永辉生活还通过与热门影视作品合作，进行植入式营销和联合宣传，增强品牌形象并提升曝光度。永辉生活的跨平台合作如图 5-1-7 所示。

图 5-1-7　永辉生活的跨平台合作

（二）永辉生活的粉丝互动措施

1. 销售促进互动

永辉生活深知时间限制和价格优惠对于刺激消费者购买的重要性。通过社交媒体平台宣传限时秒杀活动，为消费者提供热销商品并设定优惠价格，同时设置时间限制来营造紧迫感。这种策略有效地吸引了大量用户快速下单购买，从而提升了销售转化率。通过鼓励用户邀请亲友一起参与团购，永辉生活不仅提高了单次购买的商品数量，还通过亲友间的口碑传播扩大了品牌的影响力。这种社交化的购物体验不仅提升了销售业绩，还加深了用户与品牌之间的情感联系。永辉生活还邀请用户参与节日主题的互动游戏和挑战活动。这种参与式的营销策略不仅增加了用户的参与度，还通过游戏和挑战的形式增强了用户与品牌之间的互动性。用户在参与活动的过程中不仅获得了娱乐体验，还对品牌产生了更深的情感认同。永辉生活抽奖活动如图 5-1-8 所示。

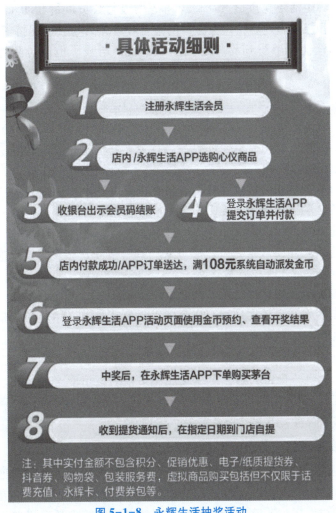

图 5-1-8　永辉生活抽奖活动

2. 日常积分互动

永辉生活巧妙地将用户的日常习惯与平台互动相融合，通过积分策略有效提升了用户黏性。通过每日签到赠送积分、连续签到给予额外奖励等机制，不仅引导老用户养成了每日上线打卡的惯性行为，更深化了用户对平台的信赖与忠诚度，无形中促进了用户与平台间更紧密的互动。当用户在永辉生活选购商品时，系统会根据购买种类与金额回馈相应积分。同时，定期举办的多样化促销活动也为用户提供了赢取额外积分的机会。更值得一提的是，用户邀请好友注册并在平台完成购物，还能获得额外的积分奖励，这一举措进一步扩大了平台的用户群体。

3. 会员权益互动

永辉生活为会员提供了多种专属的互动措施，以提升用户体验和增强品牌忠诚度。永辉生活定期举办各种线上和线下的会员活动，如促销、折扣、积分兑换、会员专享活动等。这些活动旨在激发会员的参与热情，增加他们与品牌的互动机会。通过这些活动，会员可以获得独特的购物体验，享受专属的优惠待遇，并与其他会员共同分享快乐和收获。永辉生活还注重通过社交媒体等渠道与会员进行互动。在微博、微信等社交媒体平台上积极发布内容，回应会员的留言和评论，与会员保持密切的沟通联系。这种即时的互动让会员感受到品牌的关注和重视，增强了他们对品牌的认同感和忠诚度。

❀ 素养园地

市场监管总局公布的《明码标价和禁止价格欺诈规定》中，明确了七种典型的价格欺诈行为。这些行为包括：

（1）谎称商品和服务价格为政府定价或者政府指导价。

（2）以低价诱骗消费者或者其他经营者，以高价进行结算。

（3）通过虚假折价、减价或者价格比较等方式销售商品或者提供服务。

（4）销售商品或者提供服务时，使用欺骗性、误导性的语言、文字、数字、图片或者视频等标示价格以及其他价格信息。

（5）无正当理由拒绝履行或者不完全履行价格承诺。

（6）不标示或者显著弱化标示对消费者或者其他经营者不利的价格条件，诱骗消费者或者其他经营者与其进行交易。

（7）通过积分、礼券、兑换券、代金券等折抵价款时，拒不按约定折抵价款。

这些行为都被视为价格欺诈，是违反相关法规的。消费者在购物过程中，如果遇到类似情况，可以向相关部门投诉，维护自己的合法权益。同时，商家也应该自觉遵守相关规定，诚信经营，共同维护良好的市场秩序。

4. 评论回应互动

通过永辉生活内的用户评价系统，消费者可以畅所欲言，对购物过程中的方方面面发表自己的看法和建议。评价系统不仅为其他消费者提供了宝贵的参考信息，更是永辉生活倾听用户声音、了解用户需求的重要窗口，永辉生活会迅速采取措施，解决用户的问题和困扰，确保用户的权益得到保障。同时，永辉生活也会认真分析用户的反馈，找出问题的根源，对服务流程和产品质量进行改进和提升，以避免类似问题再次发生。

四、永辉生活的销售支持

（一）永辉生活的订单处理

1. 订单销售服务

永辉生活线上购物流程设计得十分简洁明了，无论是浏览商品、加入购物车，还是提交订单，每一步都设计得直观易懂，大大降低了用户的操作难度。基于用户的购物历史和偏好，永辉生活能够提供个性化的商品推荐，这不仅省了用户的搜索时间，还增加了购物的乐趣和发现新商品的机会。系统实时更新商品库存信息，顾客在下单前就能清楚知道商品的可购买性和数量，避免了因库存不足而导致的订单取消或延迟发货的情况。通过引入先进的订单管理系统，平台能够自动接收、处理和跟踪订单，大大提高了订单处理效率。这种智能化的订单处理方式，不仅减少了人工操作的错误率，还缩短了用户等待时间，提升了用户的购物体验。

2. 订单的配送服务

永辉生活拥有高效仓储管理系统，实现商品快速入库、存储与出库。通过科学的库存布局和货位管理，快速备货并严格把控质量，提升顾客满意度与忠诚度。系统实时更新库存，低于安全线时预警，确保及时补货或调整销售策略，避免订单延误。配送是永辉生活销售的重要环节，直接影响顾客体验。顾客下单后，系统智能化安排配送，选择最近门店或仓库备货。配送员核对商品信息后，按最优路线迅速送达顾客，确保准时、安全。配送员还会与顾客保持沟通，提前告知预计送达时间，并解答顾客可能提出的任何疑问。永辉生活无人配送车如图 5-1-9 所示。

图 5-1-9　永辉生活无人配送车

（二）永辉生活的售后服务

1. 永辉生活的售后政策

永辉生活的售后政策主要包括七天无理由退货。具体来说，永辉生活 APP 上的非特殊商品都支持七天无理由退货。顾客可以在购买商品后的七天内，无须提供任何理由，申请退货并获得全额退款。不过，具体的退货商品范围可能会有所限制，顾客可以在"永辉生活APP"—"我的"—"客服中心"—"售后问题7天无理由退货的商品范围"中查看具体的商品范围。此外，在购买时，顾客也可以通过商品详情页中的"服务"栏目查询该商品是否支持七天无理由退货。需要注意的是，退货的商品必须保持原状，且不影响二次销售。如果商品存在质量问题或与描述不符，顾客也可以联系客服进行退换货处理。在处理售后问题时，顾客应提供准确的订单信息和联系方式，以便客服团队更好地了解问题并处理退货申请。

2. 永辉生活的投诉处理

永辉生活对顾客的投诉处理非常重视，并设有专门的投诉渠道和处理流程，以确保顾客的权益得到保障。顾客可以通过永辉生活 APP 内的投诉入口、客服热线或电子邮件等方式提交投诉信息。永辉生活的客服团队会及时接收并记录这些投诉。客服团队会与顾客联系，确认投诉的具体内容和问题所在，以便更好地了解情况并解决问题。一旦确认问题，客服团队会采取相应的措施来处理投诉。这可能包括与相关部门协调、调查证据、提供解决方案等。对于商品质量问题或服务问题，客服团队可能会协调退换货、提供补偿或其他解决方案。处理完投诉后，客服团队会将处理结果及时反馈给顾客，确保顾客对处理结果满意。如果顾客对处理结果不满意，客服团队会进一步沟通并寻求其他解决方案。在投诉处理过程中，永辉生活强调保护顾客的隐私和权益，确保投诉处理的公正性和透明度。同时，永辉生活也鼓励顾客提供宝贵的意见和建议，以帮助他们不断改进服务和提高顾客满意度。

❀ 任务实施

通过实际操作，增强对永辉生活业务模式的认识，掌握 LBS 技术在零售行业中的应用，培养团队协作能力和问题解决能力。

1. 学生使用永辉生活 APP 或小程序，尝试定位附近的永辉超市门店，记录定位的准确性、导航的便捷性等信息，并提出改进建议。

2. 学生根据自己的地理位置，查看接收到的优惠信息推送，分析推送的优惠信息是否与自己的购物需求相匹配，提出个性化推送的建议。

3. 学生注册成为永辉生活会员，体验会员服务，分析会员服务的优势和不足，提出提升会员满意度的建议。

❀ 任务评价

任务评价具体内容见任务评价表。

任务评价表

考核人			被考核人	
考核地点				
考核标准		内容	分值/分	成绩/分
		对永辉生活的认知	10	
		LBS 体验描述	30	
		优惠信息推送分析	30	
		会员服务建议	20	
		团队协作情况	10	
小组综合得分				

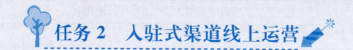

任务 2　入驻式渠道线上运营

门店情景

在大家的齐心协力下，小刚所在新门店整体经营效益非常好，但经理发现越来越多的竞争对手入驻美团、淘宝等渠道，怎样把线下的商务机会与线上结合，发挥入驻式渠道的优势，更好地提高本店的线上线下销量，这是小刚及其小伙伴目前需要解决的问题。

知识学习

一、认知入驻式渠道线上运营

入驻式渠道线上运营是指品牌或商家通过入驻已存在的、具有大量用户基础和流量的第三方电商平台或社交媒体平台，利用这些平台的资源开展线上销售、品牌推广和顾客服务等活动。在这种模式下，品牌或商家可以充分利用平台的流量、用户黏性、支付系统、物流配送等基础设施，以较低的成本和风险快速拓展线上业务。

（一）入驻式渠道线上运营的优势

1. 快速上线与流量共享

第三方电商平台通常拥有庞大的用户基础和成熟的流量获取机制，门店可以快速上线并共享平台的流量，快速获得曝光和销售机会。这种合作模式有助于门店快速拓展线上业务，提高市场份额。

2. 技术与服务支持

第三方电商平台提供完善的技术支持和服务，包括数据分析、营销推广、支付结算等。这些服务可以帮助门店降低运营成本，提高运营效率。同时，平台还提供了一系列营销工具和活动支持，如优惠券、促销活动等，帮助门店吸引更多用户关注和购买。

3. 多样化的营销工具

第三方电商平台通常提供丰富的营销工具和活动支持，门店可以利用这些工具进行促销、优惠等活动，吸引更多用户关注和购买。这些工具可以帮助门店提高销售额和用户满意度，增强市场竞争力。

（二）入驻式渠道线上运营的挑战

1. 佣金与规则限制

入驻第三方电商平台通常需要支付一定的佣金，并遵守平台的规则和限制。这些佣金和规则可能对门店的营利能力和经营自主性造成一定影响。因此，门店需要仔细评估平台的佣金和规则是否合理，并在权衡利弊后作出决策。

2. 品牌竞争与依赖

在第三方电商平台上，门店需要与其他商家竞争，同时依赖平台的流量和规则生存。如果平台出现问题或调整规则，可能对门店的业务造成不利影响。因此，门店需要关注平台的稳定性和可靠性，并制定相应的应对策略。

二、苏宁易购入驻平台选择与建设

 案例分享

苏宁易购美团深化战略合作　双线联合升级本地化服务

外卖下单各种美味餐食、蔬菜水果、甜品奶茶等，已经是许多人的生活日常，而如今，家电3C产品也可以像点外卖一样快速送达，满足顾客的即时需求。2022年10月21日，苏宁易购宣布与美团达成战略合作，成为正式入驻美团平台的首家家电3C品类大型连锁品牌。

据悉，苏宁易购全国超600家门店已经完成美团入驻，覆盖175个城市，双方表示，将继续深化合作。顾客登录"美团"或"美团外卖"APP搜索"苏宁易购"，即可下单购买手机、电脑、生活家电类产品，最快30分钟送达。

"苏宁易购是目前数码3C品类线下门店覆盖及货品覆盖最为优质的合作伙伴。"美团闪购数码家电品类相关负责人表示，苏宁易购的入驻及战略合作，具有业务代表性及战略合作意义。"美团拥有专业的本地化运营和服务能力、海量的年轻用户群体，通过合作打通双方的能力和资源优势，共同提升用户服务效率。"苏宁易购智能互联公司相关负责人表示，上线美团让苏宁易购门店离顾客更近、配送速度更快、服务效率更高。

有关人士称，对双方而言，这是一次充分发挥各自优势、互利双赢的创新尝试。苏宁易购拥有30多年的线下零售经验和覆盖全国的门店网络，在家电3C领域沉淀的供应链资源可进一步丰富美团平台的商品种类和业务内涵；而作为本地生活领域的头部数字平台，美团的核心竞争力就在于本地化运营能力，这也为苏宁易购带来更多线上流量和即时零售服务的经验。

苏宁易购智能互联公司相关负责人表示，未来，苏宁易购还将持续与美团推进即时零售共建，探索空调、冰箱、洗衣机等大家电即时配送服务模式，在提供更多产品选择的同时，也为顾客带来更多便利。

（资料来源：苏宁易购，https://www.suning.cn/cms/latestNews/26015.htm）

（一）选择合适的入驻平台

苏宁易购是一个大型的综合电商平台，拥有完善的入驻平台，为各类商家提供了入驻和销售商品的机会。之所以选择美团入驻，主要是基于美团在本地生活服务领域的强大优势和广泛覆盖。美团作为中国领先的本地生活服务平台，拥有庞大的用户基础和高度活跃的社区生态，可以为苏宁易购提供更广阔的市场和更多的潜在顾客。

美团的优势主要体现在以下几个方面：

（1）美团拥有强大的物流配送体系，能够确保苏宁易购的商品快速、准确地送达顾客手中，提升顾客体验。

（2）美团在大数据分析方面具备深厚的实力，能够为苏宁易购提供精准的市场分析和用户画像，帮助商家更好地了解市场需求和顾客行为。

（3）美团还拥有丰富的营销推广资源，能够为苏宁易购提供多样化的营销方案，助力商家提升品牌知名度和销售额。

（二）平台对接与整合

苏宁易购和美团需要各自开放相应的数据接口，以便实现双方数据的互联互通。这包括商品信息、库存数据、订单状态、支付接口等关键数据的实时同步。双方的技术团队需要共同开发或调整 API 接口，确保双方平台能够无缝对接。这包括订单处理、商品上架、库存管理、支付结算等功能的集成。

 知识拓展

API 在苏宁易购与美团对接中的具体应用

API，全称 Application Programming Interface，即应用程序编程接口。它是一些预先定义的函数，目的是用来提供应用程序与开发人员基于某软件或者某硬件得以访问一组例程的能力，并且无须访问源码或无须理解内部工作机制细节。

（1）商品信息同步 API。苏宁易购通过此 API 将商品信息上传至美团平台，包括商品名称、价格、图片、描述等。美团平台通过调用该 API 获取商品信息并展示给顾客。

（2）库存数据共享 API。苏宁易购和美团通过此 API 实时共享库存数据，确保双方平台显示的库存信息一致。当库存发生变化时，通过 API 的实时更新功能，双方平台能够迅速调整库存状态。

（3）订单处理 API。顾客在美团平台下单后，美团通过订单处理 API 将订单信息传递给苏宁易购。苏宁易购接收订单后，进行订单处理、发货等操作，并通过 API 更新订单状态给美团平台。

（4）支付结算 API。苏宁易购接入美团的支付系统，通过支付结算 API 处理顾客在美团平台的支付请求。该 API 确保支付过程的安全性、稳定性和实时性。

（5）物流配送 API。苏宁易购与美团共享物流配送资源，通过物流配送 API 实现订单配送信息的实时同步和更新。顾客可以在美团平台实时查看订单的配送状态。

（6）会员体系互通 API。苏宁易购与美团通过会员体系互通 API 实现会员信息的共享和互通。顾客在任一平台注册会员后，可以通过 API 在另一平台享受相应的会员权益。

三、苏宁易购入驻美团线上营销推广

（一）优化用户体验

 **案例分享**

苏宁易购潮玩数码体验馆

"618" 大促临近，苏宁易购潮玩数码体验馆率先落地北京、广州、南京、天津和贵阳 5 城，从选品、布局、设施、服务多个维度入手，打造全新的店面形态，营造沉浸式体验，创新场景化消费。

不同于传统专区的单个品牌集中展陈，潮玩数码体验馆内聚集了任天堂、PS5、VR 眼镜等潮玩好物，智能穿衣镜、筋膜枪、体脂秤等智能健康设备，还有平衡车、骨传导耳机、智能音箱等细分品类的新奇特好物，如图 5-2-1 所示。

图 5-2-1　苏宁易购潮玩数码

潮玩数码体验馆不仅要把好玩、好用、新奇的产品聚集到这里，更要发挥苏宁易购门店的场景优势，让用户在这里可以沉浸试用、放心消费，特别是索尼 PS5、任天堂 switch、PICO VR 眼镜、小度智能穿衣镜、韶音骨传导耳机等侧重主观体验的产品，好与不好用户的感受说了算。目前，新建的潮玩数码体验馆内均设有独立的产品体验区，产品的手感、听感等线上无法直观获取的信息，用户在专区内一用便知。

（资料来源：苏宁易购潮玩数码体验馆在 5 大城市落地，"618" 将上架美团、饿了么，https://www.sohu.com/a/678478374_ 684206）

1. 商品展示优化

（1）商品详情页优化。线上商品详情页信息完整、准确，包括商品名称、图片、价格、规格、描述等。使用高清、无水印的商品图片，确保图片质量上乘，能够真实反映商品的外观和细节。提供多角度、多场景的图片展示，让用户能够全面了解商品的外观和使用效果。同时，注意详情页的排版和布局，确保用户浏览体验流畅，如图5-2-2 所示。

（2）分类与搜索优化。合理设置商品分类，便于用户快速找到所需商品。同时，优化商品搜索关键词，提高商品在搜索结果中的排名，增加曝光率。用户在美团平台上可以通过关键词搜索找到苏宁易购商品，如图 5-2-3 所示。

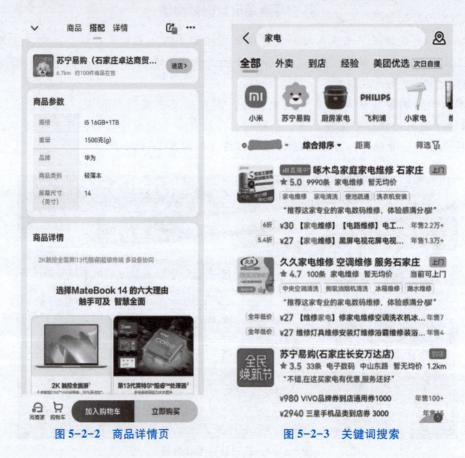

图 5-2-2　商品详情页　　　　　　图 5-2-3　关键词搜索

❀ 知识拓展

商品搜索关键词优化

1. 针对特定产品的关键词优化

以"智能手环"为例，可以考虑使用"多功能智能手环""运动健康监测手环""防水智能手环"等关键词，以更精准地描述产品特点，吸引目标用户。

2. 结合品牌和用户需求的关键词优化

假设销售的是"苹果"品牌的手机，可以运用"苹果新款手机""苹果手机官方旗舰店""苹果高性价比手机"等关键词,既突出品牌,又满足用户对品质和价格的需求。

3. 利用地域和时令特点的关键词优化

比如在夏季,针对"防晒霜"产品,可以使用"夏季必备防晒霜""防晒指数高防晒霜""清爽不油腻防晒霜"等关键词,以吸引更多在夏季需要防晒的顾客。

4. 考虑用户搜索习惯的长尾关键词优化

例如,对于"跑步鞋"产品,除了基本的"跑步鞋"关键词外,还可以考虑"透气减震跑步鞋""男女款轻便跑步鞋""专业马拉松跑步鞋"等长尾关键词,以满足不同用户的具体需求。

5. 利用竞争对手的关键词策略进行优化

通过分析竞争对手的关键词使用情况,发现一些未被充分利用但具有潜力的关键词,如"高性价比跑步鞋""防滑耐磨跑步鞋"等,从而提升搜索排名和曝光率。

2. 快速配送

在零售+科技战略的不断深化下,美团配送持续探索即时物流领域新的增长,打造了 30 分钟即想即达的配送服务网络,并实现全品类、全时段、全场景的覆盖。基于美团自主研发的"超脑"即时配送系统,通过万人万单实时高效匹配、精准预估配送时间、合理规划配送路线和准确识别配送状态,进一步提升配送效率。目前,美团配送已覆盖全国近 3 000 个市县区,形成了密集高效的线下配送网络。用户足不出户,即可享受万物到家的购买及配送体验。

此外,美团配送还综合运用大数据、人工智能、云计算等新一代数字技术,创新性推广、应用无人机、自动配送车、外卖柜、智能配送站等智能装备。将广阔的配送网络和先进的技术能力进行充分协同,结合精细化运营管理经验,让整个配送网络具备活力与弹性。

顾客只需登录"美团"或"美团外卖"APP,搜索"苏宁易购",即可浏览并下单购买手机、电脑、生活家电类产品。美团的即时配送体系确保了商品在 30 分钟内送达顾客手中,满足了顾客的即时需求,如图 5-2-4 所示。

3. 售后服务

(1) 高效的退换货处理。建立完善的售后服务体系,解决用户在使用过程中遇到的问题,提升用户信任度。苏宁易购在美团平台上提供清晰的售后服务入口和联系方式,方便顾客随时联系并获取帮助,如图 5-2-5 所示。通过美团平台可以快速响应顾客的退换货请求,提高处理效率,减少因退换货带来的纠纷和损失。

(2) 专业的客服支持。美团拥有专业的客服团队,能够提供全天候的在线客服支持。无论是订单查询、物流跟踪还是售后问题,客服团队都能及时解答疑问,提供专业的帮助和建议。这有助于苏宁易购更好地处理售后问题,提升用户满意度。

(3) 用户评价和反馈管理。美团平台允许顾客对购买的商品和服务进行评价和反馈。苏宁易购可以通过这些评价和反馈了解用户的真实需求和建议,从而有针对性地改进产品和服务,如图 5-2-6 所示。同时,积极处理用户的评价和反馈,也有利于提升口碑和形象。

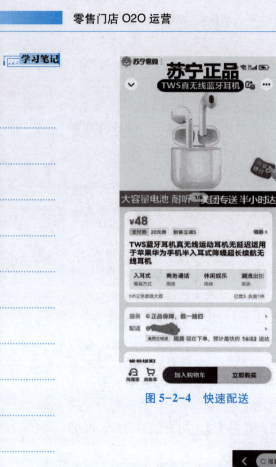

图 5-2-4　快速配送

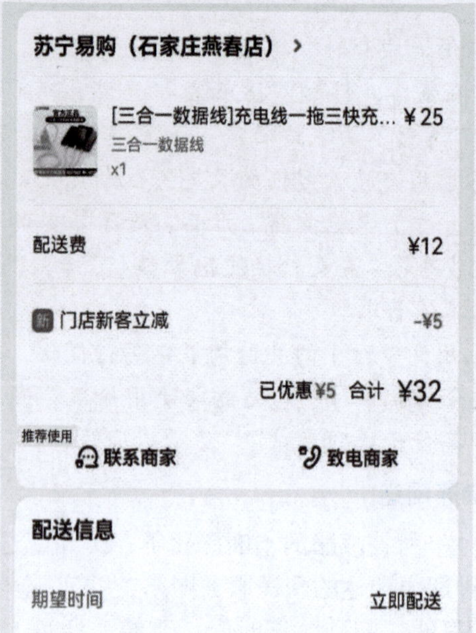

图 5-2-5　售后服务

图 5-2-6　用户评价

学习笔记

（二）营销推广与品牌建设

1. 制定有效的营销策略

利用美团平台上的用户数据，苏宁易购可以识别并划分出不同的目标消费群体，根据不同顾客群体的特点，制定符合社会主流价值观的营销策略（包括绿色营销、公益营销、诚信营销、可持续营销等）。例如，根据用户的购买历史和浏览行为，可以将用户划分为不同的品类或品牌偏好群体。这样，苏宁易购可以针对不同的群体制定不同的营销策略和推送内容。定期开展线上营销活动，如优惠券、限时折扣、满减优惠等，吸引用户关注和购买，如图 5-2-7 所示。

2. 利用社交媒体、广告等多种渠道进行平台推广

通过多种渠道进行推广，可以覆盖更广泛的受众群体，提高品牌知名度和曝光率。在主流社交媒体平台上，如微博、微信、抖音等，发布最新产品信息、优惠活动等内容，如图 5-2-8 所示。

图 5-2-7 优惠券

图 5-2-8 苏宁易购微博推广活动

3. 合作举办线上线下活动

通过合作举办线上线下活动，苏宁易购与美团不仅可以提升品牌影响力和市场竞争力，还可以为顾客提供更加丰富多样的购物体验。这将有助于双方在激烈的市场竞争中脱颖而出，实现共赢发展。

 案例分享

2023 年 1—6 月，苏宁易购在美团的即时销售规模达 5 亿元，服务用户超 17 万，保持良好增长态势。"美团拥有亿级用户资源，但数码家电品牌的商品丰富度、铺货范围还不及超市、便利店、散店。"美团闪购数码家电负责人表示，苏宁易购作为优质的零售服务商，能为美团用户提供丰富的家电 3C 商品和优质的售前售后服务。

酷暑连日高温，"数码家电外卖"迎来新的销售高峰，各类风扇、移动电源、路由器上榜热销单品。数据显示，"手机+电脑+智能手环+无线耳机"的"数码四件套"深受学生用户喜爱。苏宁易购联合美团，推出最高享 400 元补贴、新人立减、满免配送费等活动。

"全城送"服务覆盖全国 150 余城，最快 30 分钟送达。2023 年 7 月 11 日"初伏"，家住北京东柏街的顾客通过美团平台，在北京苏宁易购双井店下单了一台美的循环扇，仅用 6 分钟就由骑手送货到家。

持续深化合作，苏宁易购与美团表示，将以暑促为起点，通过运送能力、资源投入、地区推广、品类扩充四个维度，提升综合运营实力，冲刺全年 15 亿元销售目标。与此同时，双方将在北京、上海、成都等 13 个城市率先开展联动活动，加强本地推广能力。据了解，后续苏宁易购或将"外卖"上线空调、冰箱等制冷家电产品，满足高温季即时需求。

（资料来源：同花顺财经，15 亿元销售目标，https://t.lojqka.com.cn/pid_297190950.shtml.）

四、苏宁易购入驻美团销售支持

（一）数据分析与决策支持

首先，苏宁易购通过美团平台的数据接口，实时获取用户购买记录、浏览行为、搜索关键词等数据。这些数据经过清洗和整理后，被用于构建用户画像和购买行为模型。例如，通过分析用户在美团平台上搜索家电产品的关键词和频次，苏宁易购可以发现用户对某些特定品牌或型号的偏好，以及不同时间段内用户对不同产品的需求变化。

其次，苏宁易购利用数据挖掘和机器学习技术，对用户画像和购买行为模型进行深度分析。通过聚类分析，苏宁易购可以将用户划分为不同的群体，如价格敏感型、品质追求型、品牌忠诚型等。针对不同群体，苏宁易购可以制定不同的营销策略和推荐算法，提高营销效果和用户满意度。

在决策支持方面，苏宁易购根据美团平台的数据分析结果，调整商品结构、优化价格策略、提升服务质量。例如，如果发现某个品牌或型号的家电产品在美团平台上的销量持续上升，苏宁易购可以加大对该产品的采购力度，并在美团平台上进行重点推广。同时，根据用户对价格的敏感度，苏宁易购可以制定更具竞争力的价格策略，吸引更多用户购买。

（二）合作与生态建设

苏宁易购与美团在推动业务发展的过程中，积极与其他相关平台或企业建立合作关系，以共同实现资源共享、优势互补和业务拓展。

1. 与供应链企业合作

苏宁易购和美团与供应链企业建立紧密的合作关系，确保商品供应的稳定性和高效性。苏宁易购与美的集团达成战略合作，双方共同推动智能家居产品的销售。美的集团提供优质的智能家居产品，苏宁易购和美团则利用自身的销售渠道和营销能力进行推广。通过合作，双方共同扩大了市场份额，提高了品牌影响力。

2. 与金融企业合作

苏宁易购和美团与金融企业合作，提供便捷的支付和融资服务，提升用户体验和降低运营成本。苏宁易购与招商银行合作推出联名信用卡，持卡人在苏宁易购和美团平台购物时可享受折扣、积分等优惠。这种合作不仅提升了用户的购物体验，还为招商银行带来了更多的信用卡用户，实现了双方的共赢。

3. 与技术企业合作

苏宁易购和美团与技术企业合作，引入先进的技术解决方案，提升平台的运营效率和用户体验。苏宁易购与百度合作，利用百度的 AI 技术提升平台的智能客服水平。通过引入百度的语音识别和自然语言处理技术，苏宁易购和美团平台的客服能够更快速、准确地回应用户咨询，提升了用户体验和满意度。

素养园地

习近平：只有合作共赢才能办成事、办好事、办大事

习近平在谈到共建"一带一路"的经验时表示，我们深刻认识到，只有合作共赢才能办成事、办好事、办大事。只要各国有合作的愿望、协调的行动，天堑可以变通途，"陆锁国"可以变成"陆联国"，发展的洼地可以变成繁荣的高地。经济发展快一些的国家，要拉一把暂时走在后面的伙伴。只要大家把彼此视为朋友和伙伴，相互尊重、相互支持、相互成就，赠人玫瑰则手有余香，成就别人也是帮助自己。把别人的发展视为威胁，把经济相互依存视为风险，不会让自己生活得更好、发展得更快。

（资料来源：中国政府网，https://www.gov.cn/yaowen/liebiao/202310/content_6909841.htm）

任务实施

结合比较熟悉的入驻式零售门店，帮助其完善现有的运营策略。

1. 教师指导学生选择零售门店（前提是该零售门店有入驻渠道）。
2. 按照所学入驻式渠道运营策略，完成门店现有运营策略的评估。
3. 针对运营评估结果，给出优化措施。

✿ 任务评价

任务评价的具体内容包括 O2O 运营评估、优化措施等，具体见任务评价表。

任务评价表

考核人		被考核人			
考核地点					
评价标准	内容	分值/分	小组自评（30%）	小组互评（30%）	教师评价（40%）	合计/分
	O2O 运营评估全面、完整、合理	40				
	优化措施得当、有针对性	40				
	团队合作有序、高效	20				
综合得分					

门店情景

零售门店营业员小刚休息时，看到其他同行经常在抖音发布视频和直播带货，他突然想出一个点子，在竞争日益激烈的电商市场环境中，应如何利用抖音来进行门店线上与线下业务的拓展和结合从而脱颖而出呢？

知识学习

一、认知社交媒体渠道线上运营

社交媒体渠道线上运营是指利用社交媒体平台进行的一系列营销活动，旨在推广品牌、增强网络知名度、提高销售量和获取更多客户。这种运营方式依赖于互联网的传播范围和社交媒体所提供的资源，通过发布有吸引力的内容、管理社交媒体账号、与用户互动以及分析数据等方式，实现品牌与消费者之间的有效沟通和连接。有效的社交媒体渠道线上运营可以显著提高品牌的认知度，加强消费者与品牌之间的联系，改变消费者对品牌的看法，并最终带来更多的客户和收入。

（一）社交媒体渠道线上运营的优势

（1）庞大的用户基础与互动性：社交媒体平台通常拥有庞大的用户群体和高互动性，门店可以利用这些优势进行精准营销和品牌推广。通过发布有趣、有吸引力的内容，吸引用户的关注和互动，提高品牌知名度和影响力。同时，社交媒体平台还提供了多种互动功能，如评论、点赞、分享等，有助于增强用户与品牌之间的互动和联系。

（2）低成本推广与用户互动：通过社交媒体平台进行内容营销和用户互动，门店可以以较低的成本实现有效的推广。这种推广方式不需要大量的广告投入，而是依靠优质的内容和互动来吸引用户。同时，与用户进行实时互动，了解他们的需求和反馈，有助于提升用户满意度和忠诚度。

（3）个性化营销与精准定位：社交媒体平台通常具备强大的数据分析能力，可以根据用户的兴趣、行为等信息进行个性化推荐和精准定位。这意味着门店可以将营销信息精准地传递给目标用户群体，提高营销效果和转化率。

（二）社交媒体渠道线上运营的挑战

（1）内容创意与运营：社交媒体平台需要不断创造有趣、有吸引力的内容，进行精细化运营，这样才能吸引用户的关注和互动。这需要门店具备专业的内容创意和运营能力，包括制定内容策略、创作优质内容、管理社交媒体账号等。同时，还需要关注用户反馈和需求变化，及时调整内容策略以满足用户需求。

（2）用户转化与留存：社交媒体平台上的用户转化和留存需要设计有效的策略，确保用户从线上转化为线下的实际消费者，并长期保持忠诚。这需要门店具备强大的用户转化和留存能力，包括制定明确的转化目标和策略、提供优质的客户服务、建立会员制度等。同时，门店还需要关注用户在社交媒体平台上的互动行为和反馈，及时调整策略以提高用户的满意度和忠诚度。

（3）品牌形象与口碑管理：社交媒体平台上的用户评论和分享对品牌形象和口碑具有重要影响。门店需要密切关注用户在平台上的评价和反馈，及时回应并处理用户的投诉和建议。同时，通过积极互动和正面内容的传播，塑造良好的品牌形象和口碑。

❀ 案例分享

抖音巧妙缩短转化路径，屈臣氏眼光很准

屈臣氏近期门店人气飙升，源于一款揭示"美丽真相"的神秘魔盒。这款魔盒的吸引力不仅在于其神秘性，更在于其背后的神秘代码，它成为屈臣氏线上线下联动的关键。

在线上，屈臣氏通过丰富玩法吸引用户对挑战赛的关注，激发用户参与互动的热情。屈臣氏将用户对"个性"和"美"的追求与裂变式的有趣玩法相结合，通过"2019 做自己美有道理挑战赛"连接，并联合 KOL 不断创造潮流，传播品牌态度，吸引充满好奇心的年轻用户注意，参与挑战赛即有机会获得魔盒凭证码，借此揭露美丽答案。

在线下，屈臣氏在 150 家门店空投数万个神秘魔盒，顺利把线上领取了魔盒凭证码的用户引流到店，实现线上线下的营销共振。屈臣氏深度洞察自身消费者的社交偏好，赋予魔盒神秘的属性（魔盒中的礼品是随机组合的，不开盒就不会知道答案），这强烈地引起了消费者的好奇心，为魔盒的后续爆发积蓄能量。

宣言式的挑战玩法以及神秘感十足的魔盒，不但有趣，还能激发用户的创作热情，不仅解决了品牌营销单向沟通思维的问题，更用大量用户原创的内容输出让品牌态度润物细无声。

也正因为如此，此项目形成了"发现挑战赛—了解活动—上传视频参与挑战—领取魔盒凭证码—到线下门店—兑换魔盒—门店消费"的线上到线下转化路径，以及"到线下门店扫货—发现魔盒—了解活动—线上参与挑战赛—领取魔盒凭证码—兑换魔盒"的线下到线上转化路径，从而形成用户行为闭环，为屈臣氏线下门店提供了全路径的导流渠道，形成了一套零售行业可供复制的营销模版。

（资料来源：搜狐网，https://www.sohu.com/a/298521999_228864）

二、屈臣氏抖音平台建设

（一）屈臣氏产品信息上线

随着抖音等社交媒体平台的崛起，屈臣氏敏锐地捕捉到了这一营销趋势，积极地将社交媒体营销与线下门店营销紧密结合。通过抖音平台，屈臣氏制作和发布各种有趣、有吸引力的短视频内容，展示其商品的特点和使用效果。在抖音平台中宣传线下门店的优惠活动、新品上市等信息，引导消费者前往门店体验和购买。通过线上预约、线下体验等方式，将线上流量转化为线下客流，提高门店的客流量和销售业绩。屈臣氏抖音平台商品信息情况如图5-3-1所示。

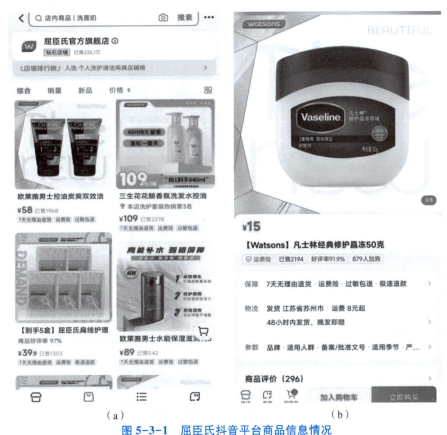

（a）　　　　　　　　　　　　　　（b）

图 5-3-1　屈臣氏抖音平台商品信息情况

（a）屈臣氏抖音商店展示；（b）屈臣氏抖音商店商品详情展示

（二）线上服务流程的再造与优化

屈臣氏在服务方面一直以其专业性和顾客导向而著称，拥有一支强大的健康顾问队伍，包括全职药剂师和"健康活力大使"，他们为顾客提供专业化的指导和建议，帮助顾客选择适合自己的产品。屈臣氏注重顾客的购物体验，提供优质的售后服务。如果顾客对购买的产品有任何问题或不满意，可以通过屈臣氏的客服渠道进行咨询和投诉，并获得及时的解决方案。

屈臣氏在抖音平台上设有专门的客服团队，以提供及时、专业的服务，帮助消费者解答疑问、处理订单和售后问题。抖音客服团队通常通过抖音平台内的私信、评论或官方账号的留言功能与消费者进行沟通。在与屈臣氏抖音客服沟通时，消费者可以提出关于产品、订单、促销活动等方面的疑问或需求。客服团队会尽力提供准确、详细的信息，并协助消费者解决问题。如果遇到复杂或特殊的情况，客服团队可能会引导消费者提供更多信息或转接到其他相关部门进行处理。总的来说，屈臣氏在抖音平台上的客服团队致力于为消费者提供优质、高效的服务体验。消费者可以通过抖音平台上的官方账号或相关功能联系客服团队，并获得及时的帮助和支持。屈臣氏抖音平台客户服务情况如图 5-3-2 所示。

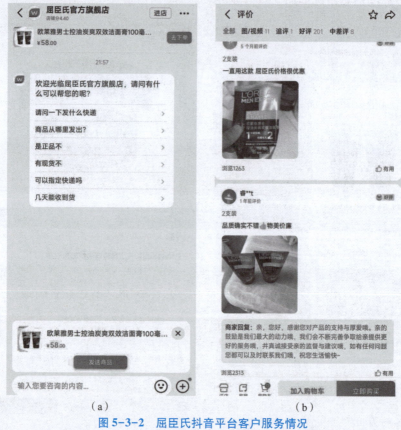

（a）　　　　　　　　　（b）

图 5-3-2　屈臣氏抖音平台客户服务情况

（a）屈臣氏抖音客服；（b）屈臣氏抖音评价互动

三、屈臣氏线上营销推广

（一）利用 DOU+营销

DOU+拥有本地生活营销能力，可以对门店进行曝光或帮助屈臣氏进行优惠推广，帮助其吸引更多的用户到店消费。屈臣氏可以自主选择门店曝光的投放范围，依据这些设置数据，DOU+系统会对范围内的用户进行投放和推送，帮助屈臣氏轻松获取客源，进而提高销售额。以下是屈臣氏利用 DOU+进行门店营销的详细分析：

1. 精准定位目标用户

屈臣氏在使用 DOU+进行推广前，首先会对目标用户进行精准定位。通过分析品牌的历史数据、用户画像以及抖音平台上的用户行为数据，屈臣氏能够确定目标用户的年龄、性别、地域、兴趣等关键信息。基于这些定位信息，屈臣氏可以制定更精准的推广策略，确保广告内容能够触达最有可能产生购买行为的用户群体。

2. 创意视频内容制作

在 DOU+推广中，视频内容的质量至关重要。屈臣氏注重创意视频内容的制作，通过设计有趣、引人入胜的短视频，吸引用户的注意力并激发他们的购买欲。这些视频可能包括产品展示、使用教程、门店环境展示等，旨在让用户对屈臣氏的产品和门店有更直观、更生动的了解。

3. 利用 DOU+提升视频曝光

制作好创意视频后，屈臣氏会利用 DOU+的功能，将视频投放给更多的目标用户。通过设定合理的预算和投放时间，屈臣氏可以确保视频在短时间内获得大量的曝光。同时，DOU+还提供了实时数据监控功能，屈臣氏可以随时了解广告的投放效果，并根据数据反馈进行调整和优化。

4. 引导用户到店消费

在 DOU+推广中，屈臣氏不仅注重视频的曝光量，更重视引导用户到店消费。因此，屈臣氏会在视频中添加门店的位置信息、优惠活动等内容，鼓励用户前往线下门店进行体验或购买。此外，屈臣氏还会与 DOU+合作，开展线上线下的互动活动，如线上抽奖、线下体验等，进一步提高用户的参与度和购买意愿。

（二）利用同城蓝 V 进行推广

"抖音同城"是指平台通过定位向附近的人推荐视频的一种方式。当我们打开抖音后，顶部的菜单栏中会显示"推荐""关注""同城"等多个页面，在同城页面中，我们就可以看到附近的一些显示具体地理位置的短视频和直播间。当屈臣氏实体店在发布短视频时，开启同城定位，该短视频就会被投入同城流量池中，更容易被附近的人看到。

蓝 V 是抖音平台针对企业商家推出的一个账号类型，虽然需要花费一定的成本，但在营销推广方面具有很大的便利性，而单纯的个人账号在进行营销宣传时很容易被限制。蓝 V 认证的优势在于具有官方承认的营业执照，相较于个人账号更具信任感。同时，蓝 V 账号具有很多个人账号不具备的功能，如团购、联系电话、营业时间等。这些功能能够帮助店铺更好地将线下流量引流到线上。

在实体行业整体陷入僵局的情况下，屈臣氏实体店完全可以借助抖音进行破局，通过线上线下相结合的方式，打开流量通道，让店铺获得更高的曝光。屈臣氏作为知名的零售连锁品牌，充分利用抖音蓝 V 认证的功能和优势，有效地进行了门店营销。以下是屈臣氏利用抖音蓝 V 认证进行门店营销的详细分析：

1. 官方身份认证与品牌展示

如图 5-3-3 所示，屈臣氏通过抖音蓝 V 认证，获得了官方身份的认证标识，这为用户提供了一个明确的识别标志，表明屈臣氏是一个正规、可信赖的品牌。这种官方身份认证不仅增强了用户对屈臣氏品牌的信任度，也提升了品牌在抖音平台上的权威性和影响力。同时，屈臣氏在抖音平台上展示了其品牌故事、门店信息和产品特色等内容，通过蓝 V 认证的身份，这些内容更容易被用户认可和接受。

图 5-3-3　屈臣氏蓝 V 认证

2. 优先展示与曝光

抖音蓝 V 认证的品牌在平台上的曝光率会更高，因为抖音会对蓝 V 认证的账号给予更多的推荐和展示机会。屈臣氏通过蓝 V 认证，使其发布的视频和内容在抖音上获得了更多的曝光机会，从而吸引了更多的潜在用户关注。此外，蓝 V 认证还提供了更多的数据分析工具，帮助屈臣氏更好地了解用户行为和市场趋势，为门店营销提供有力的数据支持。

3. 特权功能与互动营销

屈臣氏作为蓝 V 认证的品牌，享有抖音平台提供的一系列特权功能，如优先参与平台活动、定制专属推广页面等。这些特权功能使屈臣氏能够更灵活地进行门店营销，提升营销效果。例如，屈臣氏可以利用定制推广页面展示门店的特色产品和优惠活动，吸引用户点击并前往门店消费。此外，屈臣氏还可以优先参与抖音平台上的各类营销活动，通过与其他品牌或网红合作，共同打造更具吸引力的营销活动，进一步提升品牌知名度和门店流量。

4. 用户互动与粉丝管理

抖音蓝 V 认证为屈臣氏提供了更强大的用户互动和粉丝管理工具。屈臣氏可以通过蓝 V 认证的身份，更方便地与用户进行互动，如回复评论、私信沟通等，从而建立起更紧密的用户关系。同时，屈臣氏还可以利用抖音平台提供的粉丝管理工具，对粉丝进行精细化的分类和管理，根据粉丝的兴趣和行为制定个性化的营销策略，提升营销效果。

（三）使用 POI 功能引导线下流量

在屈臣氏的爆款魔盒案例中，其线上线下的流量转化具有一个关键性的衔接，即抖音的 POI 功能。POI 是 "Point of Interest" 的缩写，中文含义为 "兴趣点"，而在抖音上，就是无数个线上门店。同时，线下用户在门店发布视频时，也可以链接 POI 上该门店的位置。也就是说，POI 是用户兴趣内容和门店的纽带，可以帮助品牌一键打通线上线下，实现闭环。

如图 5-3-4 所示，POI 功能作为抖音平台提供的一项创新服务，能够帮助品牌将线上流量精准地引导至线下门店，实现线上线下的有效互动和融合。屈臣氏作为知名的零售连锁品牌，积极利用抖音 POI 功能，有效地引导了线上用户前往线下门店消费。以下是屈臣氏使用抖音 POI 功能引导线下流量的详细分析：

图 5-3-4　POI 功能

1. POI 地址绑定与展示

屈臣氏首先将其所有门店的地址信息进行了 POI 地址绑定，确保在抖音平台上能够准确展示门店的位置信息。用户在浏览屈臣氏发布的视频时，可以清晰地看到门店的地理位置和相关信息。这种直观的展示方式使用户更容易了解门店的具体位置，从而提高了他们前往门店的意愿。

2. POI 标签与话题营销

屈臣氏在发布视频时，会巧妙地使用 POI 标签和话题营销，将门店信息与视频内容相结合，进一步提升用户的关注度。例如，屈臣氏可以创建与门店相关的话题标签，如 "#屈臣氏门店打卡" "#屈臣氏新品体验" 等，并鼓励用户在发布相关视频时使用这些标签。这样一来，用户在搜索或浏览相关话题时，就能更容易地找到屈臣氏门店的信息，从而提升了线下流量的引导效果。

3. POI 互动活动

为了进一步提升用户的参与度和线下流量的引导效果，屈臣氏会定期在抖音平台上开展 POI 互动活动。这些活动包括门店打卡挑战、线下优惠领取等，旨在鼓励用户前往门店进行体验或消费。通过参与活动，用户可以获得一定的奖励或优惠，从而提高了他们前往门店的积极性。

（四）进行 KOL 合作与直播推广

屈臣氏作为知名的零售连锁品牌，深知抖音平台上的 KOL 合作与直播推广对于品牌宣传和销量增长的重要性。因此，屈臣氏积极利用抖音平台，与众多知名 KOL 展开合作，并通过直播形式进行产品推广，取得了显著的效果。以下是屈臣氏使用抖音与KOL 合作和直播推广的详细分析：

1. KOL 合作策略

（1）KOL 筛选与匹配。

屈臣氏首先会进行 KOL 的筛选工作，寻找与品牌理念、产品特性以及目标用户群体相匹配的 KOL。这些 KOL 可能是在美妆、护肤、时尚等领域具有影响力的知名博主、网红或专家。通过与这些 KOL 的合作，屈臣氏能够借助他们的粉丝基础和影响力（见图 5-3-5），将品牌和产品信息传递给更广泛的受众。

（2）合作内容策划。

在与 KOL 达成合作意向后，屈臣氏会与 KOL 共同策划合作内容。这些内容包括 KOL 体验产品、分享使用心得、发布产品评测或推荐视频等。屈臣氏会提供必要的产品信息和支持，确保 KOL 能够准确、生动地展示产品的特点和优势。

（3）互动与反馈。

在合作过程中，屈臣氏会积极与 KOL 进行互动，关注他们的反馈和意见。这有助于屈臣氏了解用户对产品的真实感受和需求，从而优化产品设计和营销策略。同时，屈臣氏也会鼓励 KOL 与粉丝进行互动，提高粉丝的参与度和黏性。

广告主的社交媒体营销投资重点：KOL营销排名第一

· 社交媒体营销投入重点，KOL营销仍排名第一，并且比上一年提升5个百分点。

广告主|2024社媒营销的重点

- KOL营销 71%（较去年 +5%）
- 直播（品牌自播） 44%
- 官方社媒账号运营 38%
- 信息流 37%
- 社群运营/私域流量 37%
- 搜索关键词优化 35%（2023新增选项）
- 圈层营销 33%（2023新增选项）
- 直播（KOL他播） 30%
- 社交电商 30%
- 社媒CRM 23%

2024社会化营销重点-TGI	高预算广告主	中小预算广告主
· KOL营销 （短视频或发文，不包含直播）	1.12	0.82
· 直播（品牌直播）	0.96	0.89
· 官方社媒账号运营	1.09	1.00
· 信息流（图文、短视频）	0.96	1.07
· 社群运营·私域流量	0.88	1.24
· 搜索关键词优化（如小红书SEO监测优化）	1.07	0.94
· 圈层营销	1.09	0.70
· 直播（KOL他播）	1.08	0.69
· 社交电商	1.03	1.05
· 社媒CRM（Social CRM）	1.01	0.72

图 5-3-5　KOL 营销排名

2. 直播推广策略

（1）直播准备。

屈臣氏在进行直播推广前，会进行充分的准备工作。这包括选择合适的直播场地、布置直播间、准备直播设备等。如图 5-3-6 所示。同时，屈臣氏还会对直播内容进行策划和安排，确保直播过程中能够充分展示产品的特点和优势。

图 5-3-6　屈臣氏直播现场

（2）主播选择与培训。

屈臣氏会挑选具有专业能力和吸引力的主播进行直播推广。这些主播可能具备美妆、护肤等领域的专业知识，能够准确介绍产品并回答观众的问题。在直播前，屈臣氏还会对主播进行培训，确保他们熟悉产品信息和直播流程。

（3）直播互动与营销。

直播过程中，屈臣氏会通过各种方式提高观众的参与度和购买意愿。例如，可以设置抽奖环节、发放优惠券或限时折扣等营销活动，吸引观众积极参与并下单购买。同时，屈臣氏还会鼓励主播与观众进行互动，回答观众的问题并分享使用心得，增强观众的信任感和购买信心。

（4）促使用户下单。

屈臣氏根据需求推荐产品之后，主播通过限时和限量营造紧迫感，让用户产生抢购心理，促使用户下单。主播可以通过限时制造时间上的紧迫感，例如进行产品的限时抢购、限时促销等。通常来说，这类产品的价格相对比较实惠，所以往往也能获得较高的销量。除此之外，屈臣氏还通过直播标题制造时间上的紧迫感。例如，将"限时抢购"等词汇直接写进直播标题中。

（五）利用 UGC 内容创作与社交扩散

屈臣氏了解 UGC（User Generated Content，用户生成内容）内容创作与社交扩散的重要性。通过鼓励用户创作和分享与屈臣氏相关的内容，屈臣氏成功扩大了品牌影响力，增强了用户与品牌之间的互动，促进了销售增长。以下是屈臣氏利用 UGC 内容创作与社交扩散的详细分析：

1. 创意征集与激励

屈臣氏会定期发起创意征集活动，鼓励用户围绕品牌、产品或门店创作内容。这些内容可以是文字、图片、视频或音频等形式，要求能够展现屈臣氏的特色和优势。为了激发用户的参与热情，屈臣氏会设置丰厚的奖励机制，如优惠券、礼品或现金红包等，以吸引更多用户参与。UGC 互动关系示意图如图 5-3-7 所示。

2. 用户故事分享

屈臣氏鼓励用户分享与品牌相关的故事和经历，如购物体验、产品使用心得等。这些真实的故事能够引发其他用户的共鸣，增强品牌的信任感和亲切感。屈臣氏会在官方平台或社交媒体上展示这些用户故事，让更多人了解并认同品牌。

3. 品牌挑战与话题

屈臣氏会发起各种品牌挑战和话题讨论，邀请用户参与并创作相关内容。这些挑战和话题通常与品牌理念、产品特性或热点事件相关，能够引起用户的兴趣和关注。通过参与挑战和讨论，用户能够更深入地了解品牌，同时也能够展示自己的创意和才华。

4. 用户互动与分享

屈臣氏鼓励用户之间的互动和分享，如点赞、评论、转发等。这些互动行为能够增加内容的曝光度和传播范围，吸引更多用户参与。同时，屈臣氏还会设置一些互动

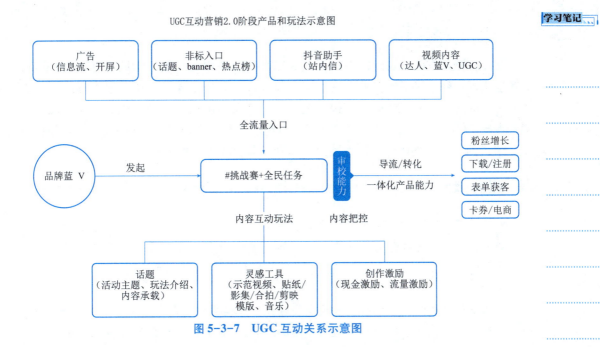

图 5-3-7　UGC 互动关系示意图

环节，如抽奖、问答等，以激发用户的参与热情并促进内容的扩散。

屈臣氏通过鼓励用户创作 UGC 内容并利用社交媒体平台进行扩散，成功提升了品牌的知名度和影响力。未来，屈臣氏可以继续探索更多创新的 UGC 内容创作与社交扩散方式，以适应市场的变化和满足用户的需求。

四、屈臣氏线下销售支持

（一）门店网络优化与布局

屈臣氏一直秉持着通过合理的门店策略来优化其门店网络。他们深知，一个精心设计的门店布局能够确保更广泛地覆盖消费者群体，从而为企业带来更多的商业机会。目前，屈臣氏在全国已经拥有超过 4 000 家门店，这些门店星罗棋布般遍布在全国各地，无论是大城市还是中小城镇，消费者都能轻易地找到一家屈臣氏，享受到便捷、高效的购物体验。此外，为了进一步满足下沉市场的潜在用户需求，并探索未来可能的门店选址，屈臣氏还在新一线城市积极推出了"限时快闪店"这一创新模式。

（二）门店体验升级

屈臣氏门店不仅仅是一个购物场所，更是一个提供专业服务与体验的平台。屈臣氏高度重视为顾客提供专业的顾问服务，每一位顾问都经过严格的培训，能够为消费者提供个性化的购物建议和解决方案。此外，门店的陈列方式也经过了革新，通过精心设计的产品展示和场景布置，屈臣氏深挖门店的体验价值，致力于为顾客创造一种与众不同的购物环境。为了更好地满足消费者的多元化需求，屈臣氏还巧妙地借助了微信小程序和线下门店这两个流量入口，推出了一对一咨询、预约 SPA、皮肤测试等一系列增值服务。

（三）库存管理与配送服务

在库存管理方面，屈臣氏展现了其前瞻性的战略眼光。他们借助 O+O 平台策略，成功地实现了线上线下库存的共享，这不仅有效地管理了库存，还在很大程度上减少了品牌方的库存压力。更值得一提的是，凭借遍布全国的门店规模优势，屈臣氏还为消费者提供了同城配送服务。这意味着，消费者在线上下单后，最快可以在 30 分钟内享受到"闪电送"的服务，这无疑大大提升了消费者的购物体验。

素养园地

守法是每个公民都要遵守的社会原则，是需要履行的社会义务，是每个行业不言而喻的职业操守。主播作为公众人物更要起到表率作用。主播守法，不但是对粉丝负责，更是对自己负责。不要引火烧身，也不要做那汤里的"老鼠屎"，坏了网络社会这"整锅汤"。

网络直播是近几年才发展起来的发展方式，从诞生之日起就受到广大网友的青睐。一些开设网络直播平台的企业和直播的个人，也获得了利益。在各行各业都主动与互联网亲密接触的今天，一些人将直播与营销结合，创造内容的同时也兼顾营销，确实做到了双赢。但直播毕竟还是新兴产业，主播们也需要加强自身的职业素养培训，别为非法内容站台。

我国网络市场资源丰富、潜力巨大。为了抢占市场，一些自以为聪明的互联网从业者贪心不足，少数只追求经济利益、缺失良心和社会责任的企业，往往会对主播们抛出丰厚的营销报酬，甚至通过蒙骗的手段让主播们"打擦边球"给自己打广告。而主播们并非专业的商人和生产者，在变现的诱惑面前很容易被迷惑，被不法直播平台"绑架"。

做符合政策规定的内容，并不是一件很困难的事情，也并不意味着限制了主播的个人发挥。而是在充分了解什么能做、什么不能做的前提下，设定自己直播内容的底线。例如不去贬低别人来抬高自己；穿着得体大方不夸张并不影响真正的粉丝对主播的喜爱；不说"荤段子"、不做"恶俗"的事，也依然有其他逗乐观众的方法。成为真正的意见领袖，需要的往往是有深度的内容。

任务实施

学生分小组利用抖音平台进行化妆品带货直播的预演，在准备期间列出所使用的抖音营销方案与策略，并在任务执行过程中进行记录，监测观看人数及互动情况，制作直播报告，最后根据每组的观看量和互动频次以及直播营销推广效果进行打分。

任务评价

任务评价内容见任务评价表。

任务评价表

考核人			被考核人	
考核地点				
考核标准	内容	分值/分		成绩/分
	直播准备情况	10		
	互动数量体现	20		
	观看人数体现	30		
	表达用语情况	30		
	直播团队协作情况	10		
小组综合得分				

知识巩固

一、单项选择题

1. 当一家零售门店想要提升其线上销售额时，以下策略最有效的是（　　）。

A. 增加实体店的库存量　　　　　　B. 降低所有商品的价格

C. 优化网站的搜索引擎排名　　　　D. 减少线上客服的工作时间

2. 一家零售门店希望通过社交媒体吸引更多粉丝，以下做法最不合适的是（　　）。

A. 定期发布有趣和吸引人的内容

B. 忽视顾客的负面评价和反馈

C. 鼓励顾客在社交媒体上分享购物体验

D. 与其他知名品牌进行合作推广

3. 在进行线上促销活动时，以下措施最有助于提高顾客参与度的是（　　）。

A. 设置复杂的折扣计算方式　　　　B. 限制促销活动的参与人数

C. 提供吸引人的奖品和优惠　　　　D. 增加购物流程的烦琐程度

4. 一家零售门店想要改善其线上顾客体验，以下措施最不重要的是（　　）。

A. 优化网站的加载速度　　　　　　B. 提供多种便捷的支付方式

C. 增加网站的广告位数量　　　　　D. 确保网站的易用性和导航的清晰性

5. 以下渠道属于自营式线上运营渠道的是（　　）。

A. 抖音　　　　　　B. 永辉生活　　　　C. 微信　　　　D. 美团

二、多项选择题

1. 零售门店在进行线上运营时，以下因素可能会影响顾客购买决策的有（　　）。

A. 商品的价格和质量　　　　　　　B. 网站的设计和易用性

C. 顾客评价和推荐　　　　　　　　D. 配送费用和速度

2. 一家零售门店想要提升其线上品牌知名度，以下策略有效的有（　　）。

A. 增加线下广告投入　　　　　　　B. 在社交媒体上积极互动和推广

C. 优化搜索引擎排名　　　　　　　D. 定期发布高质量的博客或内容

3. 为了提高线上销售额，零售店可以采取的措施有（　　　）。

A. 提供限时折扣和促销活动　　　　　B. 改善网站的加载速度和性能

C. 增加实体店的库存量　　　　　　　D. 提供多种支付方式和灵活的配送选项

4. 常见的零售门店线上运营渠道有哪些形式？（　　　）

A. 自营式　　　　　B. 入驻式　　　　C. 关系营销式　　　D. 综合服务式

5. 零售门店在优化线上顾客体验时，以下哪些做法是可以推荐的？（　　　）

A. 简化购物流程和支付步骤

B. 提供详细的商品信息和清晰的商品图片

C. 增加网站的广告位和弹窗数量

D. 建立快速响应和有效的客户服务体系

三、简答题

1. 简述零售门店线上运营平台搭建需要做的工作。

2. 简述自营式渠道线上运营的优势。

3. 简述零售门店线上运营吸引粉丝的措施。

🌸 技能训练

1. 实训目标

通过实训，加深对零售门店线上运营理论知识的理解，掌握线上销售、推广、客户服务等关键技能，培养线上运营策略制定和执行的能力，提高线上运营效果，增强团队协作和沟通能力，以适应快速变化的线上零售环境。

2. 实训任务

（1）调研和分析目标门店的线上销售数据，包括销售额、流量、转化率等关键指标。

（2）评估门店的线上推广效果，包括社交媒体营销、搜索引擎优化、电子邮件营销等。

（3）调研门店的线上客户服务情况，包括响应速度、解决率、客户满意度等。

（4）基于调研结果，制定针对门店线上运营的优化策略，并进行模拟执行。

（5）撰写实训报告，总结调研结果和策略执行效果。

3. 实训环境

校内实训室：配备必要的计算机和网络设备，以便学生进行线上调研和模拟运营。

线上零售平台：学生可以直接在真实的线上零售环境中进行观察和调研。

4. 实训实施

（1）学生分组：将学生分成若干小组，每组负责一个或多个门店的线上运营实训任务。

（2）数据收集与分析：学生利用线上工具和平台收集门店的运营数据，并进行深入分析。

（3）策略制定与执行：学生根据数据分析结果，制定具体的优化策略，并在模拟环境中进行执行和测试。

（4）总结与汇报：实训结束后，学生需撰写实训报告，总结自己在实训过程中的收获、遇到的问题以及策略的实际效果，并进行小组汇报。

5. 实训评价

实训效果评价表

被考评人					
考评地点					
考评内容	零售门店线上运营实训训练				
考评标准	内容	分值/分	自我评价（20%）	小组评价（40%）	教师评价（40%）	实际得分/分
	实训过程表现	20				
	线上销售情况	20				
	线上推广情况	20				
	线上客服情况	10				
	优化策略质量	20				
	实训报告的质量	10				
该项技能等级						

注：考评满分为100分，60~74分为及格，75~84分为良好，85分以上为优秀。

项目 6

零售门店线下销售服务

零售门店线下销售服务
- 零售门店顾客
  - 认知门店顾客类型
  - 认知门店顾客的特征
  - 门店顾客的接待准备
- 顾客接近与探寻
  - 认知顾客接近与探寻
  - 顾客接近与探寻的开展
  - 顾客需求探寻与挖掘
- 商品引导与推介
  - 认知商品引导推介
  - 商品引导推介的方法
  - 常见问题及解决方案
  - 促销商品的引导推介
- 销售沟通与成交
  - 认知销售沟通
  - 销售沟通的开展
  - 销售异议处理
  - 快速成交概述

知识目标

1. 识记销售服务的流程。
2. 知道顾客的各种类型和特征。
3. 描述销售各阶段顾客服务的方法。
4. 理解销售服务过程中运用的各种技巧。

能力目标

1. 能够分析客户的类型。
2. 能够接近顾客并探寻需求。
3. 能够对客户进行有效的引导和推介。
4. 能够对顾客异议进行处理并促进成交。

素质目标

1. 增强营销创新能力。
2. 提升解决问题的能力。
3. 提升服务意识。
4. 树立团队合作精神。

任务 1　零售门店顾客

门店情景

　　一位女士来到服装柜台，挑选了一款红黄相间的几何图案羊毛衫，询问价格后准备购买。在包装时，小刚恭维她说："小姐，您真有眼力，很多人都喜欢这种款式。"然而，听到小刚的恭维后，这位女士突然改变了主意，决定不要了。小刚惊讶地问她原因，她解释说不太喜欢和别人穿一样的衣服。小刚恍然大悟，她追求时尚、与众不同。小刚解释说这款羊毛衫质量上乘但价格稍高，两天内只有她买了这种款式，厂家只做了十件。在小刚的一番争取下，那位女士最终决定购买那件羊毛衫。

知识学习

一、认知门店顾客类型

　　门店顾客类型是指根据顾客在购买行为和需求上的不同特征，对顾客进行科学、合理的分类。通过对顾客类型的识别和分析，销售人员可以更好地了解顾客的需求和偏好，以便提供更加精准的产品或服务推荐，提高顾客的满意度和忠诚度。

案例分享

智能系统助力顾客识别

　　某时尚服装零售店位于繁华的商业区，为了进一步提升顾客体验和销售业绩，该店引入了先进的智能分析系统来辅助销售人员。该智能分析系统集成了人脸识别技术、会员数据库和实时推送功能。一旦识别出已知会员，系统就会立即将顾客的购物历史、偏好和潜在需求推送给附近的销售人员。

　　一天，李女士走进了这家时尚服装零售店。她是该店的常客，系统迅速识别出李女士是已知会员，并检索出她的购物记录。根据记录，李女士在过去几次购物中主要购买了商务连衣裙、高跟鞋和配饰。系统还注意到，李女士最近对环保和可持续发展的产品表现出了浓厚的兴趣。

　　销售人员接到了系统的推送信息，得知李女士进店并查看了她的购物历史和偏好。销售人员迅速走上前，热情地迎接李女士，并询问她今天是否有特定的购物需求，还主动向李女士推荐了一些与连衣裙相配的环保高跟鞋和配饰。李女士对销售人员的推荐非常满意，试穿后觉得整体效果非常好。她决定购买这款连衣裙以及推荐的配饰，并对销售人员提供的专业服务和个性化推荐表示感谢。

通过这次个性化的推荐和服务，李女士不仅买到了自己心仪的商品，还感受到了该店对她的关注和重视。她对销售人员表示了赞赏，并表示会继续支持该店。

（资料来源：根据百度文库资料整理）

二、认知门店顾客的特征

（一）门店顾客的购买行为特征

1. 追求时尚与个性

现代消费者更加注重个性化和时尚感，对于服装等商品的款式和设计要求较高。他们希望通过购买符合自己独特品位的商品来彰显自己的个性和与众不同之处。为此，门店可以通过展示独特的款式和设计来吸引这些消费者，同时提供专业的搭配建议和个性化的定制服务，以满足他们追求时尚和个性的需求。

2. 价格敏感度低

相对于线上购物，门店顾客对于价格的敏感度相对较低。他们更注重商品的品质、款式和个性化特点，而不是单纯的价格因素。因此，门店可以通过提供高品质的商品、优质的服务和良好的购物体验来吸引这些消费者，同时不必过于担心价格竞争。

3. 体验感强

门店购物能够提供实际的商品体验，让顾客感受到商品的质感、颜色、大小等方面的真实情况，这对于一些需要亲身感受才能作出购买决策的商品来说非常重要。因此，门店可以通过提供专业的试穿、试用和搭配建议来增强顾客的购物体验，同时通过建立良好的顾客关系，提高顾客的忠诚度和信任感。

4. 情感投入高

在门店购物的过程中，顾客能够与销售人员建立联系，并得到一些情感上的支持和建议。这种情感投入能够增强顾客对品牌的忠诚度和信任感。因此，门店可以通过培训销售人员，提高他们的专业素质和沟通能力，同时提供贴心的服务和关怀，让顾客感受到品牌的专业性和温暖。

5. 非专家购买

绝大多数消费者购买商品缺乏相应的专业知识、价格知识和市场知识，往往因为缺乏专业知识或经验而感到疑虑和困惑，不知道该如何选择合适的商品，或者担心购买到质量不佳的商品。因此，消费者很容易受广告宣传、商品包装、装潢以及其他促销方式的影响，产生购买冲动。门店可以通过提供专业的建议和指导，帮助这些非专业消费者作出更明智的购买决策，从而增加他们的购物信心和满意度。

6. 购买的差异性大

消费者因年龄、性别、职业、收入、文化程度、民族、宗教等因素的不同，导致其需求具有明显的差异性，对商品的要求也各有不同。随着社会经济的发展，消费者

学习笔记

的消费习惯、消费观念和消费心理也在不断变化，这进一步加大了消费者购买的差异性。门店可以提供多样化的商品和款式选择，以满足不同消费者的需求和喜好。同时，通过提供定制化和个性化服务，门店可以为消费者提供更加独特的购物体验和商品选择，以更好地满足消费者的个性化需求。

素养园地

消费者的公平交易权

《中华人民共和国消费者权益保护法》第十条规定："消费者享有公平交易的权利。消费者在购买商品或者接受服务时，有权获得质量保障、价格合理、计量正确等公平交易条件，有权拒绝经营者的强制交易行为。"该法第十四条也明确规定："消费者在购买、使用商品和接受服务时，享有人格尊严、民族风俗习惯得到尊重的权利，享有个人信息依法得到保护的权利。"这意味着零售门店在提供商品或服务时，应当对所有消费者一视同仁，不得因消费者的个人特征（如种族、性别、年龄、宗教信仰、社会地位等）而歧视或提供不平等的服务。

如果零售门店违反了这些规定，对消费者进行了区别对待，消费者可以向相关监管部门投诉或寻求法律援助来维护自己的权益。对于零售门店来说，遵守这些法规不仅是法律义务，也是维护自身形象和声誉的重要方面。

（二）门店顾客的购买心理诉求

1. 寻求安全和信任感

顾客通常会选择那些能够提供安全和信任感的门店。他们更愿意购买那些经过认证或拥有良好口碑的产品或服务。这些顾客通常会仔细考虑产品的安全性、可靠性以及卖家的信誉度。因此，门店可以通过提供质量保证、安全认证、用户评价等方式来增强顾客的信任感，让他们感到安心和放心。

2. 追求个性和独特性

现代消费者越来越追求个性和独特性，希望购买的产品或服务能够彰显自己的与众不同。他们往往喜欢尝试新的、与众不同的产品或服务，不喜欢平凡无奇的事物。因此，门店可以通过提供定制化服务、限量版产品、独特的设计等方式来满足顾客的个性化需求，让他们感到自己与众不同，独具品位。

3. 注重价值和性价比

顾客在购买产品或服务时，通常会考虑价值和性价比。他们希望以最优惠的价格获得最大的价值，不喜欢花费过多的钱购买不值得的产品或服务。因此，门店可以通过提供优惠促销、会员折扣、积分兑换等方式来提高顾客的购买欲望和忠诚度，让他们感到自己得到了实惠和好处。

4. 寻求方便和快捷性

现代消费者的生活节奏越来越快，他们希望购买产品或服务能够更加方便和快捷。

这些顾客通常没有太多时间去等待或者处理烦琐的购买流程。因此，门店可以通过提供在线购买、送货上门、快速响应等方式来满足顾客的需求，提高顾客的满意度和忠诚度，让他们感到方便快捷，省时省力。

5. 寻求社交和互动体验

现代消费者越来越注重社交和互动体验，希望在购买产品或服务的同时能够与他人交流、互动和分享。他们往往喜欢与卖家或者其他顾客进行互动，了解其他人的评价和反馈。因此，门店可以通过提供社交平台、互动游戏、体验式活动等方式来增强顾客的参与感和归属感，提高顾客的忠诚度，让他们感受到自己与门店和其他顾客紧密相连。

三、门店顾客的接待准备

（一）门店顾客的购买过程

1. 店貌感受

消费者进入门店后，首先映入眼帘的是门店的装饰风格、卫生状况以及秩序情况。这些因素共同构成了消费者对商店的初步印象，并对他们的购物意愿产生重要影响。一个干净整洁、装饰得体的门店往往能够吸引更多的消费者，而混乱无序的环境则可能让消费者失去购物的兴趣。

2. 知晓商品

消费者进入门店后，会根据自己的购物目标，有选择地关注和知觉商品。他们可能会浏览货架上的商品，或者向营业员询问特定商品的位置。在这个过程中，消费者对商品的认知和了解程度将直接影响他们的购买决策。

3. 观察了解

选定目标商品后，消费者会走近柜台或货架，仔细观察并了解商品详情。他们可能会阅读包装上的信息、试用产品，或者向营业员咨询关于产品的使用方法和注意事项。

4. 引起兴趣

通过对目标商品的观察和了解，消费者可能对该商品产生浓厚的兴趣，并希望进一步了解更多信息。这种兴趣可能来自产品的质量、功能、外观等方面，它是消费者深入了解商品的驱动力。

5. 产生联想

在兴趣的驱动下，消费者会对商品的使用价值和欣赏价值，以及给自己带来的满足和享受产生联想。他们可能会想象自己使用该商品后的感受或者与朋友分享购买心得。这种联想有助于增强消费者的购买欲望。

6. 激发欲望

浓厚的兴趣和积极的联想会激发消费者的购物欲望。然而，此时由于可能存在选择心理，消费者还不会立即作出购买决定。他们可能会在店内继续寻找其他可替代的

学习笔记

商品进行比较。

7. 比较判断

消费者会进一步对商品的质量、价格、样式等进行判断比较，以作出最后的评价。他们会权衡不同产品的优缺点、价格合理性等因素，以确定最符合自己需求的商品。

8. 决定购买

经过比较判断后，消费者如果确信购买某种商品是明智的，就会作出购买决定。他们可能会直接付款购买，或者与营业员确认后续的取货方式。

9. 决定行动

一旦决定购买，消费者就会开始进行商品成交的实际行动。他们可能会挑选商品、检查产品质量、付款、领取赠品或促销品等。在这个过程中，消费者的购物体验将直接影响他们对门店的评价和是否愿意再度光临。

10. 购后体验

购物后，消费者会对门店的店风、店貌、商品、服务态度等留下印象。这种印象会影响其是否愿意再度光临这家门店购物。同时，消费者还会通过使用所购商品及他人的评价来检验自己的购物决定是否明智。如果他们对购物决定感到满意，将有助于提高他们的忠诚度和口碑传播。

知识拓展

AIDAS 法则

因为每笔交易的背后都是一个具体的人或集体，越把注意力集中在这个具体的人或集体的需求上，便越能较快地吸引他（们）来购买，但这个潜在欲望有时需要加以诱导，因为消费者作出购买决定是一个逐步发展的心理过程，称为 AIDAS 法则，具体包括 Attention（注意）、Interest（兴趣）、Desire（欲望）、Action（行动）和 Satisfaction（满意）。在推销过程中，首先要设法使产品被人发现并引起注意。潜在购买者一旦认为这个产品能满足自己的需求，就会产生兴趣，想要观看和触摸。当证实产品符合自己的目标需求后，定会产生购买欲望，并且这种购买欲望之强烈，使他不想再拖延下去。此时，如果价格合适，他会立即作出购买决定并付诸行动。购买之后，自然会感到心满意足。

（二）门店顾客的接待原则

在接待顾客的过程中，销售员需要遵循以下原则：

1. 热情友好，尊重顾客

销售员应以热情友好的态度迎接每一位顾客，并尊重他们的个性化需求和意见。通过友善的笑容和亲切的问候，与顾客建立良好的关系，让他们感受到真诚和关爱。同时，销售员应保持耐心和礼貌，对顾客的问题和需求应认真倾听，并展现出对他们的关注和尊重。

2. 耐心倾听，理解顾客

销售员应具备出色的倾听技巧，耐心倾听顾客的问题和需求，并尽可能地了解他们的购买意图和期望。通过细致地询问和关注顾客的反应，销售员可以更好地理解他们的需求并提供合适的解决方案。同时，销售员应展现出对顾客问题的关心和理解，以建立更好的客户关系。

3. 专业自信，赢得信任

销售员应该具备专业的产品知识和市场经验，能够为顾客提供准确的信息和客观的分析。在与顾客交流时，销售员应展现自信的态度，准确解答疑问，从而赢得顾客的信任，让他们感受到销售员的专业性和可靠性。同时，销售员应不断提升自己的专业知识和技能，以便更好地为顾客提供服务。

4. 诚实守信，建立口碑

销售员应该始终遵守诚信原则，向顾客提供真实准确的信息，不夸大宣传，不误导顾客。通过与顾客建立信任关系，销售员能够树立良好的口碑和信誉，吸引更多的顾客。同时，销售员应遵守相关法律法规和公司规定，确保合法合规经营。

5. 主动服务，超越期望

销售员应该将顾客的需求和反馈放在首位，并主动提供优质服务，尽力满足他们的期望。通过关注顾客的细节需求，提供个性化的建议和解决方案，销售员能够超越顾客的期望，提升顾客的满意度和忠诚度。同时，销售员应积极收集顾客反馈和建议，以不断改进产品和服务。

6. 团队协作，共同成长

销售员应该与同事和上级保持良好的合作关系，共同完成销售任务和目标。通过团队协作，销售员可以互相学习、分享经验，更好地发挥自己的优势，提升整体销售业绩。同时，销售员应积极参与团队活动和培训计划，以提升个人和团队的能力与效率。

❀ 任务实施

搭建门店营销场景，进行顾客认知模拟训练。
1. 教师指导学生分为销售员和顾客两类角色。
2. 扮演销售员的学生分布在多家门店中，搭建各自门店营销场景，做好顾客接待准备。
3. 扮演顾客的学生分散随机组合，分别确定所模拟角色的特点，并尽力体现。

❀ 任务评价

任务评价具体内容见任务评价表。

任务评价表

考核人			被考核人	
考核地点				
考核标准	内容		分值/分	成绩/分
	准备充分性		20	
	角色特点体现		30	
	双方互动情况		30	
	团队协作情况		20	
小组综合得分				

任务 2 顾客接近与探寻

❀ 门店情景

销售员小刚做好了开业前的准备工作，准备迎接顾客的到来。这时，一位穿着时尚的年轻女士走了进来，小刚热情地上前迎接，微笑着向顾客打招呼："您好！欢迎光临，请问有什么可以帮您？"女士瞅了他一眼，说道："我随便看看，你不用管我。"小刚一时不知所措地站在原地，他要不要继续跟着顾客呢？

❀ 知识学习

一、认知顾客接近与探寻

顾客接近与探寻是指销售员在非确定的目标市场上有目的地接近潜在顾客，通过观察、提问等方式，了解顾客真实需求的整个过程。

顾客接近与探寻是门店销售的一个重要步骤，也是一个需要一定技巧的工作。这方面做得好，不但可以拉近与顾客的心理距离，而且可以尽快地促成交易；反之，未开口便吓跑了顾客。顾客接近与探寻是门店销售的真正开始，也是一个技术含量很高，但又能通过训练塑造的销售技巧。只有真正了解顾客的需求，推销才能成功，否则只可能引起顾客对销售员或者门店的反感。

二、顾客接近与探寻的开展

（一）顾客接近与探寻的准备

进入门店的顾客购买意图存在着多种差异，有的抱着明确的购买目标进店，其目的是直接实现购买行为；有的并无确定的购买目标，其进店的目的在于观察比较，若对某件商品产生兴趣、好感，则有可能诱发购买欲望；还有的顾客没有购买意图，只是随意浏览。正是由于顾客的性格、购买心理存在差异，销售员一开始往往难以准确判定顾客的真实需求，销售人员要仔细观察和判断顾客走近柜台或货架的意图，耐心地倾听顾客的提问和表述，并通过自己对顾客的高质量询问来鉴别顾客的真实需求。

此外，销售员要注意分寸，切忌"过分热情"。顾客一般喜欢在一种轻松、自由的购物环境中自己挑选，过于热情的介绍反而会让他们感受到一种无形的压力，使他们"逃之夭夭"。销售员让顾客自由地挑选商品并不意味着对顾客不理不睬，不管不顾，关键是需要与顾客保持恰当的距离，用目光跟随顾客，观察顾客。一旦发现时机，立马出击。

知识拓展

"三米原则"

"三米原则"就是说在顾客距离自己还有三米远时就可以和顾客打招呼，微笑，目光接触。每个人都希望受人欢迎，因此我们在顾客还没有走进门店时，就要以职业的微笑向顾客致意，和顾客打招呼，这是尊重顾客的基本要求。

（二）顾客接近与探寻的方法

1. 提问接近探寻法

当顾客走进门店时，销售员可以通过提问的方式来接近顾客。提问可以引导顾客的思维，让他们回答有关商品和需求的问题，从而促进销售。例如，销售员可以问："您有什么需要帮忙的吗？"或者"您想买什么样的商品？"等问题。这些问题可以引导顾客回答有关商品和需求的问题，进而促进销售。需要注意的是，销售员在提问时需要避免过于直接或敏感的问题，以免让顾客感到不自在或尴尬。同时，销售员还需要注意观察顾客的反应和表情，以便更好地了解顾客的需求和兴趣。

2. 介绍接近探寻法

当顾客走进门店时，销售员可以通过介绍商品的方式来接近顾客。销售员可以介绍商品的特点、功能和用途，以吸引顾客的注意力，进而促进销售。例如，销售员可以介绍："这是我们最新款的手机，它具有高清摄像头、快速处理器和更大的屏幕等功能。"这样介绍可以让顾客了解商品的特点和功能，进而产生购买欲望。需要注意的是，销售员在介绍商品时需要实事求是，不能夸大其词或进行虚假宣传。销售员还需要对商品有充分的了解，包括其优点和缺点。在向顾客介绍商品时，应该客观地介绍商品的特点和性能，并且根据顾客的需求和预算，推荐适合的商品。同时，销售员还应该注意自己的言谈举止，保持诚实守信、认真负责的态度，让顾客感受到自己的专业性和可信度。

 知识拓展

产品介绍的 FAB 法则

FAB 法则是一种介绍产品的技巧，通过将产品的特点、优势和利益结合起来，使客户更清楚地了解产品的价值。

FAB 法则的三个字母分别代表：

（1）Feature（特性）：指的是产品或服务的独特之处和差异化特点。这些特点可能是产品的外观、性能、材质、工艺等方面的特点，也可能是服务的质量、速度、专业性等方面的特点。

（2）Advantage（优势）：指的是产品或服务的优点和长处。这些优势可能是产品的高性能、高品质、高可靠性等方面的优势，也可能是服务的高效率、专业水平、口碑等方面的优势。

（3）Benefit（利益）：指的是产品或服务能够给顾客带来的实际利益和价值。这些利益可能是产品的舒适度、美观性、实用性等方面的利益，也可能是服务的高满意度、保障性、安全性等方面的利益。

3. 演示接近探寻法

当顾客走进门店时，销售员可以通过演示商品的方式来接近顾客。销售员可以演示商品的使用方法和功能，以吸引顾客的注意力，进而促进销售。例如，销售员可以演示："这是我们最新款的按摩器，它可以缓解疲劳和放松肌肉。"这样的演示可以让顾客了解商品的功能和使用方法，进而产生购买欲望。需要注意的是，示范必须专业、熟练和自信，能够让顾客感受到销售员的专业知识和技能水平。同时，也要注意安全问题，避免在示范过程中出现意外情况。

4. 赞美接近法

当顾客走进门店时，销售员可以通过赞美顾客的方式来接近顾客。赞美可以让顾客感到受欢迎和受尊重，进而促进销售。例如，销售员可以赞美顾客："您的发型真漂亮！"或者"您穿的衣服非常时尚！"等。这样的赞美可以让顾客感到愉悦，进而产生购买欲望。需要注意的是，赞美必须真诚、具体和适度，不能夸张或过分，否则会让顾客感到不自在或不舒服。

三、顾客需求探寻与挖掘

（一）顾客需求探寻的误区

1. 分不清显性需求和隐性需求

在顾客需求探寻的过程中，很容易陷入一些误区，其中最常见的就是分不清显性需求和隐性需求。显性需求指的是顾客明确表达出来的需求，而隐性需求则是那些未被明确表述出来的需求。对于销售员来说，正确区分这两种需求非常重要，因为只有了解顾客的隐性需求，才能更好地满足他们的期望。

有些销售员可能会认为，只要顾客提出了自己的需求，那就是显性需求，不需要再进行深入的挖掘。这种想法是不正确的，因为很多时候，顾客可能并不清楚自己的真正需求，或者只是提出了一些表面的需求。在这种情况下，销售员就需要通过提问、观察等方式来深入了解顾客的真实需求，从而更好地满足他们的期望。

另外，有些销售员可能会忽略隐性需求的重要性。他们认为，既然顾客没有明确提出自己的需求，那就没有必要去挖掘这些需求。这种想法也是错误的，因为很多时候，正是这些隐性需求决定了顾客是否会购买产品或服务。如果销售员忽略了这些需求，就很难赢得顾客的信任和满意。

因此，在顾客需求探寻的过程中，销售员需要认真区分显性需求和隐性需求，并通过各种方式来深入挖掘顾客的真实需求。只有这样，才能更好地满足顾客的期望，赢得他们的信任和满意。

2. 忽略顾客的背景和个性特征

在顾客需求探寻的过程中，另一个常见的误区是忽略顾客的背景和个性特征。每个顾客都有自己独特的生活经历和价值观，这些因素都会影响他们的购买决策和需求。因此，了解顾客的背景和个性特征对于销售员来说非常重要。

有些销售员可能会认为，只要了解顾客的基本信息，就能满足他们的需求。这种想法是不正确的，因为顾客的背景和个性特征对于他们的购买决策和需求有着非常重要的影响。例如，一些顾客可能更注重产品的品质和口碑，而另一些顾客则可能更注重产品的价格和服务。如果销售员不了解这些特征，就很难为顾客提供满意的产品或服务。

因此，在顾客需求探寻的过程中，销售员需要认真了解顾客的背景和个性特征，并针对不同的顾客采取不同的策略。只有这样，才能更好地满足顾客的需求，赢得他们的信任和满意。同时，了解顾客的职业、兴趣爱好、价值观等方面的信息，以更好地了解顾客的购买决策过程和需求特点，从而更好地推荐产品和服务。

3. 对顾客的情绪和心理反应不敏感

在顾客需求探寻的过程中，对顾客的情绪和心理反应不敏感也是一个常见的误区。顾客在购买产品或服务时，很可能会产生一定的情绪和心理反应，如不满、疑虑、担忧等。如果销售员对这些情绪和心理反应不敏感，就很难及时发现并解决顾客的问题，从而影响顾客的购买决策和满意度。

有些销售员可能会认为，只要自己讲解清楚产品或服务的特点，就能赢得顾客的信任和满意。这种想法是不正确的，因为顾客的情绪和心理反应对于他们的购买决策和满意度有着非常重要的影响。例如，一些顾客可能会因为销售员缺乏耐心或态度不好而放弃购买产品或服务，而另一些顾客可能会因为销售员真诚的态度和专业的讲解而提高信任感和满意度。

因此，在顾客需求探寻的过程中，销售员需要对顾客的情绪和心理反应保持敏感，并尽可能地了解顾客的真实想法和需求。同时，销售员需要保持良好的态度和耐心，积极解答顾客的问题和疑虑，以赢得顾客的信任和满意。只有深入了解顾客的情绪和心理反应，才能更好地满足他们的需求，提高他们的满意度和忠诚度。

案例分享

海尔的销售服务

在家电市场竞争激烈的今天，销售服务的质量往往成为品牌之间的重要差异化因素。海尔作为家电行业的佼佼者，一直以其出色的销售服务而著称。下面，通过一则实际案例来展示海尔销售服务的独特魅力。

李女士是一位对生活品质有着高要求的消费者。她最近打算购买一台新冰箱，以替换家中老旧的型号。在对比了多个品牌后，她决定前往海尔专卖店进一步了解。

一进入海尔专卖店，李女士就被店内整洁的环境和专业的销售顾问所吸引。销售顾问耐心地为她介绍了不同型号的冰箱，并根据她的需求，重点推荐了几款适合她家庭使用的产品。在介绍过程中，销售顾问不仅详细讲解了产品的功能特点，还针对李女士关心的节能、保鲜等方面进行了深入的解答。

在了解了产品信息后，李女士对其中一款冰箱产生了浓厚的兴趣。然而，她表示自己的预算有限，希望能有一些优惠。销售顾问立即为她提供了几种灵活的购买方案，包括分期付款、以旧换新等，帮助她减轻了经济压力。

在购买冰箱后，李女士担心运输和安装过程中可能出现的问题。然而，海尔的专业服务团队很快为她打消了这些顾虑。他们不仅提供了免费的送货上门服务，还在安装过程中仔细调试了冰箱，确保其正常运行。此外，服务团队还为李女士详细讲解了冰箱的使用方法和保养注意事项，让她感受到了海尔的贴心关怀。

这些细节上的关注和努力，共同成就了海尔卓越的销售服务体验。这也是海尔能够在激烈的市场竞争中脱颖而出，赢得消费者信赖的重要原因之一。

（资料来源：根据百度文库资料整理）

（二）顾客需求挖掘的技巧

1. 观察技巧

（1）观察视角。

①交通工具的选择，往往能反映出一个人的消费能力和品位。

②不同年龄段的人们，购买需求也会有所不同。

③从通信工具的选择，往往可以洞察一个人的消费偏好以及生活节奏。

④服饰风格，往往能展现出一个人的着装习惯和个性特征，犹如一张个人的时尚名片。

⑤通过观察一个人的身体语言和气质，可以揭示出其性格特征和内心世界。

⑥从态度表现，可以看到一个人的性格特点，及其对待人和事的态度。

（2）观察的方式。

①在观察时，要保持柔和的目光，用真挚和善意的态度去注视目标，避免造成误会。

②观察时，要全身心地投入感情，面部表情要丰富，这样才能更好地理解和解读目标的行为和态度。

③在观察时，要保持适当的距离，既不侵犯目标的隐私，又能够全面地观察目标的动态和反应。

（3）观察的对象及对应的方法。

①对于陌生的顾客，观察的重点应放在其整体形象上，以大三角（头顶为顶点，肩为底线）为观察范围。从他的步态、穿着、饰品等细节中寻找他的风格和品位。

②对于一般熟悉的顾客，观察的重点应放在其面部特征上，以小三角（额头为顶点，下巴为底线）为观察范围。注意他的面部表情、眼神以及微笑的幅度，这些都能揭示他的情绪和性格。

③对于非常熟悉的顾客，观察的重点应放在其脸部的局部特征上，以前额为线、下巴为点的脸部倒三角为观察范围。这些细节之处能够反映出一个人的生活态度和个性特点。

2. 聆听技巧

（1）保持专注，注重沟通细节。

①通过眼神交流，让顾客感受到你正在关注他们所说的一切，从而建立良好的互动关系。

②通过回应，让顾客感受到你是在与他们进行真诚的交流，而不是一台冷冰冰的机器。

③通过倾听和理解，让顾客感受到你真正理解他们的需求和问题，从而建立信任。

（2）充分倾听，深入理解顾客需求。

①尊重顾客，让他们充分表达自己的观点和需求，不要打断或仓促地作出回应。

②耐心倾听顾客的表述，从中获取完整的信息，以便更好地理解他们的真实意图。

（3）倾听重点，提高沟通效率。

①注意顾客最先提到的问题，因为这往往是他们的主要关切，需要你给予重点关注。

②关注顾客反复强调的观点，因为这可能是他们最看重的方面，需要你深入了解并给予重视。

③理解顾客经过思考后重新表述的观点，因为这可能揭示了他们的真实需求和考虑，需要你进一步澄清和确认。

素养园地

劳动创造幸福，实干成就伟业。希望广大劳动群众大力弘扬劳模精神、劳动精神、工匠精神，勤于创造、勇于奋斗，更好发挥主力军作用，满怀信心投身全面建设社会主义现代化国家、实现中华民族伟大复兴中国梦的伟大事业。

——2021 年 4 月 30 日，在"五一"国际劳动节到来之际，习近平向全国广大劳动群众致以节日的祝贺和诚挚的慰问

3. 提问技巧

（1）明确提问的目的。

①建立信任：通过友善和专业的提问方式，可以建立起与顾客的信任关系。例如，你可以询问顾客的购买历史，或者他们对产品的看法，以便了解他们的需求和偏好。

②收集信息：提问是收集信息的一种有效方式。你可以通过提问来了解顾客的背景、职业、兴趣爱好等，从而更好地理解他们的购买决策过程和需求特点。

③引导对话：当你认为顾客可能没有意识到自己需要某种产品或服务时，你可以通过提问来引导对话，帮助他们发现自己的需求。例如，你可以询问顾客是否遇到过某种问题，或者他们对某种产品有什么期望。

④解决问题：当顾客在使用产品或服务时遇到问题，你可以通过提问来了解问题的具体情况，并找到解决问题的方法。例如，你可以询问顾客遇到了什么问题，或者他们对产品有哪些不满意的地方。

⑤了解情绪：通过提问来了解顾客的情绪和心理反应是非常重要的。你可以询问顾客对产品或服务的感受，或者他们对某个问题的看法，以便更好地了解他们的购买决策过程和需求特点。

（2）提问的常见类型。

①开放性提问：让顾客自由表达需求，如"您对我们产品的哪些方面最感兴趣？"

②引导性提问：帮助销售员了解顾客的购买过程和考虑因素，如"您在选择产品时最看重哪些方面？"

③深入性提问：进一步了解顾客的想法和需求，如"您为什么认为我们的产品最适合您？"

④确认性提问：帮助销售员确认顾客的需求和偏好，如"您是否确定需要我们的产品？"

（3）提问的注意事项。

①提问要简洁明了：销售员需要用简洁明了的语言来提问，避免使用复杂的词汇或长句，以免让顾客感到困惑或不耐烦。

②提问要有针对性：销售员需要根据顾客的基本情况和需求，提出有针对性的问题，从而更好地了解顾客的需求和问题。

③提问要尊重顾客：销售员需要尊重顾客，不要提出带有偏见或攻击性的问题，以免让顾客感到不舒服或反感。

④提问要聆听答案：销售员需要认真聆听顾客的答案，不要打断顾客的回答或忽略顾客的意见，以免影响顾客的信任和关系。

任务实施

搭建门店营销场景，进行顾客接近和探寻训练。

1. 教师指导学生分为销售员和顾客两类角色。

2. 扮演销售员的学生分布在多家门店中，搭建各自门店营销场景，做好顾客接待准备。

3. 扮演顾客的学生分散随机组合，分别确定顾客需求计划，并尽力体现。

任务评价

任务评价的具体内容见任务评价表。

任务评价表

考核人		被考核人	
考核地点			
考核标准	内容	分值/分	成绩/分
	准备充分性	10	
	角色特点体现	20	
	知识运用情况	30	
	双方表现情况	30	
	团队协作情况	10	
小组综合得分			

任务 3　商品引导与推介

门店情景

　　小刚在男装店做导购，一位三十多岁的顾客进店购买衣服。顾客皮肤偏黑，穿深色格子衬衫、浅蓝色牛仔裤和白色网眼运动鞋。顾客着急，拿起一件浅蓝色小格子短袖衬衫询问是否有合适尺码。小刚判断他穿 XXL 合适，但觉得他的牛仔裤和衣服颜色相近，搭配不好看。于是拿 XXL 衬衫让顾客试穿，同时找到一条藏青色牛仔裤等待。顾客照镜子后说感觉奇怪，小刚解释是因为颜色差异小。小刚将藏青色牛仔裤递上，顾客换上后觉得好看多了，于是两件都买了。

知识学习

一、认知商品引导推介

　　商品引导推介是指销售员迎合顾客的需求，或者挖掘并满足顾客的需求，向顾客推荐适合顾客需求的商品，同时向顾客介绍为什么适合，并且获得顾客认可最终促成销售的整个过程。

　　商品引导推介是销售过程中非常重要的一个环节，那些在市场上没有垄断地位的企业或商品，想取得顾客的信任只能通过有效的引导。而且，顾客总是觉得导购在着装方面比他们自己更专业，而商品推介是导购展示自己专业性的最好时机，专业知识展示得充分，得到顾客认可也就得到了顾客的信任，能够为后续的销售环节打下坚实的基础。

案例分享

小米手机的饥饿营销

　　小米手机在发布新产品时，经常采用限量销售的方式，通过有意调低生产量，制造出一种供不应求的"假象"，从而维持商品较高的售价和利润率。这种策略利用了消费者"得不到的永远在骚动"的心理，使小米手机在市场上持续保持热度和话题性。

　　具体来说，小米在新品发布前会通过官方网站、社交媒体等渠道进行大量预热，吸引消费者的关注。然而，在产品正式发布后，小米却宣布产品供不应求，需要消费者进行预约抢购。这种抢购模式不仅增加了产品的神秘感和稀缺性，还激发了消费者的购买欲望和竞争心理。

　　为了抢购成功，消费者需要提前注册、登录小米官方网站或相关购物平台，并在指定时间内进行抢购。由于产品数量有限，抢购成功的消费者往往会感到非常兴奋和有成就感，而未能抢购成功的消费者则会感到失落和焦虑，从而更加期待下一次的抢购机会。

通过这种方式，小米手机成功地引发了大量消费者的关注和购买欲望，提高了品牌知名度和市场份额。同时，限量销售也使小米能够更好地控制生产成本和库存风险，实现更高的利润率。

（资料来源：根据百度文库资料整理）

二、商品引导推介的方法

（一）引导推介商品的确定

在市场经济中，顾客的需求和消费能力是驱动产业发展的重要因素。销售员的产品知识则成了连接顾客与产品之间的桥梁。适合顾客的产品并非仅仅依赖于顾客的需求和消费能力，还需要销售员的产品知识来加以引导和满足。因此，顾客的需求、消费能力以及销售员的产品知识三者共同构成了一个有机的整体，使适合顾客的产品得以诞生。引导推介产品的确定如图6-3-1所示。

图6-3-1　引导推介商品的确定

首先，顾客的需求是驱动市场创新的源动力。在市场竞争激烈的环境下，企业需要密切关注顾客的需求变化，及时调整产品策略，以满足不同消费者的个性化需求。顾客需求的多样性为市场带来了无限的可能性，也为企业提供了广阔的发展空间。然而，仅仅了解顾客需求还不足以确定适合顾客的产品，还需要考虑其消费能力。

其次，顾客的消费能力是影响产品销售的关键因素。在相同需求条件下，消费能力强的顾客更容易购买高品质、高价格的产品。反之，消费能力较低的顾客则更倾向于选择性价比高的产品。因此，企业在研发适合顾客的产品时，需要充分考虑其消费能力，以确保产品在市场中具有竞争力。

然而，仅凭顾客的需求和消费能力仍然无法完全确定适合顾客的产品。销售员的产品知识在此过程中起到了至关重要的作用。销售员作为企业与消费者之间的纽带，其具备的专业产品知识能够帮助顾客更好地了解产品特点、优势以及使用场景。通过销售员的推荐，顾客可以更准确地找到适合自己的产品，从而提高购买满意度。

（二）商品引导推介的方法

在了解顾客的需求和偏好后，可以通过以下方法进行商品引导推介，更好地为顾客提供个性化的服务。

1. 突出商品特点和优势

每个商品都有其独特之处，作为销售员，首先要充分了解商品的特点和优势。在与顾客沟通时，要有针对性地介绍商品，让顾客清楚地认识到商品的价值。例如，对于一款高科技产品，销售员可以强调其创新功能和便捷性，让顾客感受到这款商品带来的便利和愉悦。

2. 主动介绍关联产品

在销售过程中，销售员要善于发现顾客的需求，并主动推荐相关产品。这样可以提高顾客的购买意愿，同时也能增加销售额。例如，当顾客购买一款护肤品时，销售员可以主动介绍同品牌的洁面乳、面膜等产品，让顾客意识到这些产品之间的关联性，从而提高购买概率。

3. 引导顾客体验商品

让顾客亲身体验商品，是提高销售成功率的关键。销售员要主动邀请顾客试用、体验商品，让顾客感受到商品的实际效果。在体验过程中，销售员要耐心解答顾客的疑问，并给予专业的建议，让顾客对商品和自己产生信任感。

4. 给予合适的优惠

优惠是吸引顾客购买的重要手段，但销售员在给予优惠时，要把握好度。首先要了解商品的定价策略，其次要根据顾客的需求和购买意愿来灵活调整优惠力度。同时，销售员要向顾客传达优惠政策的有限性和稀缺性，激发顾客的购买欲望。通过促销优惠来实现成交的"临门一脚"，让顾客既能获得他们喜欢的商品，又有获得实惠的感觉。

素养园地

《中华人民共和国消费者权益保护法》第九条："消费者享有自主选择商品或者服务的权利。消费者有权自主选择提供商品或者服务的经营者，自主选择商品品种或者服务方式，自主决定购买或者不购买任何一种商品、接受或者不接受任何一项服务。消费者在自主选择商品或者服务时，有权进行比较、鉴别和挑选。"

《中华人民共和国治安管理处罚法》第四十六条："强买强卖商品，强迫他人提供服务或者强迫他人接受服务的，处五日以上十日以下拘留，并处二百元以上五百元以下罚款；情节较轻的，处五日以下拘留或者五百元以下罚款。"

《中华人民共和国刑法》第二百二十六条："以暴力、威胁手段强买强卖商品、强迫他人提供或者接受服务，情节严重的，处三年以下有期徒刑或者拘役，并处或者单处罚金。"

三、常见问题及解决方案

1. 顾客对商品不感兴趣

面对顾客对商品表现出无兴趣的情况，销售员要充分尊重他们的意愿，避免强行推销，给予他们足够的自由空间，让他们能够在不受干扰的环境中自由选择。在尊重顾客的基础上，销售员应主动出击，密切关注顾客的反应，如眼神、动作、表情等，询问顾客是否有其他需求或意见，根据顾客的喜好和需求介绍其他相关商品或服务，还可以根据顾客的消费能力和购物习惯，为他们推荐适合的商品组合，以满足他们的购物需求。

2. 顾客对价格有疑虑

当顾客对商品价格产生疑虑时，销售员需要以专业的知识和诚恳的态度来化解顾客的担忧。首先，销售员可以举例说明商品的原材料、制作工艺、研发成本等，以便顾客了解商品的实际价值。同时，销售员还可以阐述公司的定价策略，如成本加成、市场竞争、品牌定位等，从而使顾客理解商品的价格合理性。同时，销售员还需重点介绍当前的促销活动和优惠条件，突出活动的时效性、优惠的幅度以及活动的稀缺性，让顾客充分认识到商品的性价比优势。此外，销售员还需关注顾客的预算需求，为顾客提供更多价格适宜的商品选择。

3. 顾客需要时间考虑

在顾客需要时间考虑时，销售员应充分尊重顾客的需求和意愿，给予他们充分的时间和空间来考虑购买决策。销售员与顾客之间的沟通至关重要，要善于倾听顾客的需求，了解他们的顾虑和担忧，有针对性地提供有价值的建议，帮助顾客解决问题，消除他们的后顾之忧。同时，销售员还应向顾客详细介绍售后服务及退换货政策，让顾客对购买决策有更全面的了解。此外，销售员要善于调整自己的心态，对待顾客的犹豫和拒绝要有耐心，还要注意说话的语气和态度，避免给顾客带来压力，让他们能够在轻松愉快的氛围中作出购买决策。

4. 顾客对商品质量有疑虑

顾客对商品质量产生疑问，销售员应详细解释商品的质量和特点，包括商品的制造工艺、原材料选用、功能特性等方面，可以运用产品 FAB（特性、优势、利益）法则进行介绍，将商品的亮点和优势呈现得更加清晰，帮助顾客更好地认识和理解商品。同时，销售员应介绍厂家和品牌在行业内的地位、所获得的荣誉、技术实力等方面内容，从而让顾客对商品背后的企业和团队产生信任。此外，销售员还需注意阐述售后服务及退换货政策，让顾客感受到商家对产品质量的信心和对顾客需求的关注。

5. 顾客对商店（经营场所）有疑虑

针对顾客对商店（经营场所）不信任的情况，销售员可以提供商店的业绩、销售额、顾客满意度等客观数据，让顾客了解到商店的稳定性和实力。此外，还可以展示商店在行业内的排名和获得的荣誉，进一步证明其在市场中的地位。销售员可以分享真实的顾客评价和案例，让顾客了解到其他消费者对商场的正面评价。此外，还可以邀请老顾客现场分享购物体验，以提高新顾客的信任度。

6. 顾客在商品间犹豫

顾客在商品间犹豫不决的情况越发常见，面对这样的情况，销售员的角色显得尤为重要。销售员应充分了解顾客的需求和喜好，为其提供有关商品的详细信息。这包括商品的优点、缺点、适用场景等，着重强调商品的性价比，让顾客认识到商品的价值。在推荐商品后，不要急于催促顾客作出决定，而是要给他们一定的时间和空间来考虑。当顾客表示愿意购买时，销售员再适时提出优惠措施，如打折、赠品等，以增加顾客的购买意愿。帮助顾客消除疑虑，顺利作出购买决策。

7. 同行参谋有异议

销售员在面对一位顾客及其参谋时，应该仔细观察顾客及其参谋之间的互动，以便更好地理解他们的关系和决策过程。销售员应鼓励参谋分享其意见和需求，以便更好地了解顾客的需求和偏好，为顾客提供更合适的产品或服务。销售员在沟通过程中要始终保持热情、耐心和专业性，当参谋提出疑问或反驳时，要展现出自己的专业知识和经验，对其关心的问题进行准确、清晰、有说服力的解答，增加顾客对产品和服务的信任感，并促进销售过程的顺利进行。

四、促销商品的引导推介

（一）商品促销的方案

促销商品即通过各种形式，出售价格低于平时销售价格的商品。促销商品一般为过季商品或者低价策略商品。常见的促销方案有以下四种：

1. 赠送礼品促销

赠送礼品促销是一种深受顾客喜爱的促销方式。在这种策略中，商家会在顾客购买商品时赠送一定价值的礼品，以增加顾客的购买欲望。这种方式的优势在于，顾客在获得实际优惠的同时，还能感受到商家的诚意。赠品的选择也很关键，通常要结合商品的定位和顾客的需求来挑选，以达到最佳的促销效果。

2. 单品打折促销

单品打折促销是一种常见的促销手段。在这种策略中，商家会对某一款或几款商品进行折扣销售，以降低顾客的购买门槛。单品打折促销可以在短时间内刺激顾客的购买欲望，提高商品的销量。然而，这种促销方式也存在一定的局限性，如打折力度不够、顾客对折扣商品的质量和售后服务有所顾虑等。

3. 单品特价促销

单品特价促销则是另一种吸引顾客的方式。在这种策略中，商家会将某一款商品设定为特价商品，并以低于市场价的价格出售。单品特价促销旨在通过价格优势吸引顾客，提高商品的竞争力。这种方式的优势在于，顾客可以以更低的价格买到心仪的商品，而商家也能在短时间内提升销量。

4. 商品组合促销

商品组合促销是一种更具创意的促销策略。在这种策略中，商家会将多种商品组合在一起，以优惠的价格出售。顾客在购买组合商品时，可以享受到更多优惠。商品组合促销的优势在于，它既能刺激顾客的购买欲望，又能提高商品的附加价值。

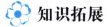 **知识拓展**

促销商品推介应避免的误区

（1）在向顾客推介产品时总是强调商品促销的价格，这样会让顾客质疑商品本身存在质量问题。

（2）推介促销商品不能告诉顾客这是老款现在做促销，价格便宜，因为这会让顾客觉得促销商品是过时的商品，价值不高。

（3）不能因为顾客的意向产品是促销商品而在推介态度上懈怠。

（二）促销商品引导推介的策略

1. 求惠心理，价格诱惑

在商品销售过程中，商家往往运用顾客占便宜的心理，通过设置各种价格诱惑，使顾客产生购买商品能获得实惠的错觉。例如，商品折扣、赠品、限时抢购等促销活动，均为商家刺激顾客购买欲望的常用策略。这些促销活动旨在抓住顾客贪小便宜的心理，让他们在购买商品时感觉占了便宜，从而提升商品销量。

2. 时间限定，营造紧迫感

商家也常采用时间限定策略，利用顾客"机不可失，时不再来"的心理，促使他们在有限时间内作出购买决策。这种方式能营造出紧迫感，从而提高销售业绩。例如，商家会通过设置限时折扣、特价商品等方式，让顾客在有限时间内感受到购买的压力，进而促进其快速作出购买决策。

3. 对比分析，凸显优势

在商品销售过程中，商家会运用对比分析，凸显自家商品的优势。如提及顾客过去购买经历，或与竞争对手商品进行比较。这样的表述既能激发顾客的购买欲望，又能增强他们对商家商品的认同感。例如，商家会提到："您之前购买过我们品牌的商品吧？何时有过如此优惠？"或"××品牌与我们的定位相近，但从未有过如此优惠活动！"这样的话语让顾客觉得自己的购买决策是明智的，从而提高商品的销售业绩。

4. 运用幸运、巧合心理获得顾客认同

在购买过程中，顾客往往容易受到情感因素的影响，商家巧妙地利用顾客的幸运和巧合心理，精心策划抽奖、刮刮乐等活动，使其在购买过程中感受到一种难得的幸运和巧合。顾客在面对诱人的奖品时，往往会忽略商品本身的价格因素，认为购买商品是一种幸运的体验，从而更加愿意为心仪的商品买单。这种体验不仅有助于提高商品的销售业绩，还能够增强顾客的忠诚度，为商家的长期发展奠定基础。

任务实施

搭建门店营销场景，进行顾客引导推介模拟训练。

1. 教师指导学生分为销售员和顾客两类角色。

2. 扮演销售员的学生分布在多家门店中，搭建各自门店营销场景，做好顾客接待准备。

3. 扮演顾客的学生分散随机组合，分别确定所模拟角色的特点，并尽力体现。

任务评价

任务评价的具体内容见任务评价表。

任务评价表

考核人			被考核人	
考核地点				
考核标准	内容	分值/分	成绩/分	
	准备充分性	10		
	角色特点体现	20		
	知识运用情况	30		
	双方表现情况	30		
	团队协作情况	10		
小组综合得分				

门店情景

　　某天傍晚，一位中年男士带着两个小孩进店，小刚马上热情接待。男士小心翼翼地照顾着两个活泼好动的孩子，小刚也协助安抚，并未预料到这位顾客会有购买意愿，于是随意地聊起了家常，称赞这位男士照顾孩子用心。结果这位男士是等在附近工作的爱人，顺便看看有没有适合出差的衣服，但眼下要照顾小孩，也没有心情看衣服。小刚看店里人少就逗小孩玩，想只要不出店就有机会。十多分钟后，孩子妈妈过来了。小刚倒了杯水给孩子妈妈："大姐，您福气可真好，两个孩子都那么可爱，老公还那么贴心，小孩照顾得很好。""呵呵，哪里！"看样子孩子妈妈心情不错，小刚赶快让伙伴倒完水去照顾小孩。小刚把夫妻俩领到商务区，告诉他们今天是父亲节，正好有活动。这位男士很开心，说从来不知道有这个节，小刚马上附和说："带孩子辛苦，今天大姐要犒劳一下大哥了。"整个沟通过程非常轻松、愉快，小刚帮这位男士挑了两条商务休闲裤，并搭配了一条皮带和两件商务翻领T恤，买完后，他们一家开开心心离开了。

知识学习

一、认知销售沟通

　　销售沟通是指销售员在销售过程中，与顾客进行信息交流、情感互动的过程，旨在了解顾客需求、传递产品价值，并通过有效的沟通技巧达成交易。

　　通过良好的沟通，销售员可以更好地理解顾客的需求，提供更符合顾客期望的产品或服务。同时，良好的沟通也有助于销售员树立专业形象，赢得顾客信任，为销售成功打下基础。此外，有效的沟通还有助于销售员了解顾客的购买意愿，引导顾客关注产品的优势，从而促进销售成功。最后，有效的沟通还有助于解决顾客的疑虑，提高顾客的满意度，为口碑营销和赢得回头客创造条件。

案例分享

从风景到场景　商超胖东来的"出圈"秘笈

　　作为一家总部位于河南省许昌市的商业零售企业，胖东来的人气到底有多火爆？许昌当地发布的数据显示，2024年春节期间，胖东来天使城、时代广场、生活广场3家商超人气爆棚，仅3天时间就接待游客116万人次，远超河南最热景区接待量，被网友称为没有淡季的"6A级旅游景区"。

为什么一家本地化商超能得到这么多人的喜爱？郑州游客古女士说："胖东来天使城的母婴室入口处有无性别卫生间，亲友休息区、婴幼儿休息区、哺乳区都是独立的，有安全门隔开，沙发是定制的，下面还放了垫脚的小凳子，整个区域加起来有 100 多平方米，体验一次终生难忘。"另外一位年轻的妈妈许女士说，胖东来天使城的母婴室工具样样齐全，堪称"小型月子中心"。

在胖东来，有许多温馨提示："只选对的，不买贵的。不向顾客推荐高毛利产品，帮您选择适合自己的，适合自己的才是最好的""不好吃就告诉我们，不满意可以随时退货"……胖东来影城的公告上写着，如果观众对所观看的影片感到不满意，请在影片结束后 20 分钟，凭票至售票处，可办理退半价服务（因另 50% 要上交院线，所以不能全额退款）。

在胖东来，担心顾客看不清楚，在货架旁特意摆放了放大镜；担心顾客搓不开购物袋，旁边配备了湿手器；提供 7 种类型的购物车满足不同人群需求；在商品价格标签上注明了产品的进货/采购价、毛利率等信息……这座商超对顾客的"宠爱"无处不在。

胖东来"出圈"的不只是"花式"宠客，还有其员工福利：每周二闭店休息、给员工发"委屈奖"、加班可耻……一个个热搜让胖东来成为年轻人的"梦中情司"。最近一次，是胖东来深夜发布 13 页报告，调查之前冲上热搜的员工"未按标准试吃"，经过民主决议结果，涉事员工调整岗位，既体现了管理的严格又颇有温度。

"胖东来不是最近才火的，长期以来它都是零售业界的标杆，被称为中国商超界的'天花板'。"北京某公司市场总监负责人说，做事最怕"认真"二字，胖东来就是把服务做到了极致，这也是商业的本质，靠货真价实、以人为本、与人为善，路越走越宽。

（资料来源：《中国旅游报》，2024-02-27）

二、销售沟通的开展

（一）销售沟通的步骤

要想实现销售目标，建立良好的客户关系，关键在于有效地进行沟通。销售沟通的过程可以分为三个阶段：信息收集、信息理解和信息传递。在这三个阶段中，销售员需要掌握一定的技巧，以便更好地与顾客沟通，提高销售业绩。

首先，信息收集是销售沟通的基础。在这个过程中，我们需要通过倾听来了解顾客的需求、问题和困惑。这要求我们在与顾客交流时，要做到全神贯注，用心聆听他们的每一句话。同时，我们还要善于发现顾客的需求，从他们的言行中捕捉到潜在的需求信息。在收集信息的过程中，我们还要学会提问，通过有针对性的问题，深入了解顾客的需求和问题，为后续的沟通奠定基础。

其次，信息理解是销售沟通的关键。在理解信息的过程中，我们需要学会表达自己的观点，清晰地介绍产品特点和优势。此外，我们还要善于发问，通过提问来引导顾客思考，帮助他们更好地了解产品。在回答顾客的问题时，我们要做到言之有物，用简洁明了的语言解答顾客心中的疑虑。同时，我们还要注意倾听顾客的意见，尊重他们的观点，从而建立起良好的沟通氛围。

最后，信息传递是销售沟通的升华。在传递信息的过程中，我们需要运用丰富的肢体语言，如姿势、手势和表情等，来强化沟通效果。这些肢体语言可以让我们的表达更加生动形象，更容易被顾客理解和接受。此外，我们还要注意与顾客的眼神交流，用真诚的眼神传递我们的信心和热情。

总之，销售沟通是一个复杂且关键的过程，涉及多个方面的技巧和策略。通过遵循上述步骤并不断完善自己的销售技巧和策略，我们可以更有效地与顾客进行沟通和交流，提高销售业绩并赢得更多顾客的信任和支持。

（二）销售沟通的方式

1. 非语言沟通

（1）语气与语调。

语调在沟通中的作用不可忽视，它能够传达出我们的情感和态度。调控得当的语调能展示出我们的自信和专业，使对方对我们充满信任。相反，尖厉的声音会让人感觉过于敏感和失常，而过低的声音则容易引发对方的疑虑。

（2）面部表情与眼神。

面部表情是情感的窗口，能够反映出我们的内心状态。在与顾客沟通时，保持眼神的交流至关重要，这既能展示出我们的尊重和自信，又能让对方感受到我们的诚意。同时，要避免眼神飘忽不定，以免给对方留下不稳定的印象。

（3）肢体动作与手势。

在沟通中，柔和的手势能传递出友好的信号，有力的手势则表示肯定和决心，而强硬的手势则会给人带来压迫感。此外，站姿也非常重要，我们要保持身体端正，避免随意摆动，双手不要叉腰或抱于胸前，而是微微前倾，表示对对方的尊重和认真倾听。

2. 语言沟通技巧

（1）真诚赞美顾客。

赞美是拉近彼此距离的有效手段，但要注意真诚且适度，避免过度夸张。适时地赞美能让顾客感受到被重视和尊重，从而增进彼此之间的信任和友谊。例如，可以称赞顾客的个人品质，但要注意避免过于夸张，以免让对方产生反感。

（2）避免正面否定。

在与顾客沟通时，即使不同意他们的意见，也要尽量用肯定的方式表达，以维护对方的自尊心。这样既能保持良好的沟通氛围，又能提出自己的观点。例如，可以表示："您的观点很有价值，但我有个不同的想法，我们可以一起探讨。"

（3）专业且易懂的语言。

使用专业术语能展示我们的专业知识，但也要注意对方的理解能力，尽量用简单明了的语言表达。这样既能展示自己的专业素养，又能让对方更容易理解。在必要时，可以准备一些相关资料或解释，以便对方更好地了解。

（4）适应顾客的音量和语速。

在与顾客沟通时，尽量调整自己的音量和语速，使之与顾客相近，以便更好地传达信息。这样可以避免对方因声音过大或过快而感到不适，提高沟通的效果。同时，也可以关注顾客的表情和肢体语言，以便更好地了解他们的需求。顾客类型和应对技巧如表 6-4-1 所示。

表 6-4-1 顾客类型和应对技巧

顾客类型	特点	沟通关键词	沟通技巧	购买倾向
表现型顾客	购物过程中表现出强烈的个性，他们注重自我表达，喜欢与众不同的产品	个性、独特、自我表达、与众不同、视觉冲击等	理解并尊重对方需求，鼓励表达想法感受。引导了解产品独特之处，满足个性化需求	倾向于购买具有独特设计、创新理念和强烈个性的产品
友善型顾客	购物过程中态度和蔼，容易与人沟通，需要别人的建议和意见	友好、和谐、沟通、倾听、建议等	保持友好和热情的态度，多倾听他们的需求和意见，给他们提供专业的建议	倾向于购买服务质量好、口碑佳、性价比高的产品
控制型顾客	在购物过程中注重细节，对产品的要求很高，且决策过程较长	细节、品质、保证、耐心、严谨等	要注重细节，用严谨的态度解答他们的问题，给他们提供详细的产品信息和保障	倾向于购买品质优良、细节完善、有保障的产品
分析型顾客	在购物过程中喜欢对比分析，对产品的研究深入，决策理性	分析、对比、研究、数据、理性等	提供充足的产品信息，帮助他们进行对比分析，让他们感受到产品的优势	倾向于购买经过深入研究、性价比高、品质优良的产品

三、销售异议处理

（一）认知销售异议

销售异议是指在销售过程中，顾客对我们的产品、服务或某些言行表示不认可、质疑或拒绝的现象。在销售过程中，我们常常会遇到各种各样的顾客，他们对产品或服务有着不同的看法和需求。而我们能否成功地进行销售，很大程度上取决于我们如何处理这些异议。销售员需要不断学习和实践，提升自己的销售技巧，并采取有效的应对策略，以提高销售业绩和顾客满意度。

（二）销售异议产生的原因

1. 顾客方面的原因

（1）需求和期望的不明确。

顾客可能对自己的需求和期望缺乏清晰的认识，导致在选购过程中产生矛盾和异议。为了解决这个问题，销售员应当与顾客展开充分的沟通，深入了解他们的真实需求，帮助他们明确购买目标。通过与顾客建立良好的沟通桥梁，销售员可以更好地了解顾客的需求，从而提供更加符合他们期望的产品和服务。此外，销售员还可以运用专业知识和经验，为顾客提供合适的建议，帮助他们快速找到满足自己需求的商品或服务。

（2）信息不对称。

顾客在获取产品或服务信息方面可能存在困难，无法全面了解产品或服务的优缺点。为了帮助顾客作出明智的决策，销售员应主动向顾客提供详细、全面的信息，包括产品或服务的性能、特点、适用场景等。此外，销售员还应确保提供的信息真实可靠，以便顾客对产品和服务的质量有信心。通过充分揭示产品或服务的各个方面，销售员能够增加顾客的信任度，提高购买的可能性。

（3）价格敏感。

顾客往往对价格特别敏感，这可能导致其对产品或服务的价值产生质疑。针对这种情况，销售员应重点向顾客传达产品或服务的性价比，以及价格合理的原因。销售员可以运用多种策略来解释价格，例如，强调产品或服务的品质、价值、稀缺性等。通过解释价格背后的价值，销售员可以引导顾客从性价比的角度看待购买决策，从而降低其价格敏感性。

（4）购买习惯和偏好。

顾客的购买习惯和偏好各不相同，销售员应尊重并适应这些差异。了解顾客的购买习惯和偏好后，销售员可以有针对性地推荐合适的产品或服务，提高顾客的满意度。为了更好地满足顾客的需求，销售员还可以持续关注市场动态，掌握各类商品和服务的最新信息，以便为顾客提供更多优质的选择。

❀ 素养园地

党的二十大报告中指出，"实施公民道德建设工程，弘扬中华传统美德，加强家庭家教家风建设，加强和改进未成年人思想道德建设，推动明大德、守公德、严私德，提高人民道德水准和文明素养。""弘扬诚信文化，健全诚信建设长效机制。"这就要求零售门店工作人员要以诚实守信为首要原则，言行一致，不撒谎、不误导顾客，严格遵守自己的承诺和约定。这样才能建立起良好的信誉和口碑，赢得顾客的信任。

2. 销售方面的原因

（1）产品不能满足顾客需求。

在产品销售过程中，了解顾客需求是至关重要的一个环节，直接影响到顾客的满意度和购买决策。因此，销售员应深入调查和了解市场，掌握顾客的真实需求，以确保产品或服务能够满足这些需求。一旦发现产品存在缺陷或不足，应及时调整或改进，以提高顾客满意度。

（2）沟通技巧欠佳。

在销售过程中，如果销售员表达不清晰、态度生硬或缺乏专业知识，容易引起顾客的异议，导致销售过程中断。因此，销售员应不断提升自己的沟通技巧和专业知识，

学习笔记

以便更好地应对各种销售场景。

（3）销售策略不当。

如果销售员在销售过程中使用了不合适的策略，如过度推销、强迫顾客购买等，可能会导致顾客产生异议，影响销售结果。销售员应根据顾客的需求和购买习惯，灵活调整销售策略。

（4）专业知识不足。

销售员需要加强学习，以确保在面对顾客疑问时能够给出合理的解答，避免由于专业知识不足导致顾客产生异议。成功销售离不开对产品或服务特点和优势的深入了解。销售员应熟悉产品的各项性能和用途，以便能够清晰、准确地向顾客传达相关信息，增强顾客对产品的认知和信任。

✿ 知识拓展

应对销售异议的策略

（1）保持冷静：面对异议，销售员应保持冷静，尊重顾客意见，不要因为情绪波动而影响沟通效果。

（2）倾听并理解：认真倾听顾客的异议，了解他们的真实想法和需求，从而找到解决问题的方法。

（3）积极回应：针对顾客的异议，给出合理的解释和解决方案，让顾客感受到企业的专业性和关心。

（4）强调优势：在回应异议的过程中，突出产品或服务的优势，让顾客明白购买的价值。

（5）灵活变通：根据顾客的异议，灵活调整销售策略，如报价、促销政策等，以提高成交率。

（三）异议处理的一般方法

1. 转折处理法

推销技巧中的转折处理法是一种以柔克刚的策略。这种方法要求销售员在应对顾客的异议时，首先要表现出理解和尊重，承认顾客的看法有其合理之处，并向顾客作出一定的让步。接下来，销售员需要巧妙地阐述自己的观点，间接否定顾客的异议。在这个过程中，诚恳的态度和尊重顾客意见的原则至关重要，这样才能在保持顾客好感的同时，引导他们接受自己的观点。

2. 反驳法（直接否定）

反驳法是一种直接回应顾客异议的处理方法。虽然理论上应尽量避免这种方法，以免引起顾客的反感，但在某些情况下，如顾客的反对意见源于对产品的误解，销售员可以运用手中的资料来解答问题，直言不讳。然而，在使用这种方法时，销售员要注意保持态度友好、温和，同时展现出自信，以增加销售成功的可能性。

3. 补偿法

补偿法适用于顾客的反对意见准确地指出了产品或公司提供的服务中的缺陷。在这种情况下，销售员应避免回避或直接否定，而应承认相关缺点，并尽量淡化处理。通过利用产品的优点来补偿甚至抵消这些缺点，有助于让顾客心理达到一定程度的平衡，从而提高他们的购买意愿。

4. 合并意见法

合并意见法是将顾客的多种意见汇总成一个意见，或把顾客的反对意见集中在一个时间讨论的方法。这种方法的目的是削弱反对意见对顾客的影响。然而，销售员在使用此方法时要注意不要在一个反对意见上纠缠过久，以免引起顾客的反感。在实际操作中，销售员可以运用这种方法帮助顾客厘清思路，从而更好地推动销售进程。常见的异议问题处理如表6-4-2所示。

表6-4-2　常见的异议问题处理

问题	错误回答	正确回答
顾客觉得一件衬衫500多元，太贵了	您也要看我们是什么牌子啊。 您有VIP卡可以打九折。 现在好点的服装都贵	是的，价格上我也觉得确实有点贵，大牌子哪有不贵的？不过话又说回来，如果您穿上这个衣服后，就会发现它真的物超所值，不管是面料选择还是设计款式都是很用心的，不仅穿起来舒适透气，而且显得非常有品位。来，您试穿一下就知道了，请！
这个衣服网上才卖200元，你们这要300多元	网上的东西质量参差不齐。 品牌不一样，价格自然就不一样。 您确定网上的和我们的是一模一样的吗？	您这个问题提得很好，确实现在网上有在卖与我们款式类似的衣服，我也去了解过，您是经常买衣服的，您应该了解，无论什么衣服，效果只有穿在身上才知道，而且很多时候衣服都是搭配出来的，网上购买因为没法试，所以不好搭配，我们这里款式这么多，搭配起来方便，您这边请，试衣间在这边，您试试！
这衣服还不错，打不打折啊？	这个是公司规定，我们不能打折。 如果您穿上合适，不会在乎这么点折扣的	其实打折的原因很多，比方说有些公司根据自己的库存情况、节庆日期及过季等实际情况，在适当的时候采取折扣优惠形式回馈顾客。我们暂时还没有这方面的计划，并且我们在全国市场也保持统一的价格。我们希望以实在的定价对每个顾客负责，希望每个顾客不管什么时候进我们的店，都不用担心价格不统一而有上当的感觉
这个衣服不适合我穿	怎么不合适呢？我看挺好的呀！ 适合的，我们这款衣服卖得很好！ 要不您看看别的？	请问您是觉得哪里不合适呢？ 那您喜欢什么样的？（根据顾客提出的具体问题去解决） 您说得确实有道理，我们这还有几款新到的衣服，都是今年的流行款，我拿过来您试试

续表

问题	错误回答	正确回答
这个衣服不是纯棉的呀?我还是喜欢穿纯棉的	我们家的这个面料比纯棉的还要好! 纯棉容易缩水,不好打理! 我们也有纯棉的衣服啊	这位先生,我理解你的顾虑。一般顾客喜欢纯棉是因为这种面料吸汗透气、穿着舒适,所以我们在面料里加入了纯棉成分,因此穿起来一样舒适。而且我们还在面料里加入了……的成分,使衣服不会缩水,也不容易变形。打理起来更轻松,我建议您先试穿一下,衣服一定要亲身体验才知道的,来这边请!
这衣服挺好的,下次让我老公陪我来看看再买	好吧,那您下次再来! 您这衣服是给自己买的呀,自己喜欢最重要了! 别等到时候了,喜欢今天就买吧!	您老公今天没陪您来真是太可惜了!这件衣服您穿起来就像为您量身定做的,价位又不高,而且我们今天刚好又有促销,明天促销就结束了,还不知道到时会不会有货。如果没有就太可惜了,我觉得还是今天买合适

四、快速成交概述

(一)认知快速成交

快速成交是指顾客已经表现出了购买意向,销售员运用各种技巧,让顾客马上作出购买行为的过程。在销售过程中,一旦时机成熟,就要迅速采取行动,促成交易,以免出现变数。在这个过程中,灵活运用策略,针对具体时间、环境和顾客心理进行调整,可以提高成交的成功率。

(二)快速成交的信号

1. 语言方面

(1)大肆评论你的产品。(无论正面负面)

(2)询问随同人员的认同。("我觉得还行,你们觉得怎么样?"等。寻找认同,说明心中已经认同了)

(3)要优惠,砍价,询问近期有无优惠活动。(还能优惠多少,还有什么礼品送,什么时候还有活动?)

(4)询问用后效果和售后保障时。

(5)当顾客不断反复问同一个问题时。

2. 行为方面

(1)对产品表现出浓厚兴趣,仔细阅读产品说明书等。

(2)突然主动靠近销售顾问,态度从冷漠怀疑变为亲切随和。(表示防备心理下降,信任感上升)

(3)突然沉默,陷入沉思,处于考虑阶段。(不要打扰,让其有充分时间思考做决定)

(4) 主动要求试用。

3. 表情方面

(1) 表情由凝神深思转为轻松愉悦。由思考时的凝重，转为下决定时的坚定眼神。

(2) 由开始时的索然无味、毫无反应变得饶有兴趣，眼睛转动也由慢变快，突然放光。

 知识拓展

快速成交的注意事项

1. 快速成交时不要提"钱"字

销售员给顾客提供的是服务，是在推销自己，成交就是顾客对销售员服务的肯定，千万不要提"钱"字。

2. 快速成交时不要提"买"字

销售员提供给顾客的不仅仅是产品，还包括最真诚的服务，成交时，门店销售员要有这样一种感觉，自己又为顾客提供了一套让他乐意接受的最优产品方案。

3. 快速成交时永远不要问顾客"要不要"

很多门店销售员会犯这样一种错误，就在快要成交时失败了，记住：永远不要问顾客"要不要"；如果这样问，有可能就动摇了顾客的购买决定，所以要做到快速成交。

4. 快速成交时不准聊天

成交时，销售员一定要做到慎重、严肃、认真，不要嘻嘻哈哈，否则会给顾客不好的感觉。

（三）快速成交的方法

1. 利益吸引法

深入了解顾客需求，提供他们关心的利益点，如店内促销政策和服装搭配等。为了更好地吸引客户，我们可以定期更新优惠活动，以满足顾客对实惠的追求。此外，针对不同客户群体，可以提供个性化的优惠方案，以满足他们的个性化需求。顾客往往关注性价比，因此，我们可以提供一站式购物体验，包括搭配建议、优质售后服务等，让顾客在享受优惠的同时，也能感受到我们的贴心关怀。

2. 道具演绎法

运用数据、新闻报道和信息工具等道具，让顾客更容易理解和接受。在展示数据时，可以选择具有说服力的数据，并用图表、图片等形式进行直观展示，增强顾客对产品优势的认知。同时，可以关注行业动态，为顾客提供最新的资讯，提升顾客对品牌的信任度。此外，我们可以通过案例分析、成功案例展示等方式，让顾客更加直观地了解产品效果，提高顾客的购买意愿。

3. 笼络参谋法

尊重参谋意见，称赞他们的优点，给予小利益，拉近关系。在与参谋沟通时，要

学习笔记

真诚地倾听他们的意见和建议，尊重他们的专业知识和经验。同时，要给予他们充分的肯定和赞扬，让他们感受到自己的价值被认可。通过积极有效的沟通，可以拉近彼此的关系，建立互信的基础。

4. 特殊身份法

为每位顾客提供个性化服务，营造特殊氛围，提高满意度。我们可以通过客户档案系统，了解顾客的喜好、需求等信息，为顾客提供量身定制的服务。同时，可以设立 VIP 会员制度，为 VIP 顾客提供专属服务，提升他们的尊贵感。此外，我们还可以根据顾客的购买历史和行为数据，为他们推荐合适的产品，提高顾客满意度。

5. 相对承诺法

相对购买承诺是战略销售手段，确保顾客获得利益并展现购买承诺。销售员需深入了解顾客需求，提供有针对性的解决方案，与顾客保持密切沟通。引导顾客表达购买意向，通过提问让顾客自然表达需求。利用竞争优势，提供有吸引力的购买方案，如价格优惠、赠品等。相对购买承诺是价格申请的前提，销售员需确保顾客明确表达购买意向。

 ## 任务实施

搭建门店营销场景，进行顾客引导推介模拟训练。
1. 教师指导学生分为销售员和顾客两类角色。
2. 扮演销售员的学生分布在多家门店中，搭建各自门店营销场景，做好顾客接待准备。
3. 扮演顾客的学生分散随机组合，分别确定所模拟角色的特点，并尽力体现。

 ## 任务评价

任务评价的具体内容见任务评价表。

任务评价表

考核人			被考核人	
考核地点				
考核标准		内容	分值/分	成绩/分
		准备充分性	10	
		角色特点体现	20	
		知识运用情况	30	
		双方表现情况	30	
		团队协作情况	10	
小组综合得分				

知识巩固

一、单项选择题

1. 接近顾客的方法不包括（　　　）。

A. 提问接近　　　　B. 直接接近　　　C. 赞美接近　　　D. 介绍接近

2. 顾客对商品不感兴趣时应（　　　）。

A. 给予顾客足够的自由空间　　　　B. 充分尊重顾客意愿

C. 强行推销　　　　D. 密切关注顾客的反应

3. 单品打折促销不可以（　　　）。

A. 降低购买门槛　　　B. 刺激购买欲望　　C. 提高商品销量　　D. 降低服务水平

4. 语言沟通技巧不包括（　　　）。

A. 真诚赞美顾客　　　　B. 运用专业晦涩的词汇

C. 避免正面否定顾客　　　　D. 适应顾客的音量和语速

5. 当顾客需求和期望不明确时，销售员不可以（　　　）。

A. 和顾客充分沟通　　　　B. 帮助顾客明确购买目标

C. 让顾客自己想清楚　　　　D. 为顾客提供合适的建议

二、多项选择题

1. 门店顾客的类型包括（　　　）。

A. 表现型顾客　　　　B. 友善型顾客

C. 控制型顾客　　　　D. 分析型顾客

2. FAB法则的字母分别代表（　　　）。

A. 特性　　　　　B. 优势　　　　C. 利益　　　　D. 作用

3. 顾客的需求包括（　　　）。

A. 显性需求　　　　B. 变相需求

C. 特别需求　　　　D. 隐性需求

4. 主动介绍关联产品可以（　　　）。

A. 提高顾客购买意愿　　　　B. 提升销售额

C. 提升顾客消费能力　　　　D. 提升顾客购买概率

5. 引导推介产品的确定需要考虑（　　　）。

A. 顾客的需要　　　　B. 顾客的消费能力

C. 产品的价值属性　　　　D. 销售员的专业知识

三、简答题

1. 简述门店顾客的购买过程。

2. 简述顾客接近与探寻的时机有哪些。

3. 简述促销商品引导推介的意义。

4. 为了实现快速成交，销售员可以采用哪些方法？

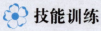 **技能训练**

1. 实训目标

通过模拟零售门店线下销售服务情景，亲身体验并掌握销售技巧和服务流程，提升在未来工作中的销售能力和服务水平。

2. 实训任务

（1）接待技巧：学会倾听客户需求，以真诚和专业的态度为顾客提供个性化服务。

（2）销售技巧：运用各种销售策略，如优惠促销、赠品等，提高顾客购买意愿。

（3）团队协作：与同事共同完成销售任务，提高门店整体业绩。

3. 实训环境

校内零售门店 O2O 运营实训室。

4. 实训实施

（1）学生分组：学生分组进行角色扮演，轮流扮演销售员和顾客。

（2）模拟准备：销售场景准备，角色准备。

（3）模拟演练：按照情景设置，进行角色扮演和模拟演练。

（4）总结反馈：实训结束后，学生需撰写实训报告，总结自己在实训过程中的收获、困惑以及改进方案的实际效果。

5. 实训评价

实训效果评价表

被考评人						
考评地点						
考评内容	零售门店线下销售服务实训训练					
考评标准	内容	分值/分	自我评价（20%）	小组评价（40%）	教师评价（40%）	实际得分/分
	场景搭建情况	10				
	角色特点呈现情况	20				
	销售技巧掌握程度	30				
	服务态度与职业素养	20				
	团队合作情况	10				
	创新能力与应变能力	10				
	该项技能等级					

注：考评满分为100分，60~74分为及格，75~84分为良好，85分以上为优秀。

项目 7

零售门店运营保障

◎ 任务 1　零售门店安全管理

◎ 任务 2　零售门店防损管理

学习笔记

知 识 导 图

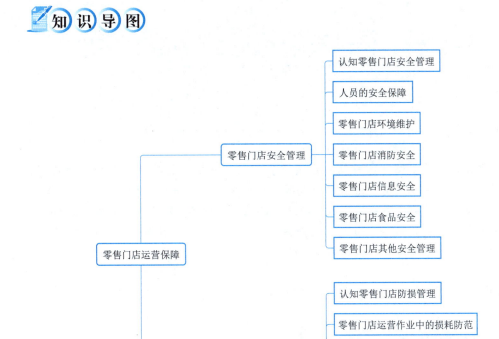

认知零售门店安全管理

人员的安全保障

零售门店环境维护

零售门店消防安全

零售门店信息安全

零售门店食品安全

零售门店其他安全管理

零售门店安全管理

零售门店运营保障

认知零售门店防损管理

零售门店运营作业中的损耗防范

零售门店商品管理中的损耗防范

零售门店商品偷窃损耗的防范

零售门店其他防损措施

零售门店防损管理

学 习 目 标

知识目标
1. 了解零售门店安全管理的内容。
2. 熟悉零售门店环境维护的内容。
3. 理解零售门店防损管理的方法。
4. 知道零售门店数据管理的流程。

能力目标
1. 能制定零售门店安全管理方案。
2. 能进行零售门店现场管理工作。
3. 能安排零售门店日常防损工作。
4. 掌握零售门店数据安全管理的要求。

素质目标
1. 提升服务意识。
2. 增强安全生产意识。
3. 树立精益求精的工作作风。
4. 提升保护信息安全的意识。

任务 1　零售门店安全管理

🌸 门店情景

国庆促销期即将来临，各种商品摆满了货架，广告横幅悬挂在门店的各个角落，门店的销售额在国庆期间有望迎来一个高峰。小刚深知，在繁忙的销售背后，门店的安全管理同样重要。他检查商品陈列，确保稳定无误；核实消防设施，检查通道畅通；检查电气设备，避免故障……通过以上措施，小刚力求确保国庆期间门店的安全，为顾客和员工营造一个安全、舒适的购物环境。

🌸 知识学习

一、认知零售门店安全管理

（一）零售门店安全管理的内涵

零售门店安全管理是零售门店为了实现安全运营，保护门店的财产安全和减少损耗，保障顾客人身和财产安全，组织和使用人力、物力、财力等各种物质资源，制定的各种安全保障方案和管理措施。

零售门店安全管理在零售行业中占据着举足轻重的地位，它不仅关乎门店的正常运营，更关系到顾客、员工的生命安全和社会稳定，还影响着门店经济效益的提高，以及员工和顾客的安全感和满意度。因此，加强安全管理，预防和减少安全事故，对零售门店具有重要意义。

（二）零售门店安全管理的意义

1. 维护企业的形象

对于零售企业来说，门店是顾客最频繁、最直接接触企业的窗口，是企业形象、企业口碑、企业服务等企业概念具象化呈现的焦点。完善的企业安全制度、安全设施有助于在顾客心中树立认真负责的企业形象，门店工作人员的行为规范、仪表着装的规范也有效地树立着企业的公众形象。从门店运营的大环境来看，门店的日常作业活动总是在相当程度上对周边住户和单位产生影响，如果在作业或管理上侵犯了他人的权利和安全，会严重影响门店经营的公众环境。因此，良好的安全管理可以达到维持良好的企业形象、建立良好的社区关系的效果。

2. 保障企业经营

生产安全是企业经营活动的重要保障，门店的安全更是对企业的正常经营活动有直接的影响。门店除了满足顾客的购物需求外，还必须为顾客提供一个安全、舒适的购物环境。门店干净整洁、井然有序、布局合理、声色光宜人、温度适当是创造安全舒适购物环境的必然要求。店内外环境布置、空气和音乐氛围的营造，可以提升顾客购物时的愉快体验。门店专业的安全措施，能有效地减少不安全行为因素，也可以提升顾客的满意度。此外，门店安全管理可以消除门店存在的各种隐患和风险，可以减少员工工作上的焦虑和压力，保证其安心工作，从而提高工作效率。

3. 减少企业损失

安全和效益结伴而行，事故与损失也会同时发生。安全管理不仅会影响门店经营目标，还可以避免给门店造成难以挽回的损失。如果门店安全管理不到位，就必然会影响客流量；如果发生安全事故，门店短时间将难以经营，甚至可能导致门店倒闭。如果经营者在经营过程中因未向顾客提供安全服务环境而致使其人身及财产遭受损害，应承担法律责任。安全管理通过提供相应的管理措施和培训教育，使门店具备意外事件的应急能力，从而降低企业在事故中的财产损失。

❀ 素养园地

坚持安全第一、预防为主，建立大安全大应急框架，完善公共安全体系，推动公共安全治理模式向事前预防转型……推进安全生产风险专项整治，加强重点行业、重点领域安全监管……提高防灾减灾救灾和重大突发公共事件处置保障能力，加强国家区域应急力量建设……强化食品药品安全监管，健全生物安全监管预警防控体系……加强个人信息保护。

——2022 年 10 月 16 日习近平在中国共产党第二十次全国代表大会上的报告

二、人员的安全保障（内容参见二维码）

三、零售门店环境维护（内容参见二维码）

四、零售门店消防安全

零售门店大多数在封闭型建筑内，经营的商品种类繁多，其中相当一部分商品是易燃品，门店的装修使用了大量的木质材料，同时又是人员集中的公共性场所，如果因为消防工作的疏漏而引起火灾，则后果不堪设想。统计显示，门店发生的消防安全事故中，较多的意外突发事件，其实质是由于门店人为的疏忽造成的。因此，严格的消防管理制度和健全的消防组织，是门店消防安全的重要保障。

（一）消防安全能力要求

1. 检查消除火灾隐患能力

检查消除火灾隐患能力是零售门店消防安全管理的基础。门店应定期进行消防安全检查，确保消防设施、设备完好，消防通道畅通，火源隐患得到有效控制。具体措施包括：

（1）建立消防安全检查制度，明确检查频率、检查内容和责任人。

（2）对消防设施、设备进行定期检修，确保其正常运行。

（3）检查消防通道是否畅通，清除杂物和障碍物。

（4）加强对火源的管理，禁止违规使用明火。

（5）对检查中发现的问题及时整改，消除火灾隐患。

2. 组织扑救初起火灾能力

初起火灾扑救是火灾防控的关键环节。门店应建立火灾应急预案，组织员工进行火灾扑救培训，提高火灾扑救能力。具体措施包括：

（1）制定火灾应急预案，明确火灾扑救的组织结构、职责分工和处置流程。

（2）定期组织火灾扑救演练，提高员工应对火灾的实战能力。

（3）配备适当的灭火器材，确保员工能够迅速扑灭火源。

（4）加强与当地消防部门的联系，建立快速反应的火灾扑救机制。

3. 组织人员疏散逃生能力

在火灾发生时，组织人员疏散逃生是保障生命安全的重要环节。门店应制定疏散逃生预案，加强员工疏散逃生培训，提高整体疏散逃生能力。具体措施包括：

（1）制定疏散逃生预案，明确疏散逃生路线、集结地点和责任人。

（2）在门店内设置明显的疏散指示标志，确保员工能在火灾发生时迅速找到疏散路线。

（3）定期组织疏散逃生演练，提高员工在火灾发生时的应变能力。

（4）掌握火灾发生时的通信工具和联系方式，确保信息畅通。

4. 消防宣传教育能力

消防宣传教育是增强全民消防安全意识的重要手段。门店应积极开展消防宣传教育活动，提高员工的消防安全素质。具体措施包括：

（1）开展消防安全培训，使员工掌握基本的消防知识和技能。

（2）张贴消防安全宣传海报，增强员工的消防安全意识。

（3）利用门店内的广播、显示屏等设施，播放消防安全提示。

（4）加强与当地消防部门的协作，共同开展消防安全宣传活动。

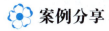 **案例分享**

"三合一"场所的隐患

某日凌晨 3 时 12 分，一地新桥村二组的一间门面发生了火灾。该门面内部设有"三合一"阁楼，当时有两名男子被困其中，情况危急。消防队在接到报警后迅速出动，于 3 时 20 分抵达现场展开救援。

起火建筑是一栋地上八层的居民自建房，起火点位于一楼的一间小型储藏门店，该门店用于存放某品牌牛奶。当消防队员到达时，门店的卷帘门紧闭，内部火势凶猛，浓烟滚滚。两名被困男子在 119 指挥中心的指导下，已躲进门店尽头的厕所内，依靠窗户呼吸求生。由于浓烟已通过缝隙侵入厕所，被困人员非常焦急。

消防指战员迅速对楼栋进行断电处理，并布置了搜救组疏散楼上的居民住户。同时，破拆组对门店的卷帘门进行破拆，以打开灭火救援的路径。灭火组拿出一支水枪对火势进行压制。经过 10 分钟的紧张救援，消防队员成功将两名被困人员救出。

经初步调查，消防部门确定此次火灾的起火原因为电动车在充电过程中起火。据了解，着火物为门店进门处一辆正在充电的电动自行车，该车在充电约 3 小时后发生火灾。两名被困男子在睡梦中听到电动车的爆炸声后被浓烟熏醒，试图逃生但受困于火场。

此次火灾虽然直接财产损失不大，且由于起火地距离消防队较近，两名被困男子得以侥幸逃生，但也暴露出了严重的安全隐患。目前，经营户因违规储存和住宿正在接受行政追责调查处理。此事件也提醒零售门店经营者应严格遵守消防安全规定，避免形成"三合一"场所，以保障人员和财产的安全。同时，要加强消防安全管理和培训，增强员工的消防安全意识和自防自救能力，确保门店的消防安全。

（资料来源：重庆忠县消防，https://new.qq.com/rain/a/20211028A0BY5600）

（二）日常消防安全管理与巡查

1. 日常消防安全管理

（1）培训与考核。安全小组负责人需定期组织全体员工参加消防安全培训，确保员工熟悉灭火设备的使用方法及防火注意事项。经过考核合格后，员工方可上岗。

（2）防火器材与标识。在店内关键位置设置防火器材位置图和人员疏散图，并明确标出重点防火区域。这些区域需设置明显的防火标识，并加大管理力度。

（3）紧急出口与通道。确保防火责任区域内的疏散通道和安全出口畅通无阻。如果门店只有一个出口，则必须保持大门口畅通。同时，保持防火门、防火卷帘、消防安全疏散指示标识等设施处于正常工作状态，确保应急照明和消防广播设施完好。

（4）动火管理。禁止在有火灾、爆炸危险的场所进行动火作业。如需进行特殊动火作业，必须事先制定安全措施，并指定专人进行监护。确认无火灾、爆炸危险后，方可动火。作业人员应严格遵守门店的消防安全规定，并采取相应的消防安全措施。

（5）易燃易爆危险物品管理。遵循国家相关法律法规，对易燃易爆危险物品的使用、储存、运输或销毁进行严格管理，确保符合消防安全要求。

（6）禁烟措施。在门店内醒目位置悬挂禁烟标识，并提醒顾客禁止吸烟。同时，店员应积极劝阻顾客在店内吸烟。

（7）消防演练。定期组织消防演练活动（如每半年一次），包括灭火器的正确使用方法，提高员工的应急处置能力。

（8）卫生与防火。负责打扫卫生的员工需时刻留意是否存在火种等易燃物品，并定期清理电器插座、马达等区域的积尘，保持环境整洁，预防火灾事故的发生。

（9）总电源开关。全体员工应熟悉总电源开关的位置及操作方法，以便在紧急情况下迅速切断电源，防止火势扩大。

（10）存放物品限制。严禁在店内存放易燃物品，装饰应采用耐火材料，以降低火灾风险。

🌸 知识拓展

火灾逃生自救要诀

1. 保持镇静

遇到火灾后，要保持镇静，选择正确的逃生途径和方法，切勿慌张、盲从。

2. 勿贪财物

身处火场，应尽快撤离，不要顾及贵重物品。已经逃离火场的人员，切莫重返。

3. 避免烟雾

逃生时把毛巾浸湿，捂住口鼻，尽量贴近地面行进，呼吸困难时也不要轻易将毛巾拿开。

4. 正确脱险

楼梯内无烟气，携带防烟面具或湿毛巾，迅速沿楼梯向下逃生，通过楼梯间时顺手关闭防火门，切勿乘坐电梯。

5. 固守待援

开门有浓烟，安全通道被封堵，应退守待援。用床单、衣服堵住门缝，泼水降温防烟。被困人员应选择在阳台、窗口等易于被人发现和能避免烟火的地方，及时发出求救信号，引起救援者的注意。

2. 日常消防安全巡查

（1）要关注火灾隐患的整改情况以及防范措施的落实情况。这包括检查火灾隐患的整改措施是否到位，以及防火安全措施是否得到有效执行。

（2）要对安全疏散通道、疏散指示标志、应急照明和安全出口的情况进行检查。这些设施是火灾发生时的重要逃生通道，必须确保其畅通无阻。

（3）要关注消防车通道和消防水源的情况。消防车通道是消防车到达火灾现场的通道，必须保持畅通无阻。消防水源则是灭火的重要资源，必须确保其充足可用。

（4）要对灭火器材的配置及有效性进行检查。包括检查灭火器、消防栓等灭火器材是否配备齐全，以及是否处于有效状态。

（5）要对用火、用电的情况进行检查，确保没有违章行为。用火、用电是火灾发生的主要原因之一，必须严格遵守相关规定。

（6）要对重点工种人员以及其他员工消防知识的掌握情况进行了解。员工是企业的宝贵财富，必须确保他们具备足够的消防安全知识。

（7）要对消防安全重点部位的管理情况进行检查。这些重点部位是火灾发生时的高风险区域，必须加强管理，确保其安全。

（8）要对易燃易爆危险物品和场所防火防爆措施的落实情况进行检查。这些场所是火灾发生时的高风险区域，必须采取有效的防火防爆措施。

（9）要对消防控制室的值班情况和设施运行、记录情况进行检查。消防控制室是火灾发生时的重要指挥中心，必须确保其值班人员具备足够的技能和经验，同时设施运行和记录情况也必须符合相关规定。

五、零售门店信息安全

（一）零售门店信息的种类

1. 零售门店商品信息

（1）商品分类：对门店销售的商品进行分类，如食品、家居用品、电子产品等。

（2）商品品牌：列出门店主要销售的商品品牌，以反映门店的商品品质和定位。

（3）商品库存：实时更新商品库存信息，以便门店合理安排进货和补货。

（4）商品价格：包括商品的销售价格、促销活动等，以便顾客了解购物成本。

2. 零售门店顾客信息

（1）客流量：记录门店的日均客流量，以分析门店的吸引力。

（2）顾客满意度：通过调查问卷、评价等方式，了解顾客对门店的满意度。

（3）会员信息：会员数量、会员等级、会员优惠政策等，以便提升顾客忠诚度。

（4）顾客消费行为：分析顾客的购物习惯、消费偏好等，以优化商品结构和营销策略。

3. 零售门店运营管理信息

（1）员工信息：员工数量、岗位分布、员工绩效等。

（2）财务管理：门店的财务报表、成本分析、盈利状况等。

（3）营销活动：门店举办的各类促销活动、广告投放等。

（4）进销存管理：商品采购、库存管理、物流配送等。

（二）零售门店信息安全应对策略

1. 制定并实施严格的信息安全政策

企业应制定一套全面的信息安全政策，明确信息安全的目标、责任人和职责划分。同时，将信息安全政策传达给全体员工，确保每位员工都了解并遵守相关规定。此外，定期对员工进行信息安全培训，增强员工的安全意识和操作规范。

2. 加强门店信息系统安全防护

门店信息系统应采取必要的安全措施，如安装防火墙、入侵监测系统等，以防止外部攻击。同时，定期对系统进行安全漏洞扫描和修复，确保系统安全稳定运行。对于重要数据，采用加密技术进行存储和传输，降低数据泄露风险。

3. 建立完善的数据备份和恢复机制

企业应制定数据备份策略，确保重要数据得到有效备份。同时，建立紧急恢复机制，一旦发生数据丢失或业务中断，能够迅速恢复业务。此外，定期测试备份数据的可恢复性，确保备份数据的可用性。

4. 加强内部管理，规范员工操作行为

企业应规范员工操作行为，避免因操作不当导致信息安全事件。例如，禁止员工在门店网络中使用不安全的设备或软件，禁止随意拷贝、传播顾客数据等。此外，对内部员工进行权限管理，限制员工对敏感数据的访问权限，降低内部数据泄露风险。

5. 建立应急响应机制，提高应对信息安全事件的能力

企业应建立完善的应急响应机制，确保在发生信息安全事件时能够迅速采取措施降低损失。应急响应机制包括制定应急预案、明确应急响应流程、建立应急响应团队等。同时，定期开展应急演练，提高企业应对信息安全事件的能力。

6. 合规经营，确保信息安全法规的遵循

企业应严格遵守国家相关法律法规，如《计算机信息网络国际联网安全保护管理办法》《中华人民共和国网络安全法》等。合规经营不仅有助于防范法律风险，还能为企业的长远发展提供保障。

六、零售门店食品安全（内容参见二维码）

七、零售门店其他安全管理

（一）特殊天气的安全管理

1. 暴雨天气应对措施

（1）提前预警。密切关注气象预报，提前得知暴雨消息，及时通知门店各部门做好准备。

（2）防水设施。确保门店内外排水系统畅通，预防积水导致门店内涝。

（3）防滑安全。在门店内外铺设防滑垫，提醒员工和顾客注意地面积水，防止滑倒。

（4）设备检查。检查门店各项设施设备，确保暴雨期间正常运行。

（5）物资储备。提前储备沙袋、抽水泵等应急物资，以防门店进水。

（6）员工培训。加强员工安全意识培训，掌握应对暴雨的基本知识和技巧。

2. 高温天气应对措施

（1）防暑降温。为员工提供足够的饮用水、清凉饮料，设置休息区。

（2）设备检查。检查门店各项设施设备，确保高温期间正常运行。

（3）室内通风。保证门店内空气流通，避免高温天气导致空气质量不佳。

（4）户外活动限制。避免在高温时段进行户外活动，防止中暑。

（5）员工培训。加强员工防暑降温知识培训，增强自我保护意识。

（6）应急预案。制定高温应急预案，确保门店在高温天气正常运营。

（二）治安情形的安全管理

1. 争吵打斗应对措施

（1）保持冷静：遇到争吵打斗事件，首先要保持冷静，不要激化矛盾。尽快了解事发原因，判断是否需要报警或寻求其他援助。

（2）疏散围观群众：确保现场安全，避免顾客受到伤害，及时疏散围观群众。

（3）调解化解：如有必要，可尝试协调双方的矛盾，但要遵循公平、公正、中立的原则，避免偏袒任何一方。

（4）加强监控：争吵打斗事件发生后，及时检查门店监控系统，记录事发经过，以便日后有需要时提供证据。

（5）加强员工培训：提高员工应对争吵打斗事件的能力，加强安全意识，预防类似事件再次发生。

2. 诈骗应对措施

（1）提高警惕：对顾客、供应商等外来人员要保持警惕，防范诈骗行为。

（2）核实信息：在涉及金钱、业务往来等事项时，务必核实对方身份及信息的真实性。

（3）完善内部管理制度：加强员工培训，规范业务流程，防止内部员工参与诈骗行为。

（4）及时报警：一旦发现诈骗行为，要及时报警，并提供相关证据。

（5）宣传普及防骗知识：通过门店宣传、培训等方式，增强顾客和员工的防骗意识。

任务实施

收集门店安全事故案例。

1. 学习小组中的每个成员通过百度等网络搜索平台，收集一个关于门店安全事故的案例。

    2. 将案例内容填写在表 7-1-1 中，并进行讨论学习。

    3. 每组选出 1 个优秀案例进行分析，派 1 名代表在班内分享案例。

表 7-1-1 安全事故案例分析表

案例名称	
案例介绍	
安全事故原因分析	
应采取的防范措施	

🌸 任务评价

任务评价的具体内容见任务评价表。

任务评价表

考核人			被考核人	
考核地点				
考核标准	内容	分值/分	成绩/分	
	案例介绍完整性	20		
	事故原因分析	30		
	事故防范措施	30		
	团队协作情况	20		
小组综合得分				

· 206 ·

任务 2 零售门店防损管理

门店情景

小刚和同事进行交接班，发现货品的登记和实际盘点的数量不一致，缺失了总价值超过千元的货品。小刚马上向值班经理报告，并协同经理进行查找。经理检查了出库记录、接收单等文件并没有发现问题，最终通过查看监控才查清了原委。原来，门店每天都会接收早上送达的货品，验收工作人员便放松了警惕，这次对商品数量清点后直接接收，并未认真核对，有一箱并未拆箱的货品和其他废纸箱一起被送到了废料回收点。幸亏小刚发现及时，这才避免了这次作业不当产生的损耗。

知识学习

一、认知零售门店防损管理

（一）零售门店防损管理的内涵

门店防损，顾名思义，是指预防和控制门店在经营过程中商品的损耗，为门店的正常运营提供安全保障。更进一步理解，它就是针对商品账面库存与实际盘存库存之间的差异，采取一系列有效措施降低损耗，从而保障门店的利益。门店防损不仅仅是一项管理工作，更是一种全方位、全过程的商品保护策略。

（二）零售门店商品损耗的类型

1. 运营作业中的损耗

（1）验收不当的损耗。验收不正确便会产生损耗，如品名、数量、重量、价格、有效期限、品质、包装规格单位与订货单不符，发票金额与验收金额不符，未验收或未入库。

（2）坏品处理损耗。未登记，未核实数额，未及时办理退货。

（3）收银作业损耗。收付错误，结账错误。

（4）盘点损耗。货号、单位错误，数量少盘，品项漏盘。

（5）POS 系统使用不当的损耗。后台电脑主档价格与价格标签不一致，条码阅读有误，条码标签贴错。

（6）作业手续不当的损耗。商品调拨时漏记，商品领用未登记或使用无节制，对商品进货的重复登记，漏记进货的账款。

2. 商品管理中产生的损耗

（1）商品保管不当产生的损耗。因保存商品的场所不当而使商品价值减损，商品出入库管理不当造成的过期损耗等。

（2）商品陈列不当的损耗。商品摆放的位置不佳引起倒塌，或被过往顾客碰撞而引起的损坏等。

（3）商品标价错误产生的损耗。活动价格标签没有按时取下、价格标签不准确等造成的损耗，因商品知识不足而造成商品价值的减损。

（4）生鲜处理不当引起的损耗。加工过程原料浪费严重，商品鲜度管理不佳，如温度管理不当、陈列方法不当、陈列设备不当、未做好加工处理。

3. 商品偷窃产生的损耗

（1）顾客偷窃。如随身夹带、皮包夹带、购物袋夹带、换标签、换包装盒、偷吃。

（2）厂商偷窃。如随身夹带、随同退货夹带、与员工勾结实施偷窃。

（3）员工偷窃。如随身夹带、皮包夹带、购物袋夹带、废物箱（袋）夹带、高价低标、偷吃，将用于顾客兑换的奖品或赠品据为己有，与亲友串通，结账时金额少打，将顾客未取的账单作为废账单。

4. 意外事件中的损耗

（1）自然意外事件。如火灾、水灾、台风、停电等。

（2）人为意外事件。如抢劫、夜间盗窃、诈骗等。

二、零售门店运营作业中的损耗防范

（一）验收作业的损耗防范

商品在商店的物流过程中，通常包括进货、验收、保管、标价、陈列和销售六个环节。若在验收环节中，商品的名称、数量、总量、价格、保质期、质量和包装规格等项目与订货单存在不符，或货物未经验收或未入库，都可能导致商品损耗。商品验收作业的质量直接影响商店损耗管理的成效。在验收作业中，应注意以下几点：

1. 认真核查送货单据和商品

（1）核实商品名称和规格、大小是否一致。

（2）检查商品数量。

（3）对表面破损或有污垢的商品进行开箱检查。

（4）查看商品上的生产日期和进货日期。

（5）在送货员在场时，确认破损商品的数量。

2. 问题商品一律拒收

对于保质期已过或品名、数量、价格、标签、重量不符的商品，应一律拒收。商店对问题商品的处理方式通常包括以下几种：

（1）验收商品不符或数量过多时，当场点清，退还给送货员。

（2）商品数量不足时，应在账目中记录，并由送货员和验收人员共同签字确认。

（3）在补送不足商品时，予以确认。

（4）商品破损时，按破损数量全部退货。

3. 特殊商品的验收

对于由厂商直接送货的商品，验收人员需仔细检查送货单据，并保存送货单，待进货传票送达时进行对照，然后在验收单上签字。

（二）收银作业的损耗防范

收银作业是门店经营最重要的业务活动之一，同时也是容易产生门店损耗的重点区域，减少零售门店收银作业的损耗是提高零售企业经营效益的关键环节。我们可以从以下几个方面探讨如何减少零售门店收银作业的损耗，以提升整体运营水平。

1. 优化收银流程

（1）合理安排收银员的工作任务，避免收银员在高峰时段过于繁忙而造成疏忽大意。

（2）定期对收银员进行培训，提高其业务素质和服务水平。

（3）实施明确的收银操作规范，降低操作失误。

2. 加强收银设备维护

（1）定期检查收银设备，确保设备性能稳定，减少故障率。

（2）对损坏的收银设备及时进行维修，避免影响正常营业。

（3）引入先进的收银系统，提高收银效率，降低人为错误。

3. 完善内部管理制度

（1）建立健全的收银作业考核制度，对收银员的工作绩效进行量化评估。

（2）加强收银区域的监控，防范内部员工侵占公司利益。

（3）定期对收银作业进行审计，查找潜在的问题，并提出改进措施。

✿ 知识拓展

鉴别人民币真伪的方法

1. 感观鉴别

（1）眼看。主要观察票币上是否具备一线防伪措施，如水印、安全线是否存在。

（2）手摸。假币用纸往往不是专门的钞纸，手感较厚。真币使用的是特殊纸张，挺括耐用。假币一般不是雕刻凹版印刷，没有凹凸感，而真币有凹凸感。

（3）耳听。这是新钞票常用的鉴别方法，抖动钞票听其声响，真钞会发出清脆的声音，而假钞的声响发闷不脆。

2. 尺量法

以真币为标准，与可疑相应图案对照比较，要注意钞票规格尺寸是否符合标准，边缘是否整齐等。

3. 一般仪器鉴别

目前鉴别钞票真伪常用的仪器有：紫光灯，看钞票纸是否有荧光反应；磁性仪，测定钞票是否具有磁性印证，看磁性油墨部位指示灯是否发亮等。

学习笔记

（三）盘点作业的损耗防范

商店盘点的目标之一是掌握门店经营的损益状况。盘点错误导致的损耗原因大致可分为两种：一是盘点商品货架记录失实。在盘点过程中，为求便利，盘点人员将同价格但不同内容的商品品项填写在同一货号内，导致某一类商品库存虚增；另一类商品库存虚减，从而使盘点结果失准，影响利润计算。二是存货盘点中出现漏盘、错盘等情况。如盘点人员未尽职责，对数量较多的商品采用估算方式计算，导致误差；商品在部门间相互陈列，未纳入盘点；端架上悬挂的商品漏盘；货架附近、临时商品陈列区出现重盘或漏盘；商品已到货，但进货单未随货录入账务等。为减少盘点损失，可采取以下应对措施：

1. 完善内部管理制度

（1）规范盘点流程。明确盘点时间、盘点人员、盘点方法等，确保盘点工作有序进行。

（2）提高员工素质。加强员工培训，提高员工的责任心和业务水平。

（3）加强监控设备。增设监控设备，确保盘点现场安全与合规。

2. 减少人为失误

（1）推广先进的盘点技术。如采用 RFID 技术、条形码技术等，提高盘点准确性。

（2）完善信息系统。确保信息系统数据的实时更新与准确性，减少记录错误。

（3）加强盘点现场管理。安排专人监督盘点过程，确保盘点工作细致、全面。

三、零售门店商品管理中的损耗防范

（一）仓库商品的损耗防范

1. 仓库商品损耗防范的内容

（1）存货数量管理。商品存货数量的管理关键在于寻求最佳的存货规模，目的是既要防止出现缺货情况，也要避免流动资金的过多占用。确定最佳存货数量的依据，通常是基于以往的销售数据以及市场调研的结果，目的是设定当前的保险库存量。

（2）存货结构管理。优化商品存货结构的管理至关重要，因为它有助于门店在有限的场地和资金条件下，实现更高的经济收益。目前，ABC 管理法是常用的商品存货结构管理手段。

（3）存货时间管理。加强商品存货时间管理的核心在于加速商品的周转，进而促进资金的周转，提高商业运作的效率，以及提升门店的营利能力。

（4）存货质量管理。在存货质量管理中，关键在于确保商品存货的品质与安全。这包括定期检查商品的有效期、质量标准和安全性，以及及时处理过期或损坏的商品。此外，门店应定期对存货进行抽检，以确保其符合相关的质量标准。为了确保存货质量管理的有效性，门店应建立完善的质量管理体系，并明确各项质量标准和操作规程。

2. 仓库商品损耗防范的方法

在商品销售和订货的变化、商品结构的调整以及促销品项的变动等因素的影响下，门店库存呈现动态特性。库存管理在门店运营中扮演着至关重要的角色，直接关系到整体运营的稳定性和门店运营的关键控制环节。

（1）存储商品时，应确保其面向通道，以便于出入库操作和移动。

（2）为充分利用库房空间，应尽量将商品码放到高处，以提高保管效率。

（3）根据商品的出库频率选择存放位置。高频出库和进库的商品应放置在靠近出入口、便于操作的地方；流动性较低的商品可以存放在离出入口稍远的地方；季节性商品的存放位置应根据其季节特性来确定。

（4）为提高作业和保管效率，应将同一种商品存放在同一地点。将同类或相似商品集中存放，以利于员工熟悉库内商品布局，从而缩短出入库时间。

（5）根据商品重量安排存放位置，确保重物在下方，轻物在上方，以保障操作效率和安全。

（6）遵循先进先出的原则。对于易损耗、易破损、易腐败以及机能易退化、老化的商品，应按照先进先出的原则进行周转。在商品多样化、个性化且使用寿命普遍缩短的情况下，这一原则尤为重要。

 知识拓展

ABC 分类管理法

ABC 分类管理法就是将库存物资按重要程度分为特别重要的存货（A 类）、一般重要的存货（B 类）和不重要的存货（C 类）三个等级，然后针对不同等级分别进行管理。A 类存货品种数量少但资金占用大，其品种占总品种的 5%~20%，其占用资金金额占存货总金额的 60%~70%。B 类存货介于两者之间，其品种占总品种的 20%~30%，其占用的资金金额占存货总金额的 20% 左右。C 类存货品种数目多但资金占用少，其品种占总品种的 60%~70%，占用资金金额占存货总金额的 15% 以下。ABC 分类管理法如表 7-2-1 所示。

表 7-2-1　ABC 分类管理法

项目/级别	A 类存货	B 类存货	C 类存货
控制程度	严格控制	一般控制	简单控制
库存量计算	详细计算	一般计算	简单计算
进出记录	详细记录	一般记录	简单记录
存货检查频度	密集	一般	很低
安全库存量	低	较大	大量

（二）展厅商品的损耗防范

1. 商品陈列的损耗防范

在店面陈列过程中，应避免由于商品陈列的方法不当引起商品损耗。

（1）货架上要标注货架号码和商品名称卡，以便做好商品管理。

（2）商品一般不堆积在地上。

（3）货架摆放应符合标准，商品不可堆积过高。

2. 商品标价的损耗防范

商品标价错误会导致商品高价低卖或销售不出，这些都会造成商品损耗的发生。

（1）商品不得随意标价，标签字迹应清楚。

（2）收银员在为顾客结账时，要一边念出价格，一边注意显示屏幕的数字是否一致，若不一致，一定要停止其他作业，登记该商品代号、品名和价格。

（3）将价格差异表交给负责人员进行核对，查明原因后进行更正。

（4）商品标签价格标错时，应将原标签撕去，再贴上正确标签。

（5）如果购物人员为本公司现场工作人员时，应当场通报店长，追究责任。

（6）每天检查卖场广告海报的价格与标签是否一致，不一致时要立即更正。

（7）特卖结束后，要及时将商品标签价格更改回原价。

 案例分享

蜜雪冰城南京店食材造假

茶饮品牌蜜雪冰城因其亲民的价格受到消费者喜爱，门店遍布全国。然而，新京报记者近期卧底江苏南京两家门店发现，蜜雪冰城存在严重的食品安全问题。

在卧底期间，记者发现两家门店频繁篡改食材有效期标签，使用应废弃的食材。员工在食材到期后不按规定废弃，而是直接更换有效期卡，继续使用过期食材，包括果酱、罐头等。这种行为在两家门店均普遍存在，且店员、店长甚至老板都参与其中。

此外，这两家门店还存在偷工减料问题。店员在制作饮品时不严格按照配料表足量放料，鲜橙、葡萄汁等食材的分量明显少于规定。同时，为了节约成本，店员在制作茶汤时也会加更多的水，导致饮品口感清淡。

值得注意的是，这两家门店在用工方面也存在问题。记者应聘时未出示健康证和身份证件，也未签订劳动合同就顺利上岗。这种情况在两家门店均存在，严重违反了《中华人民共和国食品安全法》的相关规定。

2023 年 3 月 15 日，南京市市场监督管理局工作人员对涉事的两家蜜雪冰城门店进行了现场检查，并责令整改和依法处置。此次事件暴露出蜜雪冰城在食品安全和用工管理方面的严重问题，引发社会广泛关注。希望相关部门能够加强监管，督促企业整改，切实保障消费者的权益。同时，也提醒广大消费者在选择餐饮品牌时要谨慎，注意食品安全问题。

（资料来源：中国新闻网，https://www.chinanews.com.cn/cj/2023/03-16/9972902.shtml）

四、零售门店商品偷窃损耗的防范（内容参见二维码）

五、零售门店其他防损措施

1. 退换货的防损措施

（1）在处理退换货时，首先要查明商品来源，对退调商品进行清点和整理，并妥善保管，以防止商品丢失或损坏。

（2）需要填写清楚退换货单，注明商品品名、数量、退换货原因以及要求等信息，以确保退换货流程顺利进行。

（3）在退货时，需要确认扣款方式、时间及金额，并及时告知厂商，以便厂商进行相应的处理。同时，应确保退货金额的准确性，防止因退货金额不正确引起的纠纷。

2. 外卖外送商品的防损措施

（1）每日定时进行外送作业，确保外送商品及时送达。

（2）由专人负责打印外送单，并清点好商品数量，确保商品数量的准确性。

（3）由送货人员将商品推至准备区，进行必要的检查和整理，以确保商品的质量和完整性。

（4）在送至顾客住所时，应清点商品并请顾客签收回执，以确保商品送达的准确性和顾客的满意度。

（5）对于顾客临时要求送货的情况，一定要先结账付款，并经过店长或防损人员核准后，方可进行外送。这样可以确保商品的正确销售和防止商品被盗或损坏。

3. 供应商管理的防损措施

（1）供应商进入退货区域时，必须进行登记并领取出入证，离开时需经保安人员检查后交回出入证，以确保供应商活动符合门店管理规定。

（2）供应商在卖场或后场更换坏品时，需持有退货单或先在后场取得提货单，并经过部门和主管批准后方可退货。这样可以保证退换货流程的规范性和防止商品被盗或滥用。

（3）供应商送货后的空箱必须打开，纸袋则要折平，以确保门店商品的安全和防止被盗，同时也有利于提高门店的形象和整洁度。

（4）供应商的车辆准备离开时，必须经门店保安检查后才能离开。这样可以确保门店商品的安全和防止被盗或损坏，同时也有利于维护门店的形象和信誉度。

任务实施

收集门店防损事件案例。

1. 学习小组中的每个成员通过百度等网络搜索平台，收集一个关于门店防损事件的案例。

2. 将案例内容填写在表 7-2-2 中，并进行讨论学习。

3. 每组选出 1 个优秀案例分析，派 1 名代表在班内分享这个案例。

表 7-2-2　防损事件案例分析表

案例名称	
案例介绍	
防损事件原因分析	
应采取的防范措施	

任务评价

任务评价的具体内容见任务评价表。

任务评价表

考核人			被考核人	
考核地点				
考核标准	内容	分值/分	成绩/分	
	案例介绍完整性	20		
	事件原因分析	30		
	事件防范措施	30		
	团队协作情况	20		
小组综合得分				

知识巩固

一、单项选择题

1. 在堆积商品时，应遵循（　　）的原则。

A. 重物在下，轻物在上　　　　　　B. 轻物在下，重物在上

C. 轻重并排，分门别类　　　　　　D. 随意堆积，方便出入

2. 门店常见的突发事件不包括（　　）。

A. 火灾　　　　　　B. 意外伤害　　　　C. 停电　　　　　D. 门店装修

3. 食品安全管理的重要性不包括（　　）。

A. 保障消费者身体健康　　　　　　B. 提高食品竞争力

C. 提高食品工业企业经济效益　　　D. 增加成本

4. （　　）是一项针对农产品和食品的环保认证，确保产品符合环保和安全要求。

A. 有机食品认证　　　　　　　　　B. 绿色食品认证

C. 环保食品认证　　　　　　　　　D. 无公害食品认证

5. 门店防损指的是预防、控制门店的（　　）损耗，为门店的正常营运提供安全保障。

A. 资产　　　　　B. 设备　　　　　C. 赠品　　　　　D. 商品

二、多项选择题

1. 门店安全管理的重要性包括（　　）。

A. 保障企业经营　　B. 减少企业损失　C. 控制企业损耗　D. 维护企业形象

2. 零售门店顾客信息包括（　　）。

A. 客流量　　　　　B. 顾客满意度　　C. 会员信息　　　D. 顾客消费行为

3. 收银作业的损耗防范，可以采取（　　）等措施。

A. 优化收银流程　　　　　　　　　B. 加强收银设备维护

C. 拒绝接受纸币　　　　　　　　　D. 完善内部管理制度

4. 为减少损耗，门店重点防范的区域包括（　　）。

A. 收银出口　　　　B. 员工出入口　　C. 收货口　　　　D. 精品区

5. 以下哪些项目是由于验收不正确而产生的损耗?（　　）

A. 品名、数量、重量、价格

B. 有效期限、品质、包装规格单位

C. 发票金额与验收金额不符

D. 未验收或未入库

三、简答题

1. 简述消防安全的能力要求。

2. 简述食品安全管理流程。

3. 简述零售门店商品损耗的类型。

4. 简述门店防损管理的意义。

技能训练

1. 实训目标

（1）加深对零售门店线上运营理论知识的理解，掌握线上销售、推广、客户服务等关键技能。

（2）培养线上运营策略制定和执行的能力，提高线上运营效果。

（3）增强团队协作和沟通能力，以适应快速变化的线上零售环境。

2. 实训任务

（1）调研和分析目标门店的线上销售数据，包括销售额、流量、转化率等关键指标。

（2）评估门店的线上推广效果，包括社交媒体营销、搜索引擎优化、电子邮件营销等。

（3）调研门店的线上客户服务情况，包括响应速度、解决率、客户满意度等。

（4）基于调研结果，制定针对门店线上运营的优化策略，并进行模拟执行。

（5）撰写实训报告，总结调研结果和策略执行效果。

3. 实训环境

（1）校内实训室。配备必要的计算机和网络设备，以便学生进行线上调研和模拟运营。

（2）线上零售平台。学生可以直接在真实的线上零售环境中进行观察和调研。

4. 实训实施

（1）学生分组。将学生分成若干小组，每组负责一个或多个门店的线上运营实训任务。

（2）数据收集与分析。学生利用线上工具和平台收集门店的运营数据，并进行深入分析。

（3）策略制定与执行。学生根据数据分析结果，制定具体的优化策略，并在模拟环境中进行执行和测试。

（4）总结与汇报。实训结束后，学生需撰写实训报告，总结自己在实训过程中的收获、遇到的问题以及策略的实际效果，并进行小组汇报。

5. 实训评价

实训效果评价表

被考评人					
考评地点					
考评内容	零售门店线上运营实训训练				
考评标准	内容	分值/分	自我评价（20%）	小组评价（40%）	教师评价（40%）	实际得分/分
	实训过程表现	10				
	线上销售情况	20				
	线上推广情况	20				
	线上客服情况	20				
	优化策略质量	20				
	实训报告的质量	10				
	该项技能等级					

注：考评满分为100分，60~74分为及格，75~84分为良好，85分以上为优秀。

项目 8

零售门店绩效
管控

 知识导图

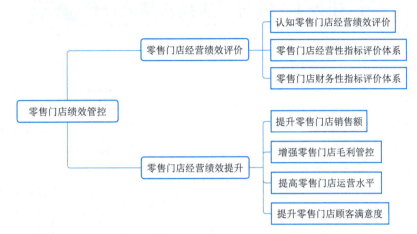

 学习目标

知识目标

1. 掌握零售门店绩效监测的工具和体系，了解绩效监测的作用。

2. 熟悉零售门店绩效评价指标的种类、计算方法，并理解其评价标准和应用场景。

3. 了解零售门店经营绩效提升的主要方面，熟悉门店经营绩效提升的关键要素。

能力目标

1. 能够制作零售门店绩效监测的各种工具，并能收集相关信息。

2. 能够运用统计软件和相关工具对门店绩效数据进行计算和分析。

3. 能够根据门店实际情况和市场环境，制订具体可行的绩效提升计划并组织实施。

素质目标

1. 培养责任心和敬业精神。

2. 训练统计思维和思辨能力。

3. 培养创新思维和解决问题的能力。

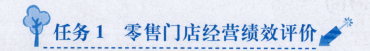

任务1 零售门店经营绩效评价

门店情景

　　小刚坐在办公桌前，被一堆门店经营报表和数据所包围。这些都是他在前期参与门店经营绩效监测工作时，倾尽全力精心收集而来的成果。他注视着这些数字和表格，深知它们不仅仅是表面的数据记录，更是门店经营状况的生动写照，是评估门店绩效的宝贵材料。小刚不仅要理解它们所反映出的门店运营的真实情况，还要看到数据背后的趋势和规律，透过这些纷繁复杂的数据，对门店的经营绩效进行深入、细致的分析，帮助门店找到存在的问题和改进的方向，为门店的未来发展提供坚实、可靠的数据支撑。

知识学习

一、认知零售门店经营绩效评价

（一）零售门店经营绩效评价的内涵

　　绩效评价是指运用一定的评价方法、量化指标及评价标准，对部门为实现其职能所确定的绩效目标的实现程度，以及为实现这一目标所安排预算的执行结果进行的综合性评价。门店业绩评价主要以门店为评价对象，围绕门店的经营目标，对门店在一定时期内的经营成果、管理效率、客户满意度等方面进行综合评估。门店绩效评价旨在揭示门店在市场竞争中的优势和劣势，为门店改进经营策略、提高管理水平提供依据。

　　绩效评价应该全面、动态地反映门店经营的过程和结果，把服务质量、顾客满意程度、市场份额、创新能力等和财务数据结合起来，全面反映门店经营现状与发展前景。零售门店应该建立一组既独立又相互关联并能较完整地表达评价要求的由考核指标组成的评价系统。零售门店建立绩效评估体系，使评估项目及程序规范化、标准化，有利于评价员工的工作状况。这既是进行员工考核工作的基础，也是保证评价结果准确、合理的重要内容。一般门店绩效评价体系由经营性指标评价体系和财务性指标评价体系两部分构成。

（二）零售门店经营绩效标准的要求

　　门店经营绩效的评估标准是由门店的经营目标转化而来的，根据标准来判断门店的实际运营状况。在设定绩效标准时，我们需要考虑其实施的可行性、合适的执行方式、员工对标准的接受程度、数据本身的价值以及是否符合目标的设定等因素，符合商品种类、销售渠道、策略目标以及财务目标等要求。因此，一项有效的绩效标准必须符合下列条件：

1. 绩效标准必须既具挑战性又可达成

具有挑战性的绩效标准能够激励员工努力工作，提高绩效。然而，这些标准也必须是可实现的，因为无法达成的标准除了无法激发员工的动力外，还可能打击他们的士气。

2. 绩效标准应经过管理者和执行者共同认可

有效的绩效标准需要得到总部高层管理者、绩效审核者以及门店执行主管的共同认可。只有双方都同意的标准才能发挥其应有的作用。单纯由门店提出的标准可能缺乏全局视角，而总部的意见则可能忽视执行中的具体细节和困难。因此，我们需要综合双方的意见，找到一个平衡点。

3. 绩效标准应具体、可衡量

绩效标准应当能够量化，以便准确评估和衡量。无法量化的标准在操作中可能会引发争议和矛盾。如果以个人意见或经验作为衡量标准，其难以计算的特点可能会导致员工不满和困扰。

4. 绩效标准应设定明确的期限

绩效标准应当有明确的评估期限，以便于进行比较和预测。例如，以每个月的销售额作为绩效评估标准，我们可以比较不同月份的销售额，并对未来的销售额进行预测调整。

5. 绩效标准应具有灵活性

绩效标准应当能够适应企业的变化，进行适当的调整。例如，当新商品上市或门店内外部环境发生变化时，原有的绩效标准需要进行相应的调整。我们不能使用一成不变的绩效标准。

6. 绩效标准应简单易懂、便于计算

如果涉及奖金，绩效标准应当易于计算，避免因计算困难而产生纠纷。一个易于理解的计算公式可以帮助所有人对奖金如何计算有一个共同的理解，减少发生纠纷的可能性。

（三）零售门店经营绩效评价的意义

1. 提升企业竞争力

在市场竞争日益激烈的今天，企业需要不断审视自身的经营状况，以便发现并发挥自身优势，弥补不足。通过对门店绩效的评价，企业可以深入了解门店的经营状况，找出优势和不足，进而调整经营策略，提升市场竞争力。这不仅有助于企业在激烈的市场竞争中立于不败之地，也有利于提高企业的整体运营水平。此外，企业还可以通过对比不同门店的绩效，找出最佳实践模式，并在全企业范围内进行推广，进一步优化经营模式。

2. 增强对员工的激励

人是最宝贵的财富，企业的核心竞争力离不开员工的付出和努力。门店绩效评价

是一种有效的激励手段，它有助于激发员工的积极性，提高工作满意度，降低员工流失率。当员工看到自己的努力得到了认可，他们会更加投入地工作，为企业的发展贡献更大的力量。企业可以通过设立合理的绩效考核体系，确保公平、公正地评价员工的工作表现，从而提高员工的归属感和自豪感。

3. 优化企业资源配置

企业资源的有效配置对于提高整体运营效率至关重要。通过对门店绩效的评价，企业可以清晰地了解各个门店的经营状况，从而合理分配资源，实现优势互补，提高整体运营效率。这有助于企业充分发挥现有资源的潜力，实现利润最大化。此外，企业还可以通过分析门店绩效，找出存在问题的环节，有针对性地进行改进，提高资源利用效率。

二、零售门店经营性指标评价体系

（一）门店管理效能指标

1. 门店基础运营能力

（1）门店日常运营。评估门店的日常运营流程，包括商品陈列、库存管理、销售流程等是否规范、高效。

（2）员工工作效率。衡量员工的岗位技能、服务态度以及工作效率，确保门店日常运营顺畅。

（3）设施设备维护。检查门店的设施设备是否得到及时、专业的维护，这关系到门店的运营稳定性和顾客体验。

2. 商品管理能力

（1）商品采购策略。评估门店的商品采购策略是否符合市场需求，能否有效满足顾客需求。

（2）商品定价策略。分析门店的商品定价是否合理，能否在保证利润的同时，又具有市场竞争力。

（3）商品销售策略。衡量门店在商品促销、营销活动等方面的策略是否有效，能否提升销售额。

3. 销售与服务表现

（1）顾客满意度。了解顾客对门店的整体评价，包括购物环境、服务质量等。

（2）销售业绩。分析门店的销售业绩，了解门店在市场中的表现和竞争力。

（3）服务质量。评估员工的服务质量，包括售前咨询、售后服务等，确保顾客满意度持续提升。

4. 团队建设与管理

（1）员工培训与发展。衡量门店在员工培训、职业发展等方面的投入和效果。

（2）团队凝聚力。评估门店员工之间的协作精神、团队凝聚力等。

（3）员工激励与考核。分析门店在员工激励、绩效考核等方面的策略和执行情况。

5. 财务管理与风险控制

（1）成本控制。评估门店在成本控制方面的表现，包括人力成本、运营成本等。

（2）营收与利润。分析门店的营收和利润情况，了解门店的经济效益。

（3）风险控制。衡量门店在应对财务风险、运营风险等方面的策略和执行效果。

6. 市场敏锐度与创新能力

（1）市场观察与分析。评估门店对市场变化的敏感度和分析能力。

（2）创新能力。衡量门店在产品创新、服务创新等方面的能力。

（3）战略规划。分析门店的战略规划能力，包括市场定位、竞争策略等。

（二）顾客满意度指标

1. 服务质量指标

服务质量指标是衡量顾客满意度的重要因素，主要包括以下几个方面：

（1）响应速度。响应速度是顾客与企业互动过程中的关键环节，快速回应顾客需求能够提高顾客满意度。通过优化服务流程、提高员工工作效率，确保顾客在咨询、投诉等方面得到及时反馈。

（2）问题解决率。问题解决率是指顾客在遇到问题时，企业能够成功解决问题的比例。提高问题解决率有助于增强顾客对企业的信任度和忠诚度。通过培训员工专业技能、完善售后服务体系，确保顾客的问题得到有效解决。

（3）服务态度。服务态度是顾客感知服务质量的重要方面。友好、热情的服务态度能够拉近与企业之间的距离，提高顾客满意度。企业应注重对员工服务意识的培养，营造良好的服务氛围。

（4）服务创新。服务创新是提升顾客满意度的重要手段。企业应不断探索新技术、新方法，为顾客提供个性化、差异化服务，满足顾客的多样化需求。

2. 产品满意度指标

产品满意度指标主要包括以下几个方面：

（1）产品性能。产品性能是顾客选择产品的重要依据，高性能的产品能够满足顾客需求，提高顾客满意度。企业应注重产品研发，不断提升产品性能。

（2）产品质量。产品质量是顾客信任企业产品的基础，优质的产品能够降低顾客的后顾之忧。企业应严格把控生产流程，确保产品质量。

（3）产品价格。产品价格是顾客购买产品的重要参考因素。合理的产品价格能够提高顾客满意度。企业应制定合理的定价策略，兼顾产品价值和市场竞争力。

（4）产品售后服务。产品售后服务是顾客在使用产品过程中遇到问题时得到的保障。优质的售后服务能够提高顾客满意度。企业应完善售后服务体系，提高售后服务质量。

3. 企业文化满意度指标

企业文化满意度指标主要包括以下几个方面：

（1）企业形象。企业形象是顾客对企业整体认知的体现，良好的企业形象能够提高顾客满意度。企业应注重品牌建设，树立良好的企业形象。

（2）企业社会责任。企业社会责任是企业对社会的贡献，积极履行社会责任能够提高顾客满意度。企业应关注环保、公益等方面，展现企业担当。

（3）企业诚信。企业诚信是顾客信任企业的基础，诚信经营能够提高顾客满意度。

企业应遵守法律法规，诚信对待顾客，树立良好的信誉。

（4）企业员工素质。企业员工素质是企业软实力的重要体现，高素质的员工有利于提高顾客满意度。企业应注重员工培训，提升员工综合素质。

案例分享

海底捞的贴心服务

海底捞作为火锅界的佼佼者，一直以其细致入微的服务吸引着广大食客。在众多餐饮品牌中，海底捞的服务无疑是其独特的一大亮点。

当顾客步入海底捞餐厅，细致入微的关怀便随之而来。无论是为佩戴眼镜的顾客提供眼镜布，还是为带有婴儿的顾客准备婴儿床和婴儿车，海底捞总是想顾客之所想，急顾客之所急。对于孕妇这一特殊群体，海底捞的服务员更是会送上话梅和泡菜，帮助她们缓解孕吐的不适。这种关怀不仅体现在对顾客身体健康的照顾上，更体现在对顾客心理需求的满足上。

在海底捞用餐，顾客的需求总是能得到快速响应。无论顾客提出何种需求，服务员都会尽力满足，甚至超出顾客的期望。有顾客随口询问是否有冰激凌赠送，服务员便会在短时间内从附近的超市购买回来。这种对顾客需求的重视和满足，让顾客感受到了海底捞的用心和真诚。

除了基本的服务外，海底捞还会给顾客送上超出期望的赠品。有顾客在海底捞过生日时，不仅收到了精美的生日果盘和长寿面，还收到了由服务员亲手制作的折纸礼物。这份意外的惊喜让顾客感受到了海底捞的温暖和祝福。

个性化的服务体验也是海底捞的一大特色。服务员会根据顾客的喜好和需求，提供量身定制的服务。从调料的调制到菜品的推荐，从用餐环境的布置到后续的关注与调整，海底捞力求让每一位顾客都能享受到最舒适、最满意的用餐体验。

当顾客在用餐过程中遇到问题时，海底捞的服务员也会主动承担责任并解决问题。他们会以诚恳的态度向顾客道歉，并提供相应的补偿措施，以确保顾客的权益得到保障。这种对问题的积极态度和解决方式，让顾客感受到了海底捞的诚信和专业。

总之，海底捞的贴心服务是其能够在激烈的市场竞争中脱颖而出的重要原因之一。无论是细致入微的关怀、快速响应的需求满足、超出期望的赠品、个性化的服务体验，还是主动解决问题的态度，都体现了海底捞对服务质量的追求和对顾客的尊重与关爱。

（资料来源：百度文库整理）

三、零售门店财务性指标评价体系

（一）收益性指标

收益性指标反映经营的获利能力。收益性指标主要有营业收入达成率、毛利率、营业费用率、净利额达成率、净利率、总资产报酬率以及所有者权益率等。收益性指标的计算数据大多来自损益表。

1. 营业收入达成率

营业收入达成率是指零售门店的实际营业额与目标营业额的比率。其计算公式为：

$$营业收入达成率 = 实际营业额 / 目标营业额 \times 100\%$$

说明：在评估门店营业收入达成率的同时，还应该评估门店各部门的营业收入达成率。比率越高，表示经营绩效越高；比率越低，表示经营绩效越低。一般来说，营业收入达成率为 100%～110% 比较理想。高于 110% 或者低于 100% 都值得反思。大于100%，说明目标制定得过低；小于 100%，说明没有完成计划。

2. 毛利率

毛利率是指毛利额与营业额的比率，反映的是零售门店的基本获利能力，其计算公式为：

$$毛利率 = 毛利额 / 营业额 \times 100\%$$

说明：比率越高，表示获利空间越大；比率越低，表示获利空间越小。国外超市的毛利率可以达到 16%～18%，便利店可以达到 30% 以上。我国由于超市和便利店处于贴身竞争阶段以及总部的商品管理水平有限，目前毛利率普遍较低。此外，各类商品的毛利率也并不相同。一般来说，生鲜的毛利率较高，平均在 20% 以上；一般食品、糖果饼干的毛利率较低，平均不到 18%；烟酒类商品的毛利率最低，约为 8%。

3. 营业费用率

营业费用率是指连锁企业门店营业费用与营业额的比率，反映的是每 1 元营业额所包含的营业费用支出。其计算公式为：

$$营业费用率 = 营业费用 / 营业额 \times 100\%$$

说明：与营运绩效最直接相关的就是营业费用，它是指维持运作所耗的资金，一般包括租金、折旧、人事费用、营运费用等，一个高营业额的门店，如果营业费用也高，营业费用就会抵消其利润。

营业费用率比率越高，表示营业费用支出的效率越低；比率越低，表示营业费用支出的效率越高。如果毛利率为 16%～18%，则费用率应该控制在 14%～16%。对于连锁超市来说，实际上很多门店的营业费用都超过了毛利，主营业务利润为负数。而利润的主要来源则是通道费用、年终返利和其他收入。

知识拓展

中国连锁经营协会的资料显示，工资、房租、水电费是连锁零售企业主要的费用开支。便利店的房租最高，占其总费用的 30%，占其销售额的 4%，水电费平均占其销售额的 1.2%，占其费用总额的 20%。总体上，人事费用、租金、水电费、折旧费、管理费是营业费用中占比最高的费用。

4. 净利额达成率

净利额达成率是指零售门店税前实际净利额与税前目标净利额的比率。它反映的是门店的实际获利程度。其计算公式为：

$$净利额达成率 = 税前实际净利额 / 税前目标净利额 \times 100\%$$

说明：净利额达成率应在100%以上。比率越高，说明目标利润额完成得越好。

5. 净利率

净利率是指连锁企业门店税前实际净利与营业额的比率，它反映的是门店的实际获利能力。其计算公式为：

$$净利率 = 税前实际净利 / 营业额 × 100\%$$

说明：净利率的参考标准是2%以上。

6. 总资产报酬率

总资产报酬率是指税后净利润与总资产所得的比率，它反映的是总资产的获利能力。其计算公式为：

$$总资产报酬率 = 税后净利润 / 总资产 × 100\%$$

说明：总资产报酬率表示投入资产产生的报酬率，用来衡量经营者的经营绩效，测量总资产的获利能力。比率越高，表示资本产生的净利越高；比率越低，表示资本产生的净利越低。一般参考标准在20%以上。

7. 所有者权益率

所有者权益率是指净利润与所有者权益的比率。其计算公式为：

$$所有者权益率 = 净利润 / 所有者权益 × 100\%$$

说明：所有者权益是所有者在企业资产中享有的经济效益，其数额为企业资产总额减去负债后的余额。所有者权益率是反映企业经营效益的重要指标，表明股东投资的收益率。所有者权益率越高，说明股东投资增值越多。

❀ 素养园地

《中华人民共和国会计法》第四十一条规定：伪造、变造会计凭证、会计账簿，编制虚假财务会计报告，隐匿或者故意销毁依法应当保存的会计凭证、会计账簿、财务会计报告的，由县级以上人民政府财政部门责令限期改正，给予警告、通报批评，没收违法所得，违法所得二十万元以上的，对单位可以并处违法所得一倍以上十倍以下的罚款，没有违法所得或者违法所得不足二十万元的，可以并处二十万元以上二百万元以下的罚款；对其直接负责的主管人员和其他直接责任人员可以处十万元以上五十万元以下的罚款，情节严重的，可以处五十万元以上二百万元以下的罚款；属于公职人员的，还应当依法给予处分；其中的会计人员，五年内不得从事会计工作；构成犯罪的，依法追究刑事责任。

（二）安全性指标

经营的安全性主要是通过财务结构来反映的。评估的主要指标是流动比率、速动比率、负债比率、自由资产比率、固定比率及人员流动率。安全性指标的数据主要来自资产负债表。

1. 流动比率

流动比率是指流动资产与流动负债的比率，它主要用来衡量连锁企业门店的短期偿债能力。其计算公式为：
$$流动比率 = 流动资产 / 流动负债 \times 100\%$$

说明：流动比率参考标准为 100% ~ 200%。流动比率越高，表明短期偿付能力越强；流动比率越低，表明短期偿付能力越低。流动比率太高，则产生闲置资金，影响资金使用效率。

2. 速动比率

速动比率是指速动资产与流动负债的比率，反映的是门店短期偿债能力的强弱。速动比率是对流动比率的补充，并且比流动比率反映得更加直观可信。其计算公式为：
$$速动比率 = （流动资产 - 存货 - 预付费用） / 流动负债 \times 100\%$$

说明：速动比率的高低能直接反映企业短期偿债能力的强弱。如果流动比率较高，但流动资产的流动性很低，则表明企业的短期偿债能力仍然不高。在流动资产中，有价证券一般可以立刻在证券市场上出售，转化为现金应收账款、应收票据、预付账款等项目，可以在短时期内变现，而存货、待摊费用等项目变现时间较长，特别是存货，很可能发生积压、滞销、残次等情况，其流动性较差。因此，流动比率较高的企业，并不一定有很强的偿还短期债务的能力，而速动比率就避免了这种情况的发生。速动比率一般应保持在 100% 以上。一般来说，速动比率与流动比率的比值在 1∶1.5 左右最为合适。

3. 负债比率

负债比率是指负债总额与资产总额的比值，即每 1 元资产中所负担的债务数额。其计算公式为：
$$负债比率 = 负债总额 / 资产总额 \times 100\%$$

（1）负债总额：指门店承担的各项负债的总和，包括流动负债和长期负债。
（2）资产总额：指门店拥有的各项资产的总和，包括流动资产和长期资产。

说明：该指标反映了连锁企业在经营上的进取性。负债比率高，说明企业的举债比较多；负债比率越高，表示负债越高，风险越高。比率越低，表示负债越低，风险越低。负债比率一般小于 100%，若大于 100% 则说明企业资不抵债。

一般来说，在经营情况好、门店发展稳定的情况下，适当举债有利于连锁企业的开拓经营，增加利润。但如果经营状况不佳，门店经营不稳定，增加负债则会带来巨大的风险。根据财务政策，负债比率应该维持在 50% 左右较为合适。

4. 自有资产比率

自有资产比率是指所有者权益与资产总额的比值，表示连锁企业自有资产占总资产的比值，反映门店长期偿债能力。其计算公式为：
$$自有资产比率 = 所有者权益 / 资产总额 \times 100\%$$

说明：比率越高，表示自有资本越高，股东权益越多，风险越低，经营的安全性也越高；比率越低，表示自有资本越少，风险越高，经营的安全性也越低。根据财务政策，该比率应适当维持在 50% 左右。

5. 固定比率

固定比率是指固定资产与所有者权益的比值，反映的是自有资金占固定资产的比重。其计算公式为：

$$固定比率＝固定资产/所有者权益×100\%$$

说明：该指标反映的是自有资金占固定资产的比重。当固定比率小于100%时，说明连锁企业自有资金雄厚，全部固定资产由自有资金来保证还有余额；当固定比率大于100%时，说明部分固定资产是由负债提供的，固定资产很难转化为现金，而负债必须以现金来偿还。因此，固定比率越高，说明连锁企业的固定资产贡献不足，财政结构不合理。固定比率的参考标准是100%以下。

6. 人员流动率

人员流动率是指在一定的时期内，门店员工的流动数量占固定员工数的比率。其计算公式为：

$$人员流动率＝（入职人数+离职人数）/平均在职人数×100\%$$

说明：人员流动率越高，表示人事越不稳定；人员流动率越低，表示人事越稳定。调查显示，10%～20%的员工流动率对企业长远发展有好处。

（三）效率性指标

效率性指标主要反映企业的生产水平，评估的主要指标包括来客数、客单价、人效、平效、损益平衡点、经营安全率、商品周转率、交叉比率、劳动分配率、总资产周转率、固定资产周转率等。

1. 来客数和客单价

（1）来客数是指一段时间内进入连锁门店的顾客总人数。其计算公式为：

$$来客数＝通行人数×入店率×交易率（依据发票数目统计）$$

说明：来客数越高，表示客源越广；来客数越低，表示客源越窄。

（2）客单价是指门店的每日平均营业额与平均每日来客数之比。其计算公式为：

$$客单价＝每日平均营业额/每日平均来客数$$

说明：客单价越高，表示一次平均消费额越高；客单价越低，表示一次平均消费额越低。由于营业额等于来客数乘以客单价，所以来客数和客单价直接影响营业额。据统计，综合门店每天的交易笔数基本上是6 000个有效来客数，客单价在60元以上；标准超市每天的交易笔数基本上是2 000多个有效来客数，客单价为50元以下；便利店的有效来客数为800多人次，客单价为14～15元。

2. 人效和平效

（1）人效，也叫人员绩效，是营业额与门店员工数的比值。它是一个生产力指标，反映门店的劳动效率。其计算公式为：

$$人效＝营业额/门店员工人数$$

说明：该比值越高，表示员工绩效越高；该比值越低，表示员工绩效越低。

（2）平效，即卖场面积效率，也叫卖场绩效，是指卖场1平方米的效率，是评估卖场实力的一个重要标准，可看出每单位空间所提供的效益。其计算公式为：

$$平效＝营业额/卖场面积$$

说明：该比值越高，表明卖场面积所创造的营业额越高；该比值越低，表明卖场面积所创造的营业额越低。一般小面积的平效会比较高，例如百货商场内的专卖店。另外，每一类商品所占的面积、销售金额、周转率不同其平效也不同。例如，烟酒、畜产、水产的周转率高，单价高，所占面积小，故其单位平效就高，但一般食品的单位平效则较低。要注意的是，在我国台湾地区计算平效时，常使用"坪效"，1 坪约为 3.3 平方米。

3. 损益平衡点

损益平衡点是用来确定需要完成多少营业额，损益才能达到平衡。其计算公式为：

$$损益平衡点 = 门店总费用 / 毛利率$$

说明：在这个点上，门店的收益与支出相抵，既不赢利，也不亏损。损益平衡点越低，表示获利时点越快；损益平衡点越高，表示获利时点越慢。

4. 经营安全率

经营安全率是指连锁门店的损益平衡点销售额与实际销售额的比率。它反映的是各门店的经营安全程度。其计算公式为：

$$经营安全率 = （实际销售额 - 损益平衡点销售额） / 实际销售额 \times 100\%$$

说明：经营安全率数值越大，反映该门店的经营状况越好。一般来说，经营安全率在 30% 以上为良好；25%～30% 为较好；15%～25% 为不太好，应保持警惕；10% 以下则为危险。

5. 商品周转率

商品周转率是营业额与平均存货之比。其计算公式为：

$$商品周转率 = 营业额 / 平均库存 \times 100\%$$

其中，平均库存 =（期初库存 + 期末库存）/2。

说明：商品周转率反映的是商品的流动速度，数值越大，流动速度越快。每一类商品周转率并不相同，一般来说，农产品的周转率最高，其次是水产、畜产和日用品，日用百货的周转率最低。

6. 交叉比率

交叉比率是毛利率与商品周转率的乘积。它反映的是连锁门店在一定时间内的获利水平。其计算公式为：

$$交叉比率 = 毛利率 \times 商品周转率$$

说明：交叉比率融合了毛利率和商品周转率，可以更精确地对商品进行分析，从而更翔实地反映商品的实质绩效。所以这是一个衡量总体营利能力的综合性指标，其经济意义是每投入一元的流动资金，在一定时期内可以创造多少元的毛利。交叉比率越高，说明企业的经营成果越好，营利能力越强。

7. 劳动分配率

劳动分配率是人事费用与营业毛利之比。其计算公式为：

$$劳动分配率 = 人事费用 / 营业毛利 \times 100\%$$

其中，人事费用包括员工工资、奖金、加班费、劳保费和伙食津贴等。

说明：此比率越高，表示员工创造的毛利越低；比率越低，表示员工创造的毛利越高，即对利益的贡献度越高，生产能力越高。劳动分配率的一般参考标准在 50% 以下。

8. 总资产周转率

总资产周转率是总收入与总资产之比，即连锁门店的总资产周转率，是一个测度连锁门店总资产利用程度的指标。其计算公式为：

$$总资产周转率＝总收入／总资产×100\%$$

其中，总收入包括营业收入和非营业收入。

说明：比率越高，表示资产利用程度越好，也就是资产经营效率越高；比率越低，表示资产的利用程度越低，即资产经营效率越低。不同产业、不同规模的连锁门店，对总资产周转率的确定不同，通常总资产周转率的参考标准是 2 次以上。

9. 固定资产周转率

固定资产周转率是连锁企业的年销售额与固定资产之比，它反映的是连锁企业固定资产利用的效果。其计算公式为：

$$固定资产周转率＝年销售额／固定资产×100\%$$

说明：该指标越高，表明固定资产的使用效果越好。一般来说，固定资产周转率的参考标准为 4 次/年以上。

（四）发展性指标

发展性指标主要反映企业成长速度，评估的主要指标包括营业额增长率、开店速度、营业利润增长率、卖场面积增长率。

1. 营业额增长率

营业额增长率是指门店的本期营业收入同上期相比的变化情况，反映的是门店的营业发展水平。其计算公式为：

$$营业额增长率＝本期营业收入／上期营业收入×100\%$$

说明：该比率越高，表明成长性越好；该比率越低，表明成长性越差。一般来说，营业额增长率要高于经济增长率。理想的参考标准是高于经济增长率的 2 倍。

2. 开店速度

开店速度是指连锁企业本期门店数与上期门店数相比的增长情况。它反映的是连锁企业连锁化经营的发展速度。其计算公式为：

$$开店速度＝（本期门店数／上期门店数－1）×100\%$$

说明：开店速度取决于发展战略与发展目标是否恰当、开店的营运标准是否健全、有没有专业队伍以及资金条件，否则连锁化经营快速发展的风险是很大的。

3. 营业利润增长率

营业利润增长率是指门店本期营业利润与上期营业利润相比的变化情况。它反映的是连锁企业门店获得利润能力的变化情况。其计算公式为：

$$营业利润增长率＝（本期营业利润／上期营业利润－1）×100\%$$

说明：该比率越高，表明利润成长性越好；该比率越低，表明利润成长性越差。营业利润增长率至少要大于 0，最好要高于营业额增长率。

4. 卖场面积增长率

卖场面积增长率是指连锁企业门店本期的卖场面积与上期卖场面积相比的变化情况。其计算公式为：

卖场面积增长率＝（本期卖场面积/上期卖场面积-1）×100%

说明：新店铺的开拓或者门店卖场面积的扩大都会使连锁企业门店的总卖场面积增加，从而扩大卖场面积增长率。但一般来说，所增加的营业额的比率要高于卖场面积增加的比率，这样才能提高单位面积的营业额，从而提高效益。

总之，零售门店的经营者在进行营运分析时，主要根据资产负债表、损益表、费用明细表等财务报表进行各项比率的分析；以收益性指标分析获利能力；以安全性指标分析财务状态是否良好及偿债能力的强弱；以效率性指标分析资本及人力的效率；以发展性指标分析企业的发展性。

 任务实施

运用本节所学知识，进行绩效评价训练。

1. 假设某家门店的经营面积是500平方米，拥有100名员工，一日的经营业绩为20万元，请计算该门店的人效和平效。

2. 假设某门店有四种品牌的护理商品：护A、护B、护C和护D，分别计算交叉比率，指出哪种商品最适合在门店经营销售。其基础数据如表8-1-1所示。

表8-1-1 四种商品的效益指标

效益指标	护A	护B	护C	护D
毛利率/%	10	12	8	44
周转率/%	2 000	2 100	2 600	400

任务评价

任务评价的具体内容见任务评价表。

任务评价表

考核人			被考核人	
考核地点				
考核标准		内容	分值/分	成绩/分
		人效为400	20	
		平效为2 000	20	
		交叉比率为：200%、252%、208%、176%	40	
		护B最适合	10	
		态度认真、积极参与	10	
小组综合得分				

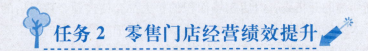

任务 2　零售门店经营绩效提升

门店情景

小刚经过连日来对门店经营报表和数据的深入挖掘和分析，已经对门店的经营状况有了全面且深入的了解。每一个数字、每一项指标都清晰地反映了门店运营中的优点和不足，也为他指明了提升门店绩效的方向。提升门店经营绩效并非一蹴而就的事情，需要系统的策略规划、高效的管理执行以及持续的创新优化。小刚梳理自己的思路，思考提升门店运营绩效的方向和措施，期待着自己在提升门店经营绩效的过程中能够发挥更大的作用。

知识学习

在当今竞争激烈的零售市场中，提升门店经营绩效已成为决定零售商成败的关键因素。营销策略则是吸引消费者、扩大市场份额的重要手段，有效的营销策略能够提高门店的知名度和美誉度。而运营效率则关系到门店的成本控制和营利能力，高效的运营能够降低成本、提高效益。客户服务是门店与消费者建立良好关系的基础，优质的服务能够提升消费者的购物满意度和忠诚度。为了实现门店经营绩效的提升，本任务将从提升销售额、增强毛利管控、提高门店运营水平、提升客户满意度四个层面提出针对性建议，帮助零售门店更好地把握市场机遇，提升门店的综合实力，从而在市场中立足并谋求持续发展。

一、提升零售门店销售额

绩效评估之后，对未达到的目标或标准必须进行分析，找出原因，并研究改善对策。下面对安全指标、收益指标、销售指标以及效率指标改善分别加以说明。

（一）安全指标改善

（1）避免不当的库存金额，降低资金积压。要做好库存管理，适当订购，并做好商品 ABC 分级管理，淘汰滞销品。

（2）延长货款的付款周期，但不能影响商品的进货价格以及品质。

（3）避免不必要或不适当的设备投资。

（4）妥善规划资金的来源与运用。

（5）适当的银行保证额度及余额。

（二）收益指标改善

企业收益的关系式如下：

学习笔记

$$毛利额=营业额-进货成本-损耗$$
$$营业利润=毛利额-销售费用及一般管理费用$$
$$净利润=营业利润+营业外收入-营业外支出$$

由上列关系式可知，收益指标改善对策主要涉及以下几个方面：

（1）提升营业额。通过降低商品进货价格，选择高利润率的商品加强推销，加强对变价及损耗的管理控制，创造商品特色及差异化，提高附加价值。

（2）降低成本。通过集中采购，减少中间环节，与供应商议价降低商品进价。同时开发有特色、附加价值高的产品，并保持合理的商品结构。

（3）减少损耗。针对商品采购、定价、进货验收、卖场展示、变价作业、退货作业、收银作业、仓储管理、商品结构等流程处理不当而引起的损耗进行处理。同时对生鲜产品的技术处理、运送作业、品质管理、陈列量商品结构的不恰当管理导致的损耗进行处理。此外，及时处理由于设备质量较差造成的商品损失以及财务中出现的如漏记、计算错误、顾客偷窃、员工偷窃、不当折扣、高价低卖等其他管理不当造成的损失。

（4）降低一般管理费用。提高人员效率，降低人事费。同时引入先进的信息系统，精简管理部门。在不影响价格的前提下，减少投资以降低折旧费。此外，可以引入专柜分担部分租金，并安装节电设备以节省电力。严格控制费用预算，有效运用广告促销费用。

（5）增加营业外收入。通过引进专柜收取租金、出租看板广告位给供应商或广告商、收取年度折扣等方式增加营业外收入。

（6）减少营业外支出。采取强化自有资金、谨慎做好投资评估、减少投资损失等方式来减少营业外支出。

 案例分享

华为 PBC 绩效管理

1. 什么是 PBC

PBC（Personal Business Commitment），即个人绩效承诺，是基于战略制定的，保障战略执行落地的工具。核心围绕"力争取胜、快速执行、团队精神"的价值观制定各自的"个人绩效承诺"。一切以解决问题为原则，一切以实际行动为出发，一切以团队利益为导向。

2. PBC 的核心

（1）承诺赢（Win）：赢得市场地位，高效率运作，快速作出反应，准确无误执行，发挥团队优势，取得有利形势。

（2）承诺执行（Execute）：华为 PBC 总是反复强调三个词，即执行、执行、执行。

（3）承诺团队（Team）：华为要求各个不同单位和部门在同一个绩效目标下相互沟通、共同合作。

3. PBC 管理循环

PBC 是一个制定个人绩效承诺、进行绩效辅导、实施绩效评估和绩效回顾与结果应用的循环。

（1）制定个人绩效承诺，包括目标分解、设定目标、签署 PBC。

（2）进行绩效辅导，主要包括 PBC 更新、关键事件记录、日常辅导、中期回顾。

（3）实施绩效评估，主要包括员工自评、直接主管评价、集体评议和结果公示。

（4）绩效回顾与结果应用：主要包括反馈面谈、低绩效员工管理、绩效投诉和结果应用。

（三）销售指标改善

企业销售的关系式如下：

营业额＝来客数×客单价

$\qquad$＝（通行客数×顾客入店比率×顾客交易比率）×（平均购买商品点数×每点平均单价）

$\qquad$＝立地力×商品力×贩卖力

由上式可以看出，销售指标改善对策主要涉及以下几个方面：

1. 强化立地力，寻找优良立地，降低开店失败率

（1）住户条件。户数、人口数、发展潜力、收入水平、消费能力等。

（2）交通条件。道路设施、人口流量、交通网、交通线、停车方便性、交通安全性。

（3）竞争条件。相辅行业或竞争行业的多少及其竞争力。

2. 商品力的提升

（1）优化商品结构。合理的商品结构能够满足消费者多样化的需求，提高门店的销售额。企业应根据市场调研和消费者需求，定期对商品结构进行调整，使其始终保持竞争力。此外，企业还需关注商品的生命周期，及时淘汰过时、低利润的商品，引入新品类，保持商品结构的活力。

（2）提高品种齐全度。消费者在购物时，往往希望能够在同一门店购买到所需的所有相关商品。因此，门店应确保商品品种的丰富多样，满足消费者一站式购物的需求。此外，企业还需关注商品的库存管理，确保畅销商品的充足供应，避免断货现象。

（3）保障品质鲜度。零售门店应严格把控商品的品质，确保消费者购买到的商品质量优良。针对食品、生鲜等易损耗商品，企业需加强供应链管理，确保商品的新鲜程度。同时，门店还需注重商品的陈列和保鲜，提高商品的吸引力。

（4）打造商品特色及差异化。企业应通过挖掘消费者需求，开发具有特色的商品，满足消费者个性化、多样化的需求。此外，门店可通过独特的商品包装、营销策略等手段，塑造品牌形象，提高消费者的认知度和忠诚度。

（5）提升价格竞争力。价格竞争力是零售门店吸引消费者的重要因素。企业应根据市场环境和竞争对手的情况，制定合理的价格策略。通过采购、运营等环节的成本控制，实现商品的性价比优势。同时，门店还可借助促销活动、会员制度等手段，提高消费者的购买意愿。

3. 贩卖力的强化

（1）卖场展示。我们需要展示陈列具有美感、质量感，并给消费者带来价值感的商品。

学习笔记

（2）采购进货阶段。根据存货数量和销售情况，谨慎决定订购量。确保进货验收和入库作业的准确性。对于不合格、不良或过期的商品，应记录并建立供应商考核资料。超过验收时间的商品，除非紧急或预订，否则不予接受。

（3）销售阶段。随时关注商品销售动态，确保补货及时。调整畅销和高毛利商品的陈列位置。注意商品保存日期，防止逾期品出现。定期检查并处理滞销和不良商品，进行退换工作。生鲜食品需特别关注陈列温度和冷冻展示柜运转情况。

（4）仓储阶段。避免过多囤积存货，货架标识明确，陈列整齐。采用先进先出原则出库。设立专区存放逾期、不良和退货商品。妥善保管有账面记录的空瓶、空箱。仓储场所应保持良好通风，具有防潮、防火等措施。

（5）促销活动。确保促销商品有吸引力、价格有竞争力、活动内容有吸引力。

（6）信息告知。通过传单、店内广告、背景音乐、广播、报纸、电台、电视台、宣传车等多种方式进行信息告知。

（7）顾客服务。提供多样化的服务功能，礼貌用语得当。确保提货、送货和收银服务迅速准确。

 知识拓展

制作传单的注意事项

1. 明确目标受众

在制作传单之前，首先要明确你的目标受众是谁。这将影响你选择的设计元素、语言风格和内容。

2. 设计简洁明了

传单的设计应该简洁明了，避免过于复杂或混乱的布局。使用易于阅读的字体和足够的空白区域，以突出关键信息。

3. 突出卖点

在传单中突出你的产品或服务的卖点，让受众一目了然。用简洁有力的语言描述你的优势，并配以吸引人的图片或图标。

4. 使用高质量的图片和图形

高质量的图片和图形可以提升传单的视觉效果，使其更具吸引力。确保使用的图片与你的品牌和信息保持一致。

5. 色彩搭配恰当

选择合适的色彩搭配可以增强传单的视觉效果。考虑使用与你的品牌或活动主题相符的颜色，并确保色彩搭配在视觉上舒适且引人注目。

6. 信息层次分明

将传单上的信息按照重要程度进行分层，使用不同的字体大小、颜色或布局来区分标题、副标题和正文等。

7. 包含联系信息

确保传单上包含你的联系信息，如电话号码、电子邮件地址、社交媒体链接或网站地址等，以便受众能够轻松地与你取得联系。

8. 符合法规要求

在制作传单时，确保遵守相关的法规要求，如版权法、广告法等。避免使用未经授权的图片或文字，并确保你的传单内容不会误导或欺骗受众。

（四）效率指标改善

1. 优化商品流通效率

提升商品流通效率，主要聚焦于提升商品的周转率和交叉比率。要实现这一目标，关键在于提高销售额、毛利率并减少存货。然而，减少存货并不意味着盲目降低库存量，否则可能导致缺货和断货问题。因此，在进、销、存的全过程中，必须实施严格的存货管理措施。

2. 提升人力资源效率

有效利用人力资源并合理控制人员数量，是提升人员效率的关键。这涉及对人才质量的重视和人员数量的合理控制。在人才质量方面，应明确各部门的资格条件，严格选拔人才，并制定相应的奖惩措施，以创造良好的工作环境，激发员工的潜能。在人员数量方面，应设定各部门的人员标准编制，控制员工数量，简化业务流程，采用省力化、省人化的设备，并培养员工的第二专长和第三专长，以便各部门人员能够相互支援。

3. 提高场地使用效率

在开设店铺之前，进行细致的销售预测和全面的店铺规划至关重要。销售预测有助于预测市场需求，为库存管理和供应链协调提供依据，确保店铺运营的流畅性。而店铺规划则涉及选址、装修、人员配置和产品布局等多个方面，是打造成功店铺的基础。

（1）销售预测。在进行销售预测时，应充分考虑市场趋势、竞争对手和消费者需求等因素。通过收集和分析这些信息，可以较为准确地预测未来一段时间内的销售情况。此外，还需关注季节性波动和节假日效应，以便调整销售策略并抓住商机。准确可靠的销售预测数据将直接影响商品采购、库存管理和促销活动等决策的制定。

（2）店铺规划。选址是决定店铺能否成功的关键因素之一，应选择人流量大且消费者需求旺盛的地段。店铺的装修风格应与品牌形象和产品特点相匹配，以营造吸引消费者的氛围。在人员配置方面，要重视员工的专业素质和服务态度，提供优质的客户服务。产品布局应根据商品特点和消费者需求进行合理规划，以便顾客能够轻松找到所需的商品。

二、增强零售门店毛利管控

（一）对毛利的管控

门店管理层在毛利控制方面扮演着至关重要的角色。他们需要全面了解商品的毛利状况和销售状况，以便合理调整陈列位置和经营计划，确保毛利稳定增长。对门店毛利的管控内容有很多，主要包括以下内容：

1. 加强对负毛利的控制

对于竞争较小的门店，适当运用负毛利策略来吸引顾客是可行的，但不应过度依赖这一策略。过多的负毛利会影响整体毛利率和利润，因此应有限度地提升销售，避免毛利率过低。对于竞争较大的门店，不建议过度追求负毛利商品的销售，而是根据实际情况推出具有影响力的负毛利商品，避免无谓的损失。

2. 促销期间对零毛利、低毛利商品的控制

在促销期间，应明确促销目的，并据此确定商品范围。对于食品，建议促销期毛利率不低于10%～15%，非食品不低于15%～20%，甚至更高。对于低毛利率的促销品，应仔细查看同期及上期的销售数据，确认是否有必要进行低价促销。如果发现某商品畅销，应考虑调整价格以吸引消费者，同时确保利润空间。

3. 降低损耗

采购员应关注退换货问题，确保退换有保障的商品能够消除超市损耗。避免因不及时退货或处理造成报损。对于不能退换货的商品，应谨慎进货，避免库存积压。应以数据为依据，合理进货并勤进快销。

4. 避免对竞争门店的商品价格盲目跟进

面对竞争，门店应有应对措施，但不应盲目跟进对手的价格。持续的价格战会导致双方都没有利润空间。应对竞争对手的价格策略时，应保持理性，根据自身情况制定合适的价格策略，以确保利润空间的稳定。

 案例分享

永辉超市国棉店的生鲜管理

在永辉超市国棉店，每日清晨，生鲜部门的员工会首先查阅前一日的毛利数据，进行细致的数据分析和复盘。他们关注每一个商品的销售情况，分析出优势商品和劣势商品，以便及时调整商品结构和采购策略。这种基于数据的决策方式，使得他们能够更准确地把握市场需求，优化商品组合，从而提升整体毛利率。

价格策略是永辉超市国棉店提升毛利率的又一重要手段。他们不仅密切关注市场价格动态，进行每日的价格市调，还根据竞争对手的定价和消费者的购买行为，灵活调整自己的价格策略。通过采用一品多级定价、增量定价等多样化的定价方式，他们成功地吸引了更多消费者，提高了商品的销量和毛利率。

此外，永辉超市国棉店还非常注重规范员工的日常操作。他们深知生鲜商品的损耗率对毛利率有着直接影响，因此投入大量资源进行员工培训，确保员工在每一个工作岗位、每一个工作环节都能严格按照操作规范执行。这种对细节的极致追求，不仅降低了生鲜商品的损耗率，也提高了整体的服务质量和顾客满意度。

通过这些精细化管理措施的实施，永辉超市国棉店成功地提升了生鲜商品的毛利率，为永辉超市的发展贡献了新的力量。

（资料来源：根据百度文库资源整理）

（二）毛利额提升的措施

1. 认真审查门店的商品结构，选择合适的商品配置

（1）通过分析销售数据，根据门店各大品类商品（包括大品类中的中品类）的销售占比，检查其展示面积是否合理。确保除生鲜和散货外的其他品类布局面积占比与其销售占比相一致。发现有明显不一致的情况，需分析是否要调整门店陈列布局，并向上级报告。同时，评估门店现有商品品类，判断是否有某一类别在当地市场上具有明显优势，考虑是否扩大该类别的布局面积以提高销售额。

（2）根据公司提供的商品配置大全，精心挑选门店销售的具体品种。门店需逐一针对小品类选择单品数量，通过查询商品 ABC 销售分析，对于原有单品数量较多而销量较差的小品类，需减少部分品种数；对于原有商品较少而销售较好的小品类，需增加一些单品数量，以增加畅销品的种类。

（3）特别关注各品类商品的毛利搭配，确保各小品类中毛利率较高的品种占比达到 20%～30%。

2. 优化陈列展示高毛利商品

（1）对于非食品品类，应提高其陈列的可见度，吸引进店顾客的注意力。在陈列布局方面，需采取有效措施，如调整陈列位置、增加展示空间等。

（2）对于公司明文通知的首推商品、买断商品和战略合作商品，必须严格按照相关要求执行。这些商品应得到足够的重视和优先展示。

（3）对于其他未涉及特殊陈列要求的商品品类，门店应考虑将毛利率较高的商品优先安排在显眼位置。例如，在花车陈列中，非食品花车群可安排在主通道显眼位置，同时考虑将非食品货架放置在主通道两侧。此外，闲置的端架可用于陈列毛利率相对较高或具有引导性消费的商品。在陈列中，还需优先考虑展示销售表现较好的品种。

3. 优先推介和导购高毛利商品

（1）在畅销品集中展示的基础上，对于同品类中毛利率更高的商品，应采用更显眼的方式进行展示。顾客在选购畅销品或所需品种时，应能够看到并选择这些高毛利商品。如果顾客已经决定购买某个品牌的商品时，门店员工可以尝试推介毛利率更高的替代品，但不应破坏顾客的购买行为。

（2）门店在顾客已决定购买某个品牌商品时，可尝试向顾客推介、导购毛利率更高的商品，但不能阻碍、破坏顾客的购买行为。如在春节前，顾客在选择"旺旺礼包"时，便可对顾客推介"人人家"礼盒。

4. 努力提升单品销量以增加毛利额

市场是无限的，即使某个商品在某一时期内销售达到饱和，仍然有其他顾客愿意购买。因此，门店不应放弃追求高销量和高毛利的营销策略。通过多销特价商品和畅销商品，提高销售额和来客数，必然增加门店的毛利额。此外，门店还可以关注顾客的购买需求和喜好，定期推出新品和促销活动，以吸引更多消费者。通过数据分析，了解顾客的购买习惯和消费偏好，进一步优化商品结构和营销策略。

5. 组织更多团购和销售购物卡

团购是提高销售和毛利额的最有效营销方式之一。门店可以通过亲情营销和关系营销，将更多购物卡销售给消费者，以增加来客数和销售额。同时，门店还可以与企事业单位、学校等机构建立合作关系，开展定制化的团购活动，进一步提高销售业绩。此外，门店可以借助线上平台，开展网络团购和优惠券活动，拓宽销售渠道，提升品牌知名度。

6. 关注信息系统中的"销售毛利"和"毛利率"查询数据

对信息系统中的销售查询结果，店长可以有针对性地设计一些提高某些商品销售量或某些小品类商品毛利额的实验，记下相关对比数据，即可对如何提高商品销售的毛利额有一些实际体会，通过不断地总结经验教训，门店的毛利率必将有所提升。同时，门店还应定期对销售数据进行分析，发现潜在的问题和机会，及时调整营销策略。

三、提高零售门店运营水平

（一）强化员工培训与激励机制

（1）专业技能提升。为了使员工能够更深入地掌握所需的专业知识和技能，提高他们的工作效率和业务水平，我们应该根据员工岗位的不同特性，定期举办专业技能培训课程。这不仅有助于员工个人的成长，也能提升整个团队的综合素质。

（2）服务意识培养。服务意识是衡量一家门店经营效果的重要标准。因此，我们应该着重加强员工服务意识的培训，提升其服务水平，进而提高顾客的满意度。服务水平的高低直接影响到门店的口碑和业绩，所以服务意识的培养显得尤为重要。

（3）激励制度建设。构建科学合理的绩效考核和激励机制，是激发员工积极性和创造力的重要手段。通过激励机制，可以进一步提升门店的整体业绩，实现员工和企业的共同发展。

（二）优化货品管理体系

（1）货品策略规划。为了确保商品的销售渠道畅通，满足消费者需求，我们应该结合市场需求和消费者喜好，对货品结构进行合理规划。这样可以使货品更加符合消费者的需求，从而提高商品的销售额。

（2）库存精细化管理。运用先进的库存管理系统，实时监测库存状况，有效避免库存积压和断货现象的发生。这样可以确保商品供应稳定，降低库存成本，提高资金周转率。

（3）商品展示优化。规范商品陈列，注重商品展示效果，提升商品的吸引力。通过吸引消费者的眼球，刺激他们的购买欲望，从而提高商品的销售量。

（三）提升顾客购物体验

（1）环境优化。打造舒适、温馨的购物环境，提升门店形象，吸引更多消费者前来购物。一个良好的购物环境能够让消费者心情愉悦，提高他们在门店的购物体验。

（2）服务升级。提供个性化、周到的服务，让消费者感受到贴心的关怀。优质的服务能够提升消费者的购物满意度，从而增加客户的回头率。

（3）互动营销推广。通过线上线下活动，增加与消费者的互动，提高消费者的黏性。这样可以提高消费者的复购率，提升门店的业绩。

（四）加强门店沟通与协作能力

（1）内部交流。建立高效的沟通机制，促进团队协作，减少内部矛盾，营造和谐的工作氛围。良好的团队协作有助于提高门店的整体运营效率。

（2）外部合作。与供应商、合作伙伴保持良好的合作关系，共同推动业务的发展。合作伙伴的支持是门店发展的重要基石，因此保持良好的合作关系至关重要。

（3）反馈与改进。积极听取消费者的意见和建议，不断优化门店管理，提升顾客满意度。消费者的反馈对于门店的改进和提升具有重要的指导意义。

（五）提升门店领导力与执行力

（1）领导力培养。加强门店领导者的领导力培训，激发团队潜力，确保门店目标顺利实现。领导者的领导力提升有助于更好地带领团队，实现门店的快速发展。

（2）执行力提升。强化门店执行力，确保各项管理措施落实到位，推动门店的持续发展。高效的执行力能够保证门店战略目标的顺利实施，推动门店不断前进。

 知识拓展

门店员工提升执行力的建议

1. 制定个人目标

员工可以根据门店的整体目标，制定自己的个人销售和服务目标。这些目标应该具体、可衡量，并有一定的挑战性，以激发员工的动力。

2. 时间管理

学会合理安排时间，对工作任务进行优先级排序。重要且紧急的任务优先处理，避免拖延和浪费时间。

3. 持续学习

不断学习新的销售技巧、产品知识和市场动态，保持专业知识的更新。可以通过阅读行业书籍、参加培训课程或向经验丰富的同事请教来实现。

4. 积极沟通

与同事和上级保持良好的沟通，及时反馈工作进展和遇到的问题。有效地沟通有助于解决工作中的障碍，提升执行效率。

5. 制订工作计划

每天开始工作前，列出当天要完成的任务清单，并设定完成时间。这有助于保持工作的条理性和节奏感。

6. 自我激励

设定一些小奖励来激励自己完成目标。例如，完成一个大单后给自己买一杯咖啡或小零食作为奖励。

7. 保持健康的生活习惯

合理的饮食、充足的睡眠和适当的运动有助于保持良好的身体状态和精神状态，从而提升工作效率和执行力。

8. 定期自我反思

每周或每月对自己的工作表现进行反思和总结，找出自己的优点和不足，并制订改进计划。

9. 利用工具提高效率

使用一些辅助工具（如记事本、提醒软件、销售助手 APP 等）来提高工作效率和执行力。

四、提升零售门店顾客满意度

（一）牢固树立以顾客为中心的服务理念

在当今商业环境中，顾客满意度不仅是衡量企业竞争力的关键指标，更是企业生存与发展的重要基石。因此，企业需牢固树立以顾客为中心的服务理念，将顾客满意度最大化作为企业的核心目标。为实现这一目标，企业应遵循以下原则：

（1）深入了解顾客需求。通过市场调查、顾客访谈等多种途径，充分了解顾客的需求和期望，为企业提供精准的决策依据。

（2）提供个性化服务。根据顾客的不同需求，提供量身定制的服务和解决方案，满足顾客个性化的需求。

（3）优化服务流程。不断改进顾客服务流程，提高服务效率和质量，确保顾客在企业的各个接触点都能感受到便捷、高效、优质的服务。

（4）关注顾客体验。关注顾客在使用产品或服务过程中的体验，及时解决顾客问题，提升顾客满意度。

（二）提升员工的服务意识和专业能力

员工是企业与顾客沟通的桥梁，他们的服务意识和专业能力直接影响顾客满意度。为了提升员工的服务意识和专业能力，企业应采取以下措施：

（1）加强员工培训。定期开展专业技能培训和服务水平提升课程，确保员工具备扎实的专业知识和技能。

（2）培养员工的服务意识。通过企业文化、规章制度等，强化员工对顾客满意度的重视，培养员工主动服务的意识。

（3）建立激励机制。设立合理的绩效考核和奖励制度，激发员工积极投入顾客服务工作，发挥员工潜力。

（4）关注员工满意度。关注员工的工作环境和福利待遇，提升员工满意度，从而提高员工的工作热情和顾客服务水平。

（三）重视产品研发和品质管控

产品是企业的基石，产品的质量和性能直接关系到顾客满意度。为了提升产品质量和顾客满意度，企业应采取以下措施：

（1）加大研发投入。不断加大研发资金投入，推动产品技术创新，提升产品竞争力。

（2）创新产品功能。根据市场需求，开发具有竞争力的产品功能，满足顾客需求。

（3）严格品质管控。建立严格的品质管控体系，确保产品质量和安全性达到行业标准。

（4）客户导向的产品设计。从顾客需求出发，设计符合人体工程学、易用的产品，提高顾客使用体验。

（四）完善售后服务体系

售后服务是提升顾客满意度的重要环节。为了提供优质的售后服务，企业应建立健全售后服务体系，具体包括以下几方面：

（1）快速响应。设立专门的顾客服务热线，确保顾客问题得到及时解决。

（2）技术支持。提供专业的技术支持，帮助顾客解决产品使用过程中遇到的问题。

（3）配件供应。确保充足的备品备件供应，满足顾客维修需求。

（4）售后培训。针对产品特点，为顾客提供操作指南和培训，提高顾客使用技能。

❀ 素养园地

要从构建新发展格局、推动高质量发展、促进共同富裕的战略高度出发，促进形成公平竞争的市场环境，为各类市场主体特别是中小企业创造广阔的发展空间，更好保护消费者权益。

——2021 年 8 月 30 日习近平在中央全面深化改革委员会第二十一次会议上的讲话

（五）运用客户关系管理（CRM）系统

客户关系管理（CRM）系统是提升顾客满意度的重要工具。通过 CRM 系统，企业可以全面了解顾客的需求和行为，实现精准营销和服务，提高顾客满意度。CRM 系统一般具有以下功能：

（1）客户信息管理。统一存储和管理顾客基本信息，方便企业随时了解顾客动态。

（2）数据分析。通过对顾客数据的分析，为企业决策提供有力支持。

（3）营销自动化。实现营销活动的自动化执行，提高营销效果。

（4）客户服务管理。优化客户服务流程，提高顾客满意度。

❀ 任务实施

对下文案例进行分析，并制作幻灯片陈述方案。

某时尚服饰门店，坐落于城市繁华商圈的核心区域，主要吸引年轻且追求潮流的消费者。经过两年的运营，该门店原本稳固的市场地位近期开始面临多方面的挑战，其中包括市场竞争加剧和消费者需求的多元化趋势。

　　在经营数据方面，门店的表现呈现出一定的疲软态势。尽管上一年度实现了 800 万元的总销售额，但本年度至今的 500 万元销售额仅实现了微增，远低于行业内的平均增长水平。更为严重的是，毛利率从去年的 40% 下降至 35%，这主要归因于成本控制的不善、原材料价格的上涨以及过于频繁的促销活动。

　　从运营情况来看，门店在多个环节均存在问题。库存管理方面，较低的库存周转率意味着资金被大量占用，且存在商品积压的风险。同时，热销商品的断货现象也时有发生，这无疑影响了消费者的购物体验和门店的销售业绩。在人员效率上，销售员每天接待的顾客数量有限，且转化率仅为 20%，这表明销售团队在服务和销售技巧上还有很大的提升空间。此外，员工的高流动性也对门店的稳定运营和服务质量造成了不小的冲击。

　　在市场营销方面，门店的策略显得过于单一和保守。目前主要依赖线下自然流量和口碑传播来吸引顾客，缺乏线上营销的布局和投入。虽然门店会不定期地推出促销活动，但由于缺乏整体规划和针对性，这些活动对销售额的提升效果并不明显。

　　客户服务方面的情况同样不容乐观。顾客调查问卷的结果显示，整体满意度仅为 70%，未达到门店的预期目标。顾客对商品品种的丰富度、购物环境的舒适度以及售后服务的响应速度等方面都表达了不满。此外，门店的会员制度也缺乏吸引力和差异化设计，导致会员复购率低下，顾客忠诚度有待提升。同时，门店还缺乏有效的顾客沟通渠道和互动机制来及时收集与处理顾客的反馈意见。

　　综上所述，该门店在经营业绩、毛利率管控、运营效率和客户服务方面均存在问题，需要采取有效措施进行改进。

任务评价

　　任务评价的具体内容见任务评价表。

任务评价表

考核人		被考核人	
考核地点			
考核标准	内容	分值/分	成绩/分
	提升销售额的建议	20	
	管控毛利率的建议	20	
	提升运营水平的建议	20	
	提升顾客满意度的建议	20	
	幻灯片制作质量	10	
	团队合作、积极参与情况	10	
小组综合得分			

🌸 知识巩固

一、单项选择题

1. 流动比率是指流动资产与（　　）的比率。

A. 流动速度　　　　　B. 有价证券　　　　C. 应收账款　　　D. 流动负债

2. （　　）反映连锁企业的基本获利能力。

A. 毛利率　　　　　　　　　　　　B. 经营风险

C. 固定资产　　　　　　　　　　　D. 获利性指标

3. 连锁企业 ERP 系统不包括（　　）。

A. 财务管理模块　　　　　　　　　B. 销售管理模块

C. 物料管理模块　　　　　　　　　D. 绩效评估模块

4. 经营安全率属于（　　）。

A. 收益性指标　　　　　　　　　　B. 安全性指标

C. 发展性指标　　　　　　　　　　D. 效率性指标

5. 在小品类中毛利率较高的品种占比应为（　　）。

A. 20%～30%　　　　　　　　　　B. 10%～20%

C. 50%～70%　　　　　　　　　　D. 40%～50%

二、多项选择题

1. 零售门店绩效监测的内容包括（　　）。

A. 经营效益监测　　　　　　　　　B. 管理效益监测

C. 服务效益监测　　　　　　　　　D. 员工工作业绩监测

E. 顾客需求与反馈监测　　　　　　F. 财务状况监测

2. 销售日报表一般应具备（　　）。

A. 及时性　　　　　B. 完整性　　　　C. 准确性　　　D. 简洁性

E. 统计性　　　　　F. 格式化

3. 门店管理效能指标包括（　　）。

A. 门店基础运营能力　　　　　　　B. 商品管理能力

C. 销售与服务表现　　　　　　　　D. 团队建设与管理

E. 财务管理与风险控制　　　　　　F. 市场敏锐度与创新能力

4. 顾客满意度指标包括（　　）。

A. 服务质量指标　　　　　　　　　B. 产品满意度指标

C. 企业文化满意度指标　　　　　　D. 发展性指标

E. 收益性指标　　　　　　　　　　F. 安全性指标

5. 收益改善对策主要涉及（　　）方面。

A. 提升营业额　　　B. 降低成本　　　C. 减少损耗　　　D. 降低一般管理费用

E. 增加营业外收入　　F. 减少营业外支出

三、简答题

1. 简述零售门店绩效监测的作用。
2. 简述零售门店经营绩效标准的要求。
3. 财务指标体系中收益性指标有哪些?
4. 简述全面提升门店运营水平的措施。

技能训练

1. 实训目标

通过实训，掌握零售门店经营绩效分析的基本方法；通过实际操作，提升运用所学知识解决实际问题的能力，为将来从事零售行业工作打下坚实基础。

2. 实训任务

（1）情景一：顾客进店咨询。

内容：学生扮演销售员，接待进店顾客，了解顾客需求，推荐合适产品。

重点技巧：主动迎接、有效沟通、需求挖掘、产品介绍。

（2）情景二：产品介绍与演示。

内容：学生根据顾客需求，详细介绍产品特点、优势，并进行现场演示。

重点技巧：产品知识掌握、演示技巧、顾客互动。

（3）情景三：价格谈判与异议处理。

内容：学生与顾客进行价格谈判，处理顾客提出的异议和问题。

重点技巧：谈判技巧、异议处理、服务态度。

（4）情景四：促成交易与售后服务。

内容：学生引导顾客完成购买流程，提供售后服务保障。

重点技巧：交易促成、售后承诺、顾客关怀。

3. 实训环境

校内实训室或合作零售门店现场。

4. 实训实施

（1）学生分组。将学生分成若干小组，每组负责一个门店的实训任务。

（2）制定实施方案。每组学生需制定详细的实训实施方案，包括调查内容、分析方法、改进策略等，确保实训过程有条不紊地进行。

（3）观察与描述。学生对门店的经营情况进行仔细观察和描述，记录相关信息和数据，为后续分析提供依据。

（4）改进措施与执行。学生根据观察和分析结果，制定具体的改进措施，并与门店负责人沟通争取实施机会。试运行期间，学生需密切关注改进措施执行情况，及时调整优化措施。

（5）总结反馈。实训结束后，学生需撰写实训报告，总结自己在实训过程中的收获、困惑以及改进方案的实际效果。

5. 实训评价

实训效果评价表

被考评人					
考评地点					
考评内容	零售门店经营绩效管控实训训练				
考评标准	内容	分值/分	自我评价（20%）	小组评价（40%）	教师评价（40%）	实际得分/分
	实训过程表现	20				
	数据收集与处理质量	30				
	绩效分析报告质量	30				
	实训报告的质量	20				
该项技能等级					

注：考评满分为100分，60~74分为及格，75~84分为良好，85分以上为优秀。

参 考 文 献

［1］贾卒．决胜电商：连锁店这样开才盈利［M］．北京：机械工业出版社，2020.

［2］耿启俭．连锁联盟：新零售时代实体店崛起之道［M］．北京：中国纺织出版社，2019.

［3］曾弘毅．零售运营手册［M］．广州：广东经济出版社，2018.

［4］马瑞光．商业新突破：万利连锁［M］．北京：中华工商联合出版社，2020.

［5］杨刚，陈晓健．连锁门店营运管理［M］．北京：清华大学出版社，2021.

［6］陶金．连锁门店营运管理［M］．北京：化学工业出版社，2022.

［7］苗李宁．新零售实体门店O2O营销与运营实战［M］．北京：化学工业出版社，2023.

［8］杨刚，陈晓健．连锁门店营运管理［M］．北京：清华大学出版社，2021.

［9］丁兆领．智慧零售整体解决方案［M］．北京：地震出版社，2020.

［10］刘珂．实体店线上线下运营实战一本通［M］．北京：中国华侨出版社，2021.

［11］张陈勇，万明治．零售O2O心法招法与实战［M］．北京：中国经济出版社，2016.

［12］王利阳．社区新零售［M］．北京：人民邮电出版社，2023.

［13］海天电商金融研究中心．O2O营销与运营完全攻略［M］．北京：清华大学出版社，2016.

［14］董永春．新零售：线上+线下+物流［M］．北京：清华大学出版社，2018.

［15］林立伟，等．新零售［M］．上海：上海财经大学出版社，2020.

［16］殷中军．社交新零售［M］．北京：中国经济出版社，2020.

［17］陈欢．新零售进化论［M］．北京：中信出版集团，2018.

［18］李忠美．新零售运营管理［M］．北京：人民邮电出版社，2020.

［19］秋叶，邻三月．社群营销实战手册［M］．北京：人民邮电出版社，2022.

［20］蒋小龙．连锁企业门店营运与管理［M］．北京：化学工业出版社，2016.

［21］居长志，李加明，王方．门店数字化运营与管理教程（中级）［M］．北京：中国人民大学出版社，2021.

［22］彦涛．线上开店线下管店［M］．北京：化学工业出版社，2023.

［23］李世化．新零售运营手册［M］．北京：中国商业出版社，2017.

［24］席国庆．智慧店铺：实体门店的未来［M］．北京：中国商业出版社，2018.

［25］何磊．重构：门店新零售创业工作法［M］．北京：中信出版集团，2020.

［26］本多利范．零售的本质［M］．北京：中信出版集团，2019.

［27］连杰．第三种零售：连锁店社区团购业务入门［M］．太原：山西人民出版社，

学习笔记

2020.

[28] 龙晴. 零售运营：连锁企业管理手册 [M]. 北京：中国铁道出版社，2019.

[29] 陈海权. 新零售学 [M]. 北京：人民邮电出版社，2019.

[30] 江楠. 零售巨头数字化转型操盘笔记 [M]. 北京：中华工商联合出版社，2022.

[31] 李松，刘凯，焦峰. 连锁新零售暨社交店商思维模式 [M]. 北京：中国财富出版社，2022.

[32] 李恺阳. 社群零售：新零售时代的模式变现 [M]. 北京：中华工商联合出版社，2022.

[33] 李卫华，殷志扬，任光辉. 门店数字化运营与管理实训（中级）[M]. 北京：中国人民大学出版社，2021.

[34] 翟金芝，邢学鹏，李倩倩. 门店数字化运营管理 [M]. 合肥：合肥工业大学出版社，2023.